정비석 연구

글쓴이

이영미 (李英美, Young-mee Lee) 성공회대 초빙교수
김현주 (金鉉珠, Hyun-ju Kim) 한양대 조교수
이선미 (李善美, Sun-mi Lee) 경남대 조교수
김병길 (金炳佶, Byoung-gill Kim) 숙명여대 조교수
이길성 (李吉成, Gil-sung Lee) 중앙대 강사
최애순 (崔愛洵, Ae-soon Choi) 고려대 한국어문교육연구소 연구교수

정비석 연구

초판 인쇄 2013년 11월 15일 **초판 발행** 2013년 11월 25일
엮은이 이영미 · 김현주 · 이선미 · 김병길 · 이길성 · 최애순
펴낸이 박성모 **펴낸곳** 소명출판 **출판등록** 제13-522호 **주소** 서울시 서초구 서초동 1621-18 란빌딩 1층
전화 02-585-7840 **팩스** 02-585-7848 **전자우편** somyong@korea.com **홈페이지** www.somyong.co.kr
값 16,000원

ISBN 978-89-5626-927-6 93810

정비석 연구

A Study on Jeong Bi-seok

이영미 김현주 이선미
김병길 이길성 최애순

소명출판

일러두기

- 본문의 홑낫표 「」는 단편소설, 겹낫표 『』는 장편소설, 꺽쇠괄호 〈 〉는 영화를 의미함.

책머리에

벌써 세 번째 책이다. 십여 년 전에 대중예술 각 분야의 연구자 몇 명이 모여 어설프게 공부하다가 『딱지본 대중소설의 발견』을 냈고, 『김내성 연구』에 이어 이번에는 『정비석 연구』를 펴낸다. 영화사 공부를 하려니 신파극이나 대중소설 공부를 안 할 수 없다고 손을 내밀어온 이순진과 함께, 소설 · 연극 · 노래 · 만화 등 관심 분야와 출신 학교까지 고려해 고루 뒤섞은 팀을 만들었고, 가끔 만나 공부는 조금 하고 드라마와 영화에 연예인 X파일까지 대중예술 관련한 온갖 질펀한 수다를 떨고서야 헤어지는 모임을 십여 년 해 왔다. 멤버들이 계속 바뀌면서도, 유학 갔다 아이 낳고 논문 쓰고 돌아와 다시 참여하는 멤버가 있을 정도로 끈질기게 오랜 기간 모임을 이어올 수 있었던 비결은, 오로지 '빡세지 않고 널널해서'라고 나는 굳게 믿고 있다. 워낙 일상의 감각과 취향의 객관화가 중요한 대중예술 연구인지라, 사교모임인지 공부모임인지 구별되지 않을 정도의 모임이나마 계속되면 분명 남는 게 있다는 근거 없는 믿음이, 이 '널널한' 모임의 변명이 되었다.

그래도 앞의 두 책을 낼 때보다 나아진 지점이 없지는 않다. 딱지본 대중소설은 그야말로 처음 더듬적거리는 둔한 손길에 우연히 닿은 대상이었고, 역시 우연히 만난 김내성은 읽다가 작가의 능력에 매료되어 연구로 쉽게 이어진 대상이었다. 그에 비해 김내성을 잇는 새로운 공부 거리로 정비석을 선택한 것은, 1950년대 대중소설 '빅3' 중 또 한 명의 작가를 선택한다는 생각이었으니, 그래도 1950년대 대중예술의 지형도를 조금씩 그리기 시작한 셈이다.

하지만 역시 공부 방식은 여전히 '단순무식'했다. 선행연구가 없는 대상을 만나는 일이 늘 그렇듯이, 목록을 찾고 도서관 사이트를 뒤져 닥치는 대로 작품을 복사해서 읽었다. 그러나 우리는 곧 지쳤다. 김내성에 비해 정비석의 장편소설은 참 시시껄렁했고, 게다가 읽고 또 읽고 스무 권에 육박하는데도 끝이 보이지 않았다. 도대체 일 년에 장편을 몇 편이나 쓴 거냐는 푸념이 터져 나왔고, 이걸 계속 읽어야하나 하는 생각이 굴뚝같아졌다. 2008년 여름부터 시작해서 이렇게 해를 넘겼다.

연애 · 세태소설만 스무 편 넘게 읽었는데도, 우리는 정비석론을 쓸 수 있을 것 같지 않았다. 그건 김내성과는 참 다른 지점이었다. 추리적 요소와 작가의 할 말이 분명해 보이는 김내성 장편들과 달리, 정비석 작품은 쉽고 빠르게 읽히는 대신 작품들은 비슷비슷했고 물욕 · 성욕이 엉켜 돌아가는 대중예술의 일반적인 특성, 특히 1950년대 사회상을 보여주는 대중예술의 일반성에서 크게 벗어나지 않는 작품으로 느껴졌다. 이미 많이 이루어진 『자유부인』 연구의 내용을, 작품만 바꾼 채 반복한다면 의미 없는 일 아니겠는가. 남들이 다 이야기해놓은 『자유부인』 연구에서 한 걸음 더 나아가기 위해서는, 그 1950년대의 수많은 대중소설 중 정비석 소설만이 가진 특징을 분석해내야 했다. 그런데 우리는, 정비석과는 너무도 다른 김내성만을 읽었을 뿐이었다. 한마디로 말해서, 우리는 1950년대 대중소설에 대해 아는 게 없고, 이 상태에서는 제대로 정곡을 찌르는 글을 쓸 수 없다는 결론에 도달했다.

그래서 1950년대 대중소설가 '빅3' 중의 나머지 한 명인 박계주를 선택해 전집 열권을 내리 읽었다. 정비석과 어떤 면에서는 같고 어떤 면에서는 다르지만, 정비석 작품보다도 더 재미가 없었고 역시 별 할 말도 잘 솟아나지 않았다. 얻은 성과라면, 이 시대의 정비석 소설이 꽤 잘 쓴 소설이라는 점을 깨달은 것이랄까. 정비석과 박계주에 대해 무언가를 이야기할 수 있으려면, 최인욱, 장덕조 등 동시대의 다른 대중소설 작가들을 좀 더 광범위하게 읽어야 함이 확연해졌다. 그러나 우리는 이 시시껄렁하고 재미없는 작품을 읽는 데에 너무 지친 상태였다. 그리고 1950년대 장편 대중소설 읽기를 중단했다.

정비석론을 쓸 수 있겠다는 생각이 든 것은 월간지 『아리랑』의 1950년대 부분을 거의 다 읽어갈 무렵이었다. 한때 8만 부가 팔렸다는 그 대중적인 잡지를 접하며 우리는 1950년대 사회와 대중문화를 좀 더 폭넓게 볼 수 있었다. 뿐만 아니라 거기 수록된 수많은 대중적인 단편소설들을 읽으면서 정비석을 다시 보게 되었다. 소설을 꾸려가는 그의 능력과, 그 시대의 인기 경향을 이끈 선도적 위치에 대해 확실하게 감지하게 되었다. 특히 대중예술이 활발해지는 1950년대 후반의 흐름이 좀 더 구체적으로 보이기 시작했다. 그제야 우리는 정비석으로 논문을 쓸 수 있겠다는 생각을 하기 시작했고, 2011년 가을에 대중서사학회 학술대회에서 논문들을 발표했다. 때마침 그 해는 정비석 탄생 100주년이 되는 해였고, 그 점이 우리의 부족한 용기를 북돋워주었다.

이 책에 수록된 글들은 이 학술대회에서 발표한 논문들을 수정한 것이다. 함께 공부를 하고도 이러저러한 이유로 글을 함께 수록하지 못한 여러 멤버들이 있어 안타깝지만, 동시에 서너 매체에 장편을 연재한 작가, 당대의 수용자들이 무엇을 요구하는지 귀신같이 알아내는 촉수 예민한 작가, 이 괴물 같은 정비석을 탓하는 것으로 서로 위로하고 있다. 김병길 선생님은, 공부모임 멤버가 아닌데도, 감사하게도 우리가 읽지 못한 역사소설을 일별하는 논문을 써주셨다.

책의 제목을 '정비석 연구'라고 단순하고 담백하게 붙였다. 『김내성 연구』 때도 그랬듯, 이런 무덤덤한 제목은 그 대상에 대한 본격적인 첫 연구서임을 알리는 명명이라는 점에서, 살짝 자부심이 깃든 제목이라 할 수 있다. 하지만 그 자부심은 그저, 망망대해 같은 대중예술 속에서 끝도 없이 허우적거리다가 수면 위로 한 번 고개를 내밀면서 '어푸' 하고 숨 쉴 때의 안도감 정도의 알량한 것에 불과하다. 우린 잘 알고 있다. 공기뿐 아니라 짜디짠 바닷물을 더 많이 마시고는 도로 깊은 물속을 헤매고 있다는 것을.

2013.7

집필자들을 대표하여 이영미 씀

차례

정비석 장편연애·세태소설의 세계인식과 그 시대적 의미

이영미

1. 머리말

이 글은 소설가 정비석의 작품세계 전모와 그 시대적 의미를, 장편연애·세태소설들을 중심으로 하여 살펴보고자 하는 글이다. 1911년 평북 의주 출생인 정비석은 1935년에 『동아일보』에 시를 발표한 후, 1936년에 『동아일보』 신춘문예에 「졸곡제」가, 1937년에 『조선일보』 신춘문예에 「성황당」이 당선됨으로써 소설가로 활동을 시작했다. 그의 장편소설은, 당대를 배경으로 한 연애와 세태를 주 소재로 한 작품과, 연산군이나 황진이 등 이미 서사문학 작품으로 발표된 바 있는 소재를 바탕으로 한 역사소설로 범박하게 나누어 볼 수 있는데, 이 글은 이 중 장편연애·세태소설을 대상으로 한다.[1]

그는 다작의 작가이다. 해방 후 1960년을 전후한 시기까지 매해 쉬지 않고 작품을 발표했고, 한 해에 장편연애·세태소설만 무려 6편을 발표하기도 했다. 1939년 『금단의 유역』으로 시작한 그의 장편연애·세태소설은 1972년 『여수』에 이르기까지 37편이 확인되었는데(연작소설 제외) 그 이상일 가능성도 있다. 이 중 단행본으로 출간된 작품은 28편인데, 이 글에서는 28편 모두를 연구대상으로 삼는다.

정비석 소설의 이 어마어마한 양은, 같은 시기 활동한 비슷한 연배의 대중소설 작가들, 예컨대 김내성, 박계주, 장덕조 등과 비교해 보아도 월등하다. 대부분 신문과 잡지의 연재로 발표되고 이후 상당수가 영화로 제작되었음을 생각하면 당대 그의 높은 인기와 대중적 영향력을 쉽게 짐작할 수 있다. 그럼에도 불구하고 정비석의 장편연애·세태소설에 대한 연구는 아직 초기 단계라고 할 수 있다. 정비석의 장편연애·세태소설에 대한 연구가 2000년대 이후 이루어졌거니와 그 대부분은 사회적으로 크게 주목을 받은 『자유부인』에 집중되어 있다.[2] 그 외, 초

---

1 이 글에서 쓰고 있는 연애·세태소설이라는 명칭은 다분히 편의적인 이름이다. 정비석의 장편소설 중, 역사소설을 제외한 작품, 당대의 이야기를 다룬 작품들을 통칭하고자 이 명칭을 쓴 것이다. 이들 작품이 연애소설의 성격과 세태소설의 성격을 모두 지니고 있고 작품마다 편차가 있어, 연애소설 혹은 세태소설 어느 하나로만 명명하기 힘들다는 판단에서, 이 글에서는 다소 번거롭지만 연애·세태소설이라고 부르고자 한다.

2 『자유부인』을 다룬 기존의 연구를 간추려보면 다음과 같다.
강진호, 「전후 세태와 소설의 존재방식－정비석의 「자유부인」을 중심으로」, 『현대문학이론연구』 13호, 현대문학이론학회, 2000.
김지연, 「정비석 소설 「자유부인」의 인물 연구」, 동아대 석사논문, 2001.
한혜원, 「정비석 소설의 창작방법 연구」, 이화여대 석사논문, 2002.
김일영, 「정비석의 신문소설 「자유부인」에 나타난 풍속의 양상」, 『인문과학연구』 4호, 대구가톨릭대 인문과학연구소, 2003.
최미진, 「부인명 대중소설에 나타난 여성의식 연구－정비석의 「자유부인」과 전병순의 「현부인」을 중심으로」, 『현대소설연구』 21호, 2004.
최미진, 『한국대중소설의 틈새와 심층』 재수록, 푸른사상, 2006, 70～89쪽.
이시은, 「전후 국가재건 윤리와 자유의 문제－정비석의 「자유부인」을 중심으로」, 『현대문학의 연구』 26호, 한국문학연구학회, 2005.
정은영, 「1950년대 신문소설의 서사방식 연구－정비석의 「자유부인」을 중심으로」, 중앙대 석사논문, 2006.
강찬모, 「정비석 소설 연구－부인명 소설에 나타난 여주인공의 성의 자각 과정 연구」, 『한

기작인 『청춘의 윤리』를 다룬 몇 편의 연구와,[3] 일제 말의 인식 틀이 해방 이후 『고원』 등의 작품에까지 어떻게 지속되고 변주되는가에 초점을 맞춘 이혜령과 정종현의 논문, 그 외 전쟁기의 작품 『여성전선』을 분석한 연구, 『유혹의 강』을 대상으로 1950년대 문화정치학적 의미를 탐구한 연구 등이 있다.[4] 정비석의 장편소설을 가장 포괄적으로 다룬 연구는 『청춘의 윤리』, 『애정무한』, 『민주어족』, 『에덴은 아직 멀다』를 분석한 안미영의 연구로,[5] 정비석 대중소설이 보여주는 윤리성의 본질과 한계를 적확하게 분석했다. 하지만 이 역시 분석 대상 작품에서, 해방 직후, 전쟁 발발 직후, 4·19 직후, 『자유부인』 필화사건 직후에 집필되어 상대적으로 정치적 인식의 비중이 큰 작품만 대상으로 함으로써, 그 외의 작품이 지닌 작품세계까지 포괄하지는 못하고 있다. 즉 아직까지 정비석 장편연애·세태소설 연구는, 그 전체를 조망하기보다는 정치적 함의가 강한 몇몇 작품에 주목하는 경향을 보이고 있다. 이 글은 이러한 선행연구를 바탕으로 하되, 정비석 장편연애·세태소설 전체를 한꺼번에 조망함으로써 그의 작품세계의 전모를 개괄적으로나마 밝히

국문학 이론과 비평』 35호, 한국문학이론과비평학회, 2007.

강상희, 「계몽과 해방의 미시사-정비석의 『자유부인』」(‘탄생 100주년 문학인 기념문학제’ 자료집), 『이산과 귀향-한국문학의 새 영토』, 민음사, 2011.4.7, 107~118쪽

3 김지영, 「정비석 초기 연애소설 연구」, 부산대 석사논문, 2000.

이원경, 「1930년대 중·후반 소설의 가족과 섹슈얼리티 형상화에 관한 연구」, 국민대 석사논문, 2008.

4 이혜령, 「‘해방기’ 식민기억의 한 양상과 젠더」, 『여성문학연구』 19호, 한국여성문학회, 2008.6.

정종현, 「자유와 민주, 식민지 윤리 감각의 재맥락화-정비석 소설을 통해 본 미국 헤게모니하 한국 문화재편의 젠더정치학」, 권보드래 외, 『아프레걸 사상계를 읽다』, 동국대 출판부, 2009.

최미진, 「한국전쟁기 정비석의 『여성전선』 연구」, 『현대문학이론학회』 32호, 현대문학이론학회, 2007.

김은하, 「전후 국가근대화와 위험한 미망인의 문화정치학」, 『한국문학이론과 비평』 49호, 한국문학이론과비평학회, 2010.

5 안미영, 「정비석 대중소설에 나타난 ‘윤리’ 고찰-『청춘의 윤리』, 『애정무한』, 『민주어족』, 『에덴은 아직 멀다』를 중심으로」, 『개신어문연구』 21호, 개신어문학회, 2004.

고자 하는 목표를 지닌다는 점에서 차별성을 지닌다.

이 글에서 정비석 작품세계의 전모를 장편연애·세태소설 전 작품으로 살펴보고자 하는 것은, 이에 집중한 시기가 정비석의 대중적 인기가 가장 높았던 전성기였기 때문이다. 이 시기 그는 엄청난 대중적 호응을 받으며 소설을 썼고, 『자유부인』 필화사건 등에서 확인되듯 당대 사회와의 상호교섭이 매우 활발하고 강렬했다. 따라서 한두 작품의 특징에 주목하는 것에 머물지 않고 그 시대를 휩쓴 작품 모두를 총괄적으로 분석함으로써, 당시 그를 인기작가로 만들어준 수용자 대중의 세계인식과 태도, 세계전유방식을 살펴볼 수 있을 것이라 판단했다. 이 중 단행본 출간이 이루어진 작품만 대상으로 하고자 하는 것은, 연구의 편의를 위한 선택이기도 했지만 단행본으로 출간된 작품이 대중적 인기가 확인된 작품이라는 판단도 한몫했다. 정비석이 염상섭처럼 문학계에서 추앙받는 작가가 아니었으니 매체 연재는 오로지 독자 대중의 인기 덕분일 터이며, 게다가 연재본이 단행본으로까지 이어졌다면 그것은 안정된 이윤을 예상한 출판이었음을 의미하는 것이다.

정비석의 장편연애·세태소설은 그의 작품세계의 핵심을 이루며, 그 중심은 1950년대이다. 그는 1980년대 후반까지 꾸준히 장편을 발표하지만 장편연애·세태소설은 거의 1940, 50년대에 집중되어 있다. 첫 작품은 1939년 중편에 가까운 『금단의 유역』으로 출발하여 해방 후 1950년대에 엄청난 양을 발표한 이후, 1961년 이후에는 발표가 뜸해져 10년 동안 단 세 편을 발표하고는 장편연애·세태소설 집필을 끝낸다. 그에 비해 역사소설은 1955년 『연산군』을 필두로 1970년대 이후에 본격적으로 집필했다. 역사소설이 독자들에게 익숙한 소재와 서사를 바탕으로 한 다소 수월한 기획인 것에 비해, 이 시기의 연애·세태소설은 30, 40대의 패기만만하던 시절에 작가의 모든 역량을 쏟아 부은 온전한 창작이라는 점에서 그의 작품세계의 핵심이라 할 수 있다. 장편연애·세태소설 중 절반 이상은 1950년대에 발표되었고 발표 매체는 영향력 있는 일간지가 주를 이루었다. 연재 후 단행본 출간은 당대 유명 출판사인 정음사, 삼중당 등에서 이루어졌고 이 시기의 작품의 상당수가 당대에 영화화되었다. 이에 비해 1961년 이후에는 『욕망해협』만, 그나마 발표 10년 후에 주로 대중소설만 집중적으로 출간하는 노벨문화사에서 출간되었다. 그의 대중적 인기나 사회적 관심은 1950년대에 집중되어 있는 것이다.

바로 이러한 점에서, 그의 장편연애・세태소설을 분석한다는 것은 1950년대의 세상과 인간들에 대해 살펴보는 것에 다름 아니다. 주지하다시피 대중예술 작품은 작가의 것인 동시에 수용자 대중의 것이다. 본격예술에서 작품을 작가의 작품세계가 외화된 것으로 이해되는 것에 비해, 대중예술의 작품, 특히 인기를 얻은 작품이나 특정 시기의 경향은 수용자 대중의 취향과 세계전유방식 등과 조응하는 것으로 보는 것이 타당하다. 작가가 수용자 대중의 취향과 세계전유방식을 작품에 반영할 능력(의도를 포함하여)이 크게 떨어지면 작품의 대중적 인기는 떨어지고, 그 작가는 대중작가로서의 사회적 영향력을 상실하게 된다. 물론 작가주의적 작품의 작가는, 대중의 요구를 반영하면서도 한편에 작가 자신의 할 말을 의도적으로 배치하여 대중의 평균적 요구와 묘한 긴장감을 조성하며, 그것이야말로 작가주의적 매력일 수 있다. 그런데 정비석은 작가주의적인 작가가 아니며, 1950년대 대중소설의 새로운 주류 경향의 중심에 서서 이를 이끌고 나간 작가이다. 이 작품들 안에는 정비석만의 특성이 적잖이 담겨 있는 한편, 세상의 흐름과 그에 따라 변화하는 수용자 대중의 요구 또한 민감하게 포착되어 있다. 수용자의 욕망・세계전유방식과 작가의 그것이 늘 완전히 일치하는 것은 아니나, 이렇게 긴 기간 동안 주류 경향을 이끌며 인기를 끈 작가의 경우는 수용자의 욕망・세계전유방식과 작가의 그것이 우연히 일시적으로 일치한 것이 아닌, 작가의 성향과 능력이 수용자의 욕망・세계전유방식과 성공적으로 조응한 것이라 보아도 좋을 것이다. 물론 작가와 수용자의 욕망・세계전유방식이 정확하게 일치하는 것은 아니므로 작품에 나타난 특성에서 작가의 그것과 수용자의 그것을 분별해내는 것은 중요한 일인바, 이를 염두에 둔다면 정비석이 최고의 인기몰이를 하던 시절의 장편연애·세태소설들을 통해 수용자의 욕망, 관심사, 세상에 대한 태도를 읽어내고 더 나아가 당대 세상을 읽어내는 일은 가능하리라 보인다. 이 글이 목표하는 바는 이것이다.

2. 정비석 장편연애·세태소설 변화의 양상

1) 제1기, 인종·금욕의 윤리적 인물의 우위

단행본으로 출간된 그의 장편연애·세태소설 28편은 크게 다섯 시기로 구분하여 살펴볼 수 있다. 각 시기에 따라, 연애소설에서 가장 중요한 주요 인물과 갈등 양상, 주제를 좌우하는 중요 소재 등의 변화가 이루어짐을 알 수 있다. 이 중 제1기는 일제 말 시기로, 단행본으로 발간된 작품은 다음 한 작품이다.

1942, 『청춘의 윤리』, 『매일신보』 연재(매일신보사, 1944).[6]

『청춘의 윤리』 이전에 중편 규모의 『금단의 유역』(1939)과 장편 『화풍』(1939)이 있으나 단행본으로 출간되지 않았다. 이 시기는 정비석의 연애·세태소설의 기본 틀이 형성되는 과정으로, 넓은 의미의 습작기라

6 괄호 안의 내용은 단행본 출판과 관련된 사항이다.

보아도 좋을 것이다. 작품 수가 적어 본격적인 다작의 글쓰기가 이루어지지 않은 시기이기도 하며, 단행본 발간이 되지 않은 연재소설까지 3편의 소설까지 함께 고려하건대 이후 정비석 작품세계의 중요 특질들이 아직 충분히 발현되지 않은 시기라 할 수 있다.

그의 장편연애·세태소설 중 초중기의 작품들은, 내면적 고민이 깊어 내성적이거나 소극적인 여자와 남자, 그리고 돈과 애욕을 좀 더 적극적으로 드러내어 관철시키고자 하는 외향적이고 적극적인 여자와 남자, 이 네 부류의 인물들이 여러 개의 삼각관계로 얽히는 이야기들이 주를 이룬다. 이러한 인물형의 설정이란, 식민지시대부터 지금까지 우리나라의 연애서사에서 꾸준히 나타나는 인물형들이므로 그것만으로 독특하다고는 할 수 없다. 주목해야 하는 것은, 기본 유형의 배치와 운용, 가치부여이다. 정비석의 이 시기 작품에서는, 내성적이고 소극적이며 정숙하여 때때로 인종과 희생의 태도를 지닌 진실하고 성실한 여자와, 내면적 고민이 깊어 소극적이나 진실하고 성실한 남자가 제1주인공들로 배치되고(혹은 긍정적 가치부여의 대상으로 설정되고), 외향적이고 적극적인 남녀가 제2주인공들로 배치되어 제1주인공들의 연애 라이벌로 설정된다. 구체적으로 살펴본다면, 『청춘의 윤리』의 인종과 희생의 태도를 지니고 산원과 탁아소를 겸한 기관 성애원의 총무로 헌신적으로 일하는 장현주와 진실성 있고 사려 깊으며 윤리적이나 바로 그 성격 때문에 제1여주인공과의 사랑이 순조롭게 이루어지지 않는 의사 김성호가 제1남녀주인공으로 설정되어 있고, 이에 반해 마음에 드는 남자에게 적극적으로 사랑을 호소하는 최영주와 돈 많고 호탕하며 적극적이며 과감한 실행력을 지닌 최영득이 제2남녀주인공으로 설정되어 있다. 그리고 내성적이고 소극적이며 진실성을 지니면서 자신을 희생하고 고통을 참고 견디는 인물, 장현주와 김성호를 작품의 중심에 위치시킨다.

인종과 희생의 태도를 지닌 인물을 작품의 중심에 세우는 특성은, 이 시기의 지배이데올로기나 일반적인 대중적 취향과 조응한다. 동양적 부덕(婦德), 인종과 희생의 태도는 식민지 후반기에 일종의 지배이데올로기로 형성된 동양론의 한 양상인바, 이러한 미덕을 지닌 인물은 비단 정비석뿐 아니라 많은 작가의 작품에서 두루 발견된다. 『청춘의 윤리』는 이 특성이 노골적인 친일 주제와 결합되어[7] 그것의 정치성이 매우 명료하게 나타나는 작품이라 할 수 있다. 인종과 희생의 인물을 우위에 두는 이 시기의 특성은, 해방 이후 작품에도 어느 정도 지속되며 변주되고 있으며, 이 역시 정비석뿐 아니라 다른 작가에서도 흔히 발견된다.

그런데 여기에서 주목할 만한 점은, 다른 작가의 소설에 비해 정비석 소설에서, 욕망에 적극적인 여성 인물의 비중과 인물 형상화가 뛰어나게 돋보인다는 점이다. 『금단의 유역』, 『화풍』에서는, 적극적이고 외향적인 여성이 차갑게 욕망을 절제하거나 희생적인 여성에 압도당해 있으나, 『청춘의 윤리』에 이르러서는 적극적인 여성 인물의 비중이 매우 커지고 부정적 역할도 크게 줄어든다. 이는 남성 인물형에서도 동일하게 나타나며, 이들 제2의 남녀주인공들의 적극성과 외향성은 시대가 요구하는 청춘의 활기로 평가되어 또 다른 긍정적 요소로 의미 부여가 이루어진다. 이렇게 부와 애욕에 적극적인 인물에 대한 높은 비중은, 같은 시대의 다른 작가들에게서는 찾기 힘든 정비석만의 특징으로 보인다. 이후 1950년대의 새로운 인물형을 만들어나가는 데에 정비석이 특히 유리한 특성을 지니고 있었던 셈이다.

그러나 아직까지 이러한 특성은 전면화되지 않고 있다. 인종과 희생, 내면적 진실성 등 이 시대의 지배이데올로기나 독자 대중들의 일반적인 인식・태도에 압도당하여, 돈과 성에 대한 욕망을 지닌 인물은 여전히 후면에 머물러 있는 상태이다.

---

7 『청춘의 윤리』에서 가장 잘 드러난 동양적 부덕, 인종, 희생의 태도의 식민지 후반기 지배이데올로기로서의 특성에 대해서는 정종현, 「자유와 민주, 식민지 윤리 감각의 재맥락화 –정비석 소설을 통해 본 미국 헤게모니하 한국문화 재편의 젠더정치학」; 권보드래 외, 『아프레걸 사상계를 읽다』, 동국대 출판부, 127~137쪽 참조.

2) 제2기, 윤리적 당위를 뚫고 상승하는 욕망

이 시기는, 일제 말기에 성립된 정비석의 장편연애・세태소설의 기본 틀을 바탕으로, 돈과 성의 욕망을 중심으로 움직이는 인물들의 격한 대립이 전면화되는 작품들이 본격화되는 시기이다. 또한, 잡지와 신문 연재로 그의 다작의 면모가 나타나기 시작하는 시기이기도 하다. 해당 작품은 다음과 같다.

1946, 『고원』, 『백민』 연재(백민문화사, 1946).
1946, 『도회의 정열』, 『신인』 연재(평범사, 1947).
1946, 『애련기』, 『실업조선』 연재(보문출판사, 1949).
1947, 『장미의 계절』, 『중앙신문』 연재(대조사, 1949).
1949, 『청춘산맥』, 『경향신문』 연재. 전쟁으로 중단(문성당 1952).

정치적으로 이 시기는 미군정과 정부수립에 이르는 극심한 정치적 격변기이지만, 이러한 정치적 배경은 작품에 거의 나타나지 않는다. 오히려 이 정치적 변화는, 자본주의 국가 미국이 지배적 힘을 발휘하는 세상이 도래함으로써 돈과 성에 대한 욕망이 크게 상승하는 방식으로 나타난다.

애정 갈등의 인물 구도를 살펴보면, 이전 시기의 경향, 즉 소극적이고 내성적인 인종과 희생의 인물들이 제1남녀주인공으로 윤리적 우위를 유지하고 있고, 돈과 성의 욕망에 대해 적극적인 인물들이 제2남녀주인공으로 설정되는 경향이 어느 정도는 유지된다. 그러나 이전 시기 『청춘의 윤리』와 달리, 이 시기 작품에는 윤리를 무시하고 물욕・성욕 등을 얻어내고자 움직이는 제2남녀주인공들의 적극적 행동이 크게 강화되면서 사건의 흐름을 주도하기 시작한다. 그 변화의 시작은 후일담 소설이라 할 수 있는 『고원』을 제외한 이 시기의 첫 작품인 『도회의 정열』에서부터이다.

『도회의 정열』에서 화려한 도시의 욕망을 지니고 있으나 연심 품은 남자에게 쉽게 몸을 허락하지 않는 두루미 같은 단정한 아름다움을 지닌 최국희, 『장미의 계절』에서 겉으로는 냉랭해 보일 정도로 단정하고 성실하여 홀아비인 소설가 한태세를 사랑하면서도 겉으로 드러내지 못하는 양재학원 교사 유경은, 『청춘산맥』에서 부모가 원한 잘못된 결혼으로 불행한 생활을 하고 있음에도 불구하고 윤리성 때문에 진실하게 사랑하는 남자에게 다가가지 못하는 김경란 등이 제1여주인공으로 배치되고, 진실하고 사려 깊으며 윤리적이나 소극적 성격 때문에 제1여주인공과의 사랑이 순조롭게 이루어지지 않는 의사, 판사, 교사, 소설가가 제1남주인공으로 설정되어 있다. 그러나 이전 시대와 달리, 새로운 시대의 바람이 된 미국적 근대성이나 육체적 욕망에 대한 적극적인 태도를 가진 인물들의 비중이 크게 상승하면서, 이들의 존재와 적극적 행동이 사건을 밀고 가는 힘으로 작용한다. 바람둥이 오하림이 풍기는 미국적 모던함에 대한 당대 여성들의 매혹이 매우 생생하게 포착된 『도회의 정열』에서는 약혼까지 파혼하며 오하림에게 몸을 바치고 결국 몰락하는 한혜련이 부정적인 인물로 묘사됨에도 불구하고 사건의 흐름을 주도한다. 『장미의 계절』에서도 긍정적인 인물인 제1여주인공 유경은에 비해 도발적인 제2여주인공인 여동생 유경채의 활력이 작품을 압도한다. 특히 이 두 작품에서부터는 내면적 진정성과 윤리를 중시하는 긍정적 여주인공조차 물질적 욕망에 흔들리고, 사랑을 빌미로 한 돈 거래도 시도한다. 『청춘산맥』은, 여전히 순결과 윤리를 중시하는 여자와 욕망을 인내하는 남자를 제1주인공들로 설정하기는 하나, 불륜, 이혼, 살인기도 등 1950년대 정비석 작품에 자주 등장하는 자극적인 비윤리적 사건들이 한꺼번에 등장하여, 제1기 작품의 막바지 모습을 보여준다.

이 시기의 작품 중 다소 독특한 작품이 『고원』과 『애련기』이다. 『고원』은 해방 후에 쓴 일제 말기에 대한 후일담 소설인데, 일제 말 만주로 도피하는 제1남주인공 현오권이 마음으로는 냉랭할 정도로 소극적인 정숙한 여자 오영주를 사랑하나, 도피 길에 무작정 따라붙은 친구 아내인 김채옥과 일종의 불륜커플이 되어 중국에서 살게 되는 이야기이다. 내면적 진실함을 현실 속에서 실현할 수 없어 부도덕한 여자와의 결혼생활을 해가는 제1남주인공이, 친일 등 일제 말의 떳떳치 못한 삶에 대한 상징으로 읽힌다는 점에서 흥미롭다.[8] 한편 『애련기』는 정비석 작품과 다소 어울리지 않는 신파성 강한 내용을 지니고 있다. 돈에 팔려 카페 여급이 되고 사랑에도 실패하는 여공인 제1여주인공이 자학과 자기연민의 신파적 행동을 보여주는 이 작품은, 작가가 『실업조선』의 독자들이 생산직 근무자일 것이리라 예측하고 그 취향에 맞추어 쓴 것으로 보인다. 그러나 이 2편 중 『고원』은 내면적이고 소극적인 남자와 도발적이고 적극적인 여자가 쌍을 이루어 남녀 주인공으로 배치되어 있다는 점에서, 일제 말의 작품과 해방 후의 작품 사이의 과도기적인 모습을 보여주는 측면이 있다.

3) 제3기, 성적 욕망의 전면화

이 시기는 1951년부터 1953년으로, 즉 얼추 전쟁기와 거의 일치한다. 그러나 정비석의 작품에 전쟁의 흔적은 그리 강하지 않다. 해방 직후의 『고원』과 흡사한 발상으로 쓰인 『애정무한』만 예외일 뿐, 나머지는 애욕을 둘러싼 갈등이 중심을 이루는 작품들이다. 이 시기의 작품들은, 제2기의 변화가 지속되고 더욱 강화되면서 여성들의 적극적인 성적 욕망과 그 표현이 적극화되고 이들을 탐하는 남성 인물의 욕망과 행동이 전

8 소설의 첫 부분에서, 이러한 삶에 대해 "돌은 던질 자격이 있거든 서슴지 말고 돌을 던져보라"는 성경 구절을 인용하며 "여하한 경우를 막론하고 도대체 사람은 남을 비방할 자격이 없을 것이다"라고 쓰고 있다(정비석, 『고원』, 백민출판사, 1946, 6쪽).

면화하면서 작품을 주도한다.

1951, 『애정무한』(창조사, 1951).

1951, 『여성전선』, 『영남일보』 연재(한국출판사, 1952).

1951, 『세기의 종』, 『영남일보』 연재(세문사, 1954).

1951, 「심해어」, 『영남일보』 연재(『인생여정』으로 개제하여, 문홍사, 1954).

1952, 『번지없는 주막』, 『신태양』 연재(향문사, 1954).

1953, 『월야의 창』, 『희망』 연재(정음사, 1955).

제3기의 작품 중 『애정무한』은 매우 예외적인 작품이다. 제3기 작품 중 유일하게 내면적 진정성과 인고의 태도를 지닌 인물들이 제1남녀주인공으로 설정되어 있을 뿐 아니라, 정비석 연애·세태소설 전체를 통틀어 유일하게 연재 없이 집필된 전작 장편소설이기도 하다. 즉 다른 작품이 수용자들의 재미를 염두에 두고 그들의 당대 관심사와 취향 변화를 반영하는 태도로 쓰인 것이라면, 이 작품은 작가 자신이 말하고 싶은 바, 즉 급격한 정치적 변화 직후 자신의 입장과 심사를 드러내고자 하는 동력이 더 크게 작용한 작품인 셈이다. 게다가 『애정무한』은 논픽션인 척하는 설정에 액자소설의 구조 등에서 『고원』과 매우 흡사한바,[9] 전쟁 중 불가피하게 부역을 하고 핍박을 받는 과정을 그려내 해방 직후 조선문학가동맹에 이름 올린 전력에 대한 변명의 의도가 읽히는 작품이다. 이외의 작품은 모두 신문과 잡지에 연재된 작품으로, 일간지와 대중적 오락지에 꾸준히 연재를 한 것으로 보아 전쟁 중에도 그의 대중적 인기는 점점 올라가고 있었던 것으로 보인다.

---

9 『고원』은 서술자가 '현오권'의 수기를 발견하였고 이를 그대로 옮긴다는 내용의 액자틀을 서장으로 설정하고, 현오권이 새로운 서술자가 되어 일인칭으로 소설을 전개한다. 한편 『애정무한』은 서장에서, '나'로 설정된 소설가 '정 선생'이 대구 달성공원 상화시비(尙火詩碑) 앞에서 만난 한 남자의 전쟁 체험을 그대로 옮긴다는 설정을 해놓고, 이후는 그 남자를 서술자로 삼아 일인칭으로 소설을 전개한다.

이 시기의 작품들에서는, 물질과 성에 대한 욕망을 실현하기 위해 적극적으로 행동하는 여성인물을 작품의 전면에 배치하는데, 이러한 인물이 그다지 부정적이지 않은 제1여주인공으로 설정된다는 점이 제2기와 가장 뚜렷하게 달라진 지점이다. 『여성전선』의 긍정적 여주인공 유옥란은 적극적이며 자기의 의견을 거침없이 개진하는 직장여성으로, 자신을 좋아하는 두 남성 사이에서 시쳇말로 '양다리'라고 할 만한 애정의 줄타기를 한다. 『월야의 창』에서는 친구의 애인을 빼앗는 등 악행으로 자신의 욕망을 채우는 황정임이 결국 작품 내 징벌이 이루어지는 부정적 여성인물로 형상화되나, 이렇게 부정적인 인물이 착하고 소극적인 여주인공을 완전히 압도하면서 제1여주인공으로 부상해있다는 점이 주목할 만하다.

그에 비해 인고하는 소극적이고 희생적인 전자의 여성 인물은 작품의 후면으로 물러나 있거나, 현실에 적응하지 못하는 인물로 그려지거나, 성적 욕망 때문에 크게 흔들리는 인물로 형상화된다. 『인생여정』(원제 「심해어」)의 제1여주인공 김경애는 몰락한 부잣집 딸로, 약혼자에게 파혼당하고 두 차례나 겁간을 당하며 진정으로 사랑하는 남자와의 사랑은 이루지 못한다. 그는 현실에 적응하지 못하는 '심해어'로 의미화된다. 또한, 『세기의 종』의 윤리를 지키려 노력하는 제1여주인공 민영심은, 남편의 생사를 알 수 없어 미망인이나 다를 바 없는데 새로운 사랑을 억제하며 정조를 지키려 노력한다. 그러나 그 역시 밤에는 성적 욕망을 제어할 수 없어, 사랑하지도 않는 호색한들과 동침해버리고 결국은 자살로 생을 마감한다.

이 시기에는 남성 인물형도 돈과 권력을 이용하여 여성의 육체를 탐하는 행동이 적극화되어 나타난다. 그에 따라 여성 인물들이, 남자들이 자신에게 지니는 호감과 성적 욕망을 이용하여 거래를 하는 양상 또한 자주 발견되는데, 이러한 여자들이 수완 좋은 여자, 능력 있는 여자로 형상화된다.

드디어 제3기에 이르러 정비석의 작품은, 제1기부터 정비석의 특징으로 부각된 점이 시대의 큰 흐름과 확실히 합치되는 모습을 보여준다. 성과 물질에 대한 욕망을 적극적으로 드러내는 인물에 대한 관심을, 인고·순결 등 윤리의 뒤편에 밀어 넣지 않아도 되는 시기, 그것을 특장으로 드러내는 것이 대중의 큰 호응을 얻게 된 시기에 도달한 것이다. 정비석은 드디어 자신의 시대를 만났다.

4) 제4기, 자본주의적 욕망과 사회문제의 결합

제4기는 정비석의 장편연애·세태소설의 최고 절정기이다. 일간지를 중심으로 한 연재가 주를 이루는 시대로, 정비석이 가장 인기 있는 소설가로 인정받는 시기인 동시에, 정비석의 여러 특장이 복합적으로 작품에 드러나는 시기이기도 하다.

이 시기의 작품들은, 제3기에서 보여주었던 세계, 즉 성과 물질에 대한 욕망을 전면화한 여성들, 돈과 권력을 바탕으로 여성의 성을 탐하는 남성들의 이야기가 기본을 이루면서, 여기에 다른 사회문제 즉 정치적 부패나 세대 갈등 등 다양한 사회문제들이 함께 결합하여, 당대의 세태를 좀 더 풍부하고 입체적으로 보여준다.

1954, 『자유부인』, 『서울신문』 연재(정음사, 1954).

1954, 『산유화』, 『여원』 연재(여원사, 1956).

1955, 『민주어족』, 『한국일보』 연재(정음사, 1955).

1955, 『나비야 청산 가자』, 『국제신보』 연재(『여성의 적』으로 개재하여, 정음사, 1956).

1957, 『낭만열차』, 『한국일보』 연재(동진문화사, 1958).

1957, 『야래향』, 『여원』 연재(문성당, 1957).

1957, 『슬픈 목가』, 『동아일보』 연재(1957).

1958, 『유혹의 강』, 『서울신문』 연재(신흥출판사, 1958).

1958, 『파랑새의 꿈』, 『서울신문』 연재(금성출판사, 1984).

이제 여자들의 성적 적극성과 도발성과, 여성의 육체를 욕망하여 금력과 권력을 동원하는 남성들의 행동은, 더 이상 새롭거나 신선한 것이 아니다. 제3기의 작품이 그러하듯, 『자유부인』, 『여성의 적』, 『낭만열차』, 『유혹의 강』 등 제4기의 작품에서도 이러한 인물들이 부동의 제1남녀주인공이다. 게다가 이전 시기와 달리 이런 행태의 주인공이 중년 남자, 유부녀, 한글학자 등으로까지 확산되어 있다는 점은, 성욕과 물욕을 전면화하는 현상이 젊은이나 특정 직업인들의 새로운 풍조가 아니라 이 시대를 특징짓는 주도적 흐름으로 자리 잡았음을 보여준다.

이러한 인물이 긍정적 인물로 형상화되는 경향도 이전 시기에 비해 강해졌다. 『민주어족』에서는 자기표현이 대담하고 현대적이며 댄스를 즐기는 대졸여성 강영란과 기업체 사장 박재하가 제1남녀주인공인데, 모두 매우 긍정적인 인물로 설정되어 있다. 적극적이며 현대적이고 자기의사 표현이 비교적 뚜렷한 그들에게, 작가는 성적 도발성 대신 성실함과 진정성 등의 가치를 부여한다. 그에 비해 내면적 고민이 깊은 소극적 인물인 미망인 강영희와 그의 옛 애인인 변호사 오창준은 진실함을 미덕으로 갖추고 있음에도 불구하고 문제적 상황을 과감히 해결하지 못하는 다소 답답한 인물로 그려져 있다. 제2기 『장미의 계절』의 직설적이며 성실한 사업가 강시웅, 제3기 『여성전선』의 현대적 여성 윤옥란 등에서 보여준 경향이 훨씬 더 진전된 양상으로 나타난 것이다. 또한, 한편으로 직설적이고 예의 없고 자유분방하고 관능적이면서도 당당하고 성실하거나 야무지고 현명한 대학생 인물들로의 변주도 이루어지고 있다. 대신 소극적인 인물의 비중은 크게 줄어들고 있다.

이러한 연속성이 있는 반면, 이 시기만의 특징도 분명하다. 정・재계는 물론 젊은이들에게까지 퍼져있는 전 사회적인 부패, '사바사바'라는 말을 유행시킬 정도로 만연된 뒷거래, 사회문제로 대두된 전쟁미망인 문제, 도시의 만성화된 실업과 농촌 진흥의 문제, 공업의 진흥, 중년과 젊은이들의 세대갈등 등, 다양한 사회문제에 적극적인 관심을 보이는 점이 그것이다. 즉 성과 물질에 대한 적극적 욕망 표출로 인한 애정 갈등을 기본적 내용으로 깔아놓은 위에, 앞서 열거한 다양한 사회문제들을 결합해내고 있는 것이다. 이미 많은 연구자들이 지적한 바와 같이 『자유부인』은 단순히 유부녀의 춤바람 이야기만을 다루고 있는 것이 아니라, 얄팍한 잇속만 챙기는 속물 국회의원, 비리가 생활화된 공무원, 이를 기반으로 수입품과 목돈 챙기기에 몰두하는 그의 아내들, 뇌물로 학점을 사려는 대학생과 이를 받아 챙기는 교수 부인까지 당대의 부패한 사회상이 촘촘히 배치되어 있으며, 이런 사회비판은 다른 작품에서도 동일하게 나타난다. 특히 한 작품에서 특정 사회문제를 집중적으로 부각시키는데, 『자유부인』에서 부정적 사회현실을 집중적으로 보여줌으로써 오히려 필화까지 당한 이후에 작심한 듯 쓴 『민주어족』에서는 이러한 부패한 현실을 극복할 정치 · 경제 · 사회의 건전한 움직임들을 집중적으로 조망하고, 『유혹의 강』은 전쟁으로 생겨난 다양한 종류의 미망인의 문제를 제기하며, 야당지 『동아일보』에 연재한 『슬픈 목가』에서는 도시의 실업자와 범죄자들을 데리고 농촌에 내려가 땅을 개간하는 젊은이의 이야기를 다룸으로써, 소비적이고 타락한 도시의 문제를 노동과 생산으로 해결해야 함을 이야기한다. 『낭만열차』는 노년으로 들어서는 교수의 늦바람을 중심에 놓고 권위가 붕괴된 가장, 사랑 없는 노부부, 당혹스러운 젊은이들의 등장 등 작가의 눈에 포착된 다양한 세태를 종합적으로 얽어놓은 작품이다.

제4기의 작품 중 『산유화』와 『야래향』은 다소 예외적인 작품으로 보인다. 제3, 4기의 작품에서는 거의 나타나지 않는, 진실하고 사려 깊고 성실한 인물들의 사랑이 전면에 배치된 작품들이기 때문이다. 이 두 작품 모두 여성 월간지인 『여원』에 연재된 작품으로, 여성지를 즐겨 보는 여성 독자들은 진실한 사랑, 서정적인 사랑 이야기 등에 더 관심이 있고, 성욕과 물욕을 적극적으로 드러내는 인물이나 사회문제 등에 대해서는 관심이 덜할 것이라는 독자의 취향에 대한 냉철한 판단을 하고 있었던 것으로 보인다. 한편 아동청소년소설로 볼 수 있는 『파랑새의 꿈』도 주류 경향과 괴리가 있는 예외적 작품이다.

5) 제5기, 반복과 퇴행

이 시기는 정비석의 장편연애·세태소설의 마지막 시기이다. 단행본 출간 여부를 생각지 않는다면 1970년대 초까지 작품이 생산되므로 한 시기로 보기에는 다소 긴데, 전성기를 지나 반복과 퇴행이 나타나고 작품의 생산량도 점점 떨어지는 시기라는 점에서 한꺼번에 묶어 설명하는 것이 크게 무리는 아니라 보인다.

1959, 『사랑의 십자가』, 『아리랑』 연재(삼중당, 1959).
1959, 『비정의 곡』, 『경향신문』, 『월간 화제』 연재 중단(삼중당, 1960).
1959, 『화혼』, 『국제신문』 연재(삼중당, 1959).
1959, 『인간실격』, 『여원』 연재(정음사, 1962).
1959, 『연가』, 『서울신문』 연재(삼중당, 1961).
1960, 『에덴은 아직도 멀다』, 『조선일보』 연재(민중서관, 1962).
1963, 『욕망해협』, 『동아일보』 연재(노벨문화사, 1971).

이 시기의 작품은 제3, 4기의 성욕과 물욕 때문에 생기는 애정갈등을 반복하나, 작품의 완성도나 밀도가 이전 시기의 작품에 비해 크게 떨어져 있고 시대변화를 민감하게 포착하는 순발력이나 세태에 대한 담론을 주도하는 힘도 크게 저하되어 있다. 이미 더 이상 새롭거나 참신하지 않은 성욕・물욕 이야기가, 다소 힘이 빠진 상태로 반복되는 것이다.

새로움이 사라지고 힘이 빠지면서, 노화와 퇴행의 다른 현상도 나타나고 있다. 하나는, 인물과 사건에서 다소 '올드패션'이라 할 만한 대중예술에서 익숙하게 반복되던 패턴이 등장한다는 점이다. 『사랑의 십자가』에서는 겁간으로 임신한 어머니를 대신해 그 죄를 뒤집어쓰고 아이를 키우는 여주인공이 등장하고, 『화혼』에서는 거짓 편지, 부모에 의한 부잣집 아들과의 강제 결혼 시도, 가난한 남자주인공의 공금 횡령 등이 주요한 사건 전개의 모티브가 된다. 이것들은 모두 식민지시대 이래 대중예술에서 익숙하게 반복되어 온 상투형이지만 정비석의 이전 소설에서는 잘 발견되지 않았던 것들인데, 새삼스레 이러한 요소가 등장하는 것은 확실히 정비석의 퇴행으로 볼 수 있다. 대중예술 경향의 변화에서 흔히 나타나는 전형적인 '끝물 증상'으로, 아직 참신한 새 경향이 나타나지는 않았거나 적어도 정비석이 그에 적응하지는 못한 상태로 보인다. 이러한 과도기에 흔히, 상투성이 강화되면서 작품의 완성도가 떨어지고 옛 경향으로 회귀하는 퇴행현상이 나타나는 것이다.

또한, 『비정의 곡』을 거쳐 『에덴은 아직도 멀다』, 『욕망해협』 등에 이르기까지 줄곧 남자주인공의 나이가 중・노년으로 설정되는 것도 흥미롭다. 이들에 비해 다소 젊은 남자주인공인 『연가』도, 『여성의 적』과 비슷한 구도이면서 주인공이 중년으로 설정된 것을 보면, 확실히 이전의 작품에 비해 남자주인공의 나이가 많아지는 경향이 뚜렷하다. 이들 남자주인공들에게도 성욕의 문제는 전면화되어 있으나, 젊은 주인공들의 활기를 만들어내지도 못하고 여타 사회문제와 결합하는 패기만만함도 사라져 있다. 특히 이들 인물의 늦바람 대상으로, 얌전하고 진실하고 순종적이며 결혼조차 요구하지 않는 화류계 여성이 가장 이상적이고 아름다운 여성으로 설정되어 있다. 소극적이며 얌전한 희생적 여자가 다시 중요한 인물로(혹은 긍정적이며 비중 있는 인물로) 배치되는 경향을 보여주고 있을 뿐 아니라, 그것이 식민지시대 이래 반복되어 온 '화류비련'의 여주인공 인물형의 연장선상에 있다는 점 역시 주목할 만하다. 이 경향은 제3기의 작품인 『낭만열차』에서 이미 나타난 바 있는데, 제4기에 이르러 매우 강화된 양상을 보인다. 이 역시 노화와 퇴행의 증상이라 할 만하다.

이렇게 작가가 감정이입을 하고 있는 인물이 중·노년으로 설정되면서, 이들이 20대의 젊은이들과의 세대차이의 당혹감을 드러내는 대목이 크게 늘어나는 것도 흥미롭다. 작가가 젊은이들에 대한 이해와 공감에 한계를 드러내고 있음을 의미하기 때문이다. 이 과정을 거쳐 1960년대로 들어서면서 정비석은 4월혁명의 주체인 대학생들의 반발로 신문연재를 중단하는 필화사건을 겪고, 1960년대의 새로운 연애·세태소설의 경향으로 나아가지는 못한 채 1950년대의 구도를 반복하다가 연애·세태소설의 집필을 중단한다. 이는 1960년대에 이르러서는, 1940, 50년대 정비석이 적극적으로 형상화해왔던 세상의 모습, 즉 욕망을 노골적으로 드러내고 이를 거래하는 인물형과 그들이 주조하는 세상의 모습이 더 이상 참신하지도 않고 새로운 연애·세태소설의 수용자들을 만족시키지도 못한다는 것을 의미한다. 그가 만든 인물과 갈등 구도가 1960년대에 이르러 드디어 대중성에서 시효를 다해가고 있었으며, 이렇게 그의 연애·세태소설의 시대는 끝나가고 있었다.

3. 정비석의 세계인식과 태도, 그리고 1940, 50년대

1) 정비석 장편연애 · 세태소설의 매체와 수용자

정비석의 장편연애소설을 살펴보면 흥미로운 지점을 발견하게 된다. 작품경향이 시대와 세상의 변화에 따라 조응하고 있을 뿐 아니라, 매체에 따라서도 민감한 변화를 보여주고 있는 것이다. 중앙의 일간지, 지방의 일간지, 종합 오락잡지, 여성지, 특정 직업의 사람이 많이 보는 전문지 등은 타깃이 되는 주요 독자가 다른데, 정비석은 이를 염두에 두고 작품을 쓰고 있음이 발견되는 것이다.

정비석의 장편연애 · 세태소설의 발표 지면을 살펴보면, 일제 말기에 친일적 성격의 중앙 일간지에 작품을 발표하고, 해방 직후 잠시 잡지 중심의 활동을 하다가 점차 일간지로 진출하고 있음을 알 수 있다. 이후 전쟁을 계기로 영남의 일간지로 이동한 이후, 환도 후 최고 전성기에는 중앙의 일간지를 중심으로 활동을 하고 1950년대 말에 중앙 일간지를 어느 정도 유지하면서 잡지 연재를 병행한다. 그리고 1960년대에 들어서는 잡지 연재가 사라지고 중앙 일간지에 가끔씩 연재를 하다가 장편연애 · 세태소설 집필을 종료하는 일련의 흐름을 보여준다. 이러한 흐름을 살펴보면 정비석 장편연애소설의 주 타깃 독자는 중앙의 일간지 독자임을 알 수 있다. 이 시기 중앙 일간지의 주 타깃이 도시의 교육 받은 성인 남성층임을 생각하면, 정비석이 목표로 삼은 주요한 독자 역시 이들이라고 보아도 좋을 것이다.

그런데 정비석 장편연애소설은 이러한 대체적 경향 속에서 간간이 그 외의 매체와 만나고 있는데, 그 지점에서 작가가 매우 명확하게 독자를 위한 배려를 하고 있음이 눈에 띈다. 주로 잡지를 중심으로 활동하던 시기에 『실업조선』에 연재한 『애련기』, 신문 연재가 중심을 이루던 1950

년대에 대중지 『신태양』에 연재한 『번지없는 주막』, 여성지 『여원』에 연재한 『산유화』와 『야래향』, 그리고 중앙 일간지에 연재하던 시기에 지방 일간지 『국제신보』에 연재한 『여성의 적』(원제 『나비야 청산 가자』)이 그것이다. 이들 작품은 그 시기 중앙 일간지에 연재하는 작품과는 다른 경향을 지니는데, 그것은 그 매체의 독자들에 대해 작가가 배려한 결과로 보인다. 앞서 분석한 대로, 강한 신파성을 드러내는 『애련기』는 다소 문화자본이 낮다고 보이는 『실업조선』의 독자들을 겨냥한 작품이고, 일간지 연재에서 세련된 대도시의 아프레걸 인물형을 발전시키고 있던 시기에 오락적인 대중지 『신태양』에 연재한 『번지없는 주막』에서는 항구술집에서의 애욕 싸움과 성애 묘사에 치중하며 대중가요 가사를 자주 인용하는 등 쉽고 익숙한 재미를 노린다. 이보다 다소 교양적인 오락지 『희망』에 연재한 『월야의 창』도 이 시기 일간지 연재소설들보다는 애인 뺏기, 결혼 방해, 양다리 걸치기 등 여주인공의 자극적 행동이 매우 부각되어 있어, 일간지와 오락 중심 월간지의 독자 취향을 다르게 설정하고 있음을 보여준다. 한편 여성지 연재 첫 작품인 『산유화』는 그의 다른 작품과 달리 지고지순한 사랑을 하는 순정적 인물을 크게 부각시키고 김소월의 시를 계속 인용하여 서정적 분위기를 강화하여 고학력 여성 독자의 취향에 대한 적극적 고려를 보여준다. 특히 김소월 시의 인용은, 당시 서양적 세련됨을 과시하는 젊은 감각의 로맨틱코미디 영화 〈여사장〉(1959), 〈자유결혼〉(1958) 등에서도 동일하게 나타난다는 점에서, 젊은 대도시의 고학력 대중예술 수용자들의 취향과 관심사를 놓치지 않고 있음을 알 수 있다. 이후 『야래향』은, 『산유화』처럼 소녀취향적 서정성을 드러내지는 않지만 여전히 상대적으로 순정적 사랑이 강조되어 있다. 한편 지방 일간지에 연재한 『여성의 적』은 같은 시기 중앙 일간지 수록 작품처럼 다양한 사회문제와의 결합 양상이 거의 나타나지 않고 오로지 바람둥이 남자주인공의 여성 편력에만 집중하고 있다는 점에서 중앙 일간지에 비해 지방 일간지의 독자들이 사회문제에 대한 관심이 더 적은 독자들로 상정하고 있음을 짐작할 수 있다.

그의 이러한 목표 수용자의 취향 설정이 정확했든 아니든 간에, 당대에 가장 민감한 대중성의 촉수를 지닌 대중소설 작가가 보여준 매체별 수용자에 대한 인식, 그들의 취향 차이에 대한 인식은 주목할 만한 대목이다. 특히 정비석의 장편연애・세태소설이 중앙 일간지의 독자를 중심적인 독자로 설정하고 있었고, 그 독자를 대상으로 한 인기몰이가 오랫동안 성공적이었음은 그의 작품세계가 지닌 당대적 의미를 짐작하는 데에 중요한 바탕이 된다. 사실, 정비석 작품이 당시 모든 계층과 집단에 고른 호소력을 가졌다고는 볼 수 없다. 대중예술 취향은 같은 시대라 할지라도 계층・집단별로 큰 차이를 보이기 때문이다. 즉 정비석 작품이 최고의 인기를 누리고 있던 1950년대에, 정비석의 연애・세태소설과는 전혀 다른 질감과 세계전유방식을 지닌 여성국극과 신파적인 악극도 최고의 전성시대를 구가하고 있었음을 기억할 필요가 있는 것이다. 이렇게 각기 다른 취향의 다양한 대중들 중에서, 정비석 연애・세태소설의 수용자 대중은 여론 주도 능력이 큰 종합일간지의 독자들이었고, 그것은 당시 정비석이 1950년대 대도시, 중산층, 중등학력 이상의 남성들의 관심사와 욕망, 그 변화의 한복판에 위치해 있었음을 말해주는 것이다. 즉 이들 독자들의 변화야말로 당시 한국사회의 세태와 풍속에 대한 여론과 감각이 어디로 흘러가고 있는지를 가장 예민하게 드러내고, 강한 여론주도능력으로 다른 집단에까지 강한 영향을 주는 사람들인 것이다.

2) 1940, 50년대의 변화와 그 방향

이러한 정비석의 대중들이 지닌 특성을 고려하며 연애・세태소설들의 흐름을 살펴보면, 이 시기 도시의 여론주도층들의 관심과 욕망이 어디로 흘러가고 있었는지를 짐작할 수 있다. 아주 범박하게 요약하면,

대중들의 관심이 소극적이고 인고의 태도가 강한 사람들에서 점차 자신의 욕망을 드러내고 기존 윤리를 거스르고 도발하는 인간들로 변화했다고 이야기할 수 있는 것이다. 직업으로 보자면 여성의 경우 간호부 같은 단정한 직업에서 여비서나 다방 마담처럼 성과 미모 혹은 경제력이 겉으로 드러나는 인물로, 남성의 경우 문인 등 내면이 강조되는 인물애서 사장이나 기술자 등 돈과 물질을 만들어내는 인물들로 옮겨가는 양상이다.

이러한 경향은 해방과 미군정의 시작을 계기로 본격화되어, 전쟁을 경유하면서 확고해졌다. 이 경향이 본격화되는 시기에, 미국유학을 다녀온 바람둥이 남자에게 매혹당하는 이야기를 다룬 『도회의 정열』이 위치해 있음은 우연이 아니다. 이러한 경향은 제3기인 1950년대 초를 경유하면서 확고해졌고, 휴전과 환도 이후인 제4기로 향해 가면서 이제는 거스를 수 없는 대세가 되었음을 보여준다. 적어도 도시에서 거주하는 젊은 미혼의 인물들에서 소극적인 인고의 인물형이 거의 사라졌는데, 그것은 이러한 인물형이 더 이상 젊은 대중들의 욕망이 대상이 이니고 세상의 흐름과도 맞지 않는다고 작가가 판단하고 있음을 의미한다. 대신 제4기인 1954년의 작품부터는 대중의 변화를 기정사실화하면서, 이 부박한 욕망을 다양한 사회현상과 결합하여 비판하고 대안을 모색함으로써, 비윤리적 소설이라는 비난으로부터 도망갈 도피처를 마련한다.

적어도 정비석 소설로 미루어 본다면 이 시기 대도시 일간지의 독자 대중들은, 인간이 세대와 계층을 불문하고 성욕 · 물욕을 지닌 존재임을 깨닫는 과정을 꽤나 즐겁고 자극적으로 받아들이고 있었고, 이와 함께 점차 이렇게 변해가는 세상의 부박함에 대한 윤리적 불안감 역시 커지고 있음을 알 수 있다. 특히 제4기에 이러한 경향이 정점에 이른 것은, 분단과 전쟁 등이 일단락되어 상대적으로 자유로워진 분위기를 누리게 된 전후 시기라는 점, 그러면서도 정치 · 경제에서 모두 1950년대의 한계를 드러내며 결국 혁명으로 향하고 마는 제5기와도 다소 차별성이 있는 시기였기 때문일 것이다. 미국적 세련됨과 그 생활방식에 대한 적극적 관심이 하늘을 찌르던 1950년대의 가장 화려하고 자유분방했던 시기가 전후 4, 5년간이었음을, 정비석 작품들은 보여주고 있는 것이다.

한편 제5기의 작품들은, 작가의 노화 · 퇴행으로 당대의 젊은 독자들과 다소 유리되기 시작함으로써, 소설을 통해 대도시 젊은 독자대중의 관심사나 세계전유방식을 읽기 힘들어진다. 단 그 유리현상으로 미루어 보건대, 욕망의 구현에 적극적인 인물들의 존재는 여전하나 이를 참신한 것으로 부러움 넘치는 시선으로 받아들이는 태도, 그들에 대한 불안하면서도 호감 어린 관심이 확연히 후퇴한 것 정도를 읽을 수 있을 뿐이다. 실제로, 1958년을 계기로 풍속에 대한 사회의식과 여론이 보수화되는 경향을 보인 것[10]도 이러한 현상과 조응하고 있다. 1950년대를 거치면서 이미 자유분방해진 도시의 젊은이들은 어떠했을지 몰라도 중장년 남성들이 주도하는 여론은 상당히 보수화되고 있었고, 이는 1950년대의 새로운 분위기에 대중들이 마음 한 편에 지니고 있던 불안감이 정치와 경제 모두에서 위기를 드러낸 1950년대 말에 응집되어 상승한 것으로 짐작할 수 있다. 하지만 제1공화국 시대가 지나고서도 정비석은 연애에서든 세태에서든 새로운 양상을 보여주지 못하고, 『에덴은 아직도 멀다』에서 모든 세대들의 사랑이 실패하는 설정 등으로 4월 혁명의 정치적 격동 과정에 대한 불편함만을 드러낼 뿐이다. 1960년대에 들어서서 정비석은 새롭게 청장년으로 진입한 대도시 대중들의 세계전유방식과의 조응에는 계속 실패하는 것으로 보이며, 이제 정비석의 연애 · 세태소설로 당대 사회의 첨단에서 빛나는 새로운 현상과 대중적 욕망을 읽어내는 일은 가능하지 않게 되었다.

---

10 이선미, 「젊은 『여원』, 여성상의 비등점」; 권보드래 외, 『아프레걸 사상계를 읽다』, 동국대 출판부, 2009, 284~286쪽; 이영미, 「신파성, 반복과 차이—1950년대 악극 · 영화 · 방송극」, 같은 책, 318~324쪽.

3) 돈, 권력, 성, 욕망의 질주와 거래, 그리고 통념적 윤리

그렇다면 이러한 흐름 속에서 유지되고 있는 정비석의 세계전유방식, 세계인식과 태도는 무엇인가. 이것은 그가 최고의 인기를 누렸던 1950년대 대도시의 여론주도층이 선택한 새롭고 참신한 세계인식이기 때문에 의미 있다.

정비석의 연애・세태소설이 보여준 가장 두드러지는 세계인식은, 인간이 욕망을 가진 존재라는 점, 세상의 중심이 윤리적이거나 자기성찰 능력과 욕망 절제 능력을 가진 사람이 아니라, 성욕・물욕 같은 기초적 욕망을 과감히 드러내고 재빠르고 적극적으로 욕망의 대상을 갖고자 움직이는 사람이라는 것이다.[11] 작가는 작품에서 종종 욕망 절제 능력을 지닌 윤리적인 인물에 높은 가치를 부여하지만, 실제로 작품들의 변화 추이에서는 존재감이 점점 약해지고 급기야 사라져버리기도 한다. 성욕・물욕은 남녀노소 인간 모두에게 매우 강력하게 존재하는 것이며, 선하고 도덕적인 인간이나 심지어 순결을 지켜야 한다는 미망인조차 이로부터 예외가 아님을 인정한다. 작가는 이러한 욕망들이 인간을 움직이는 가장 큰 동력이며 이를 과감히 드러내고 성취하고자 하는 사람들의 세계가 나름대로 멋지고 행복하며 인간적인 삶이라고 느끼게 한다.

정비석 소설에서 이 기초적 욕망은 돈, 권력, 성에 대한 욕망으로 요약되고, 작가는 이것들을 모두 '힘'으로 환산한다. 힘은 그 속성상 타인에게 영향을 미친다. 세상은 힘과 힘이 충돌하면서 겨루고 경쟁하는 곳이며, 그 힘은 돈, 권력, 성에서 나온다고 보는 것이다. 인간들은 자신의 힘을 근거로 타인을 누르거나 타인의 힘의 근원을 빼앗아 패배시키

---

11 안미영도 정비석의 주요 소설에 나타난 윤리가 시대에 따라 계속 변화하며 따라서 그것은 현세적 생존과 안녕에 직결된 것일 뿐 보편적 윤리가 아니라는 점을 지적한다(안미영, 「정비석 대중소설에 나타난 '윤리' 고찰—『청춘의 윤리』, 『애정무한』, 『민주어족』, 『에덴은 아직 멀다』를 중심으로」, 『개신어문연구』 21호, 개신어문학회, 2004, 454~455쪽).

고자 하며, 때때로 적절히 흥정하고 거래한다.

두드러지는 점은, 이 중에서 성을 특별히 부각하면서 그것이 돈이나 권력과 마찬가지로 힘의 근원이며 따라서 거래될 수 있는 것임을 강조하고 있다는 것이다. 남녀의 연애 이야기를 중요하게 배치하는 정비석의 연애・세태소설에서, 단지 사랑의 감정이 아니라 성이 중요한 소재로 떠오르는 것은 이런 이유 때문이다. 특히 여성이 쥐고 있는 힘의 근원을 성으로 보는데, 이는 여성 대부분이 사회적 권력으로부터 소외되어 있던 시대에 상당히 타당성 있는 인식일 수 있다. 남성인물이 주로 돈과 권력으로 힘을 발휘한다면 여성인물은 남성이 갖고 싶어 하는 성을 쥐고 있으며, 그것을 근거로 남성과 힘겨루기를 하고 거래를 한다. 정비석 소설의 여성인물들은 자신에게 호감을 지닌 남성에게 무엇인가를 요구하고 얻어낸다. 비록 자신은 그 남자를 좋아하지 않고 앞으로 연애를 할 의사도 없으면서도, 그 남자에게 돈을 꾸고 지인의 취직을 부탁한다. 속으로는 '이 남자가 내가 좋아하는 그 남자였다면 얼마나 좋을까'라고 생각하지만, 겉으로는 이를 드러내지 않고 돈과 권력을 가진 남자로부터 이득을 챙긴다. 여기에서 남자가 여자에게 가지고 있는 호감이란, 좀 더 적나라하게 말해 여자를 성적으로 정복하고 싶어 하는 욕망으로 귀결되므로, 결국 여성은 자신의 성적 매력의 힘으로 남자의 돈과 권력을 얻어 쓰는 것이다. 이들 작품에서는, 이를 잘 발휘하는 것이 여성의 사업수단이고 능력이다. 그런 점에서 정비석 소설에서 여자는 본성적으로 매춘부이다.

여기에서 주목할 것은, 성적 매력으로 거래하는 여성인물이 반드시 부정적으로만 그려지지 않는다는 점이다. 『청춘의 윤리』, 『장미의 계절』 등 초기 작품부터 여성 인물은, 그 남자를 결혼할 만큼 좋아해서가 아니라 그 남자에게 빚을 졌거나 그 남자가 자신의 일을 도와주었기 때문에 결혼하는 전형적인 거래의 행태를 보여주며, 그것을 그다지 비윤리적인 것이 아닌 범상하고 당연한 일로 형상화한다. 이후의 작품은 남자로부터 이득만 취할 뿐 결혼조차 하지 않는 여성들도 많이 등장한다. 『세기의 종』이나 『여성의 적』에서는, 남자의 호감을 이용하여 적절하게 밀고 당기고 거래를 하면서도 결국에는 성을 허락하지 않은 채 이득만 취하는 여자를 영리하고 현명한 여자로 형상화한다. 상대방이 탐하는 것을 내어주지 않고 이득을 취한다면 현명한 거래를 한 것이기 때문이다. 성이 거래되는 것임을 명확하게 보여주는 설정들이다.

바로 이 대목에서 성은 돈과 권력, 두 가지 특성과 묘하게 결합된다. 작품에서 성욕은 사랑이라는 관념과 다소 유리된 육체적 욕구로 그려지며, 비단 호색한만이 아니라 점잖은 지식인이나 심지어 미망인에게조차 마치 식욕처럼 처리되고 해결되어야 하는 욕구로 설정되어 있다. 그러나 한편, 성은 단순히 자신의 육체적 성욕을 만족시키는 것 이상의 의미를 지니는데, 바로 정복욕과 관련되어 있는 지점이다. 작품 속의 남성인물의 상당수는, 여성과의 동침을 자신의 육체적 성욕에 대한 만족뿐 아니라 그 사람에 대한 정복으로 받아들인다. 이때 성은 권력과 관련 있는 것이 되고, 당연히 다른 사람에게 정복되지 않은 여성을 자신이 정복하는 일이 매우 중요해진다. 즉 성은 거래하고 정복한다는 점에서 돈이나 권력과 밀접하게 연관된다.

이런 이유로 작품에서는 여성에게 정조(삽입성교의 한정적 의미를 지닌)가 무엇보다도 중요하다고 누차 이야기한다. 그것은 윤리적인 이유에서라기보다는 힘 관계 때문이다. 남자들은 여자를 정복하고 배타적으로 소유하고 싶어하므로, 정조를 잃으면 쉽게 동침할 수 있는 여자가 되어버리면 이미 남성의 정복욕을 자극하지 못하게 된다. 이렇게 되면 그 여자는 더 이상 성을 거래의 대상으로 삼지 못하게 되므로, 자신이 가진 최고의 힘을 잃어버리는 것이라는 논리이다.

> 정조! 그것은 모든 남성들이 새로운 여성들에게 항상 요구하여 마지않는 여자의 무기인 것이다. 그것을 획득하기 위하여 모든 남성들은 여성을 감언이설로 꼬

이고, 때로는 권모술책조차 쓰는 것이다. 그러나 여성들이어! 그대들이 남성들과 동등의 지위에서 대항할 수 있는 유일한 무기는 오직 정조뿐이라는 것을 알아야 한다. 그것을 빼앗기까지의 시간이 짧으면 짧을수록 그대의 가치는 저락되고, 그것을 빼앗기기까지의 시간이 길면 길쑤록, 그대의 인격적 가치는 높이 평가되는 것이다. 정조를 제공하기 이전에는, 여자는 사랑하는 남성에게 여왕의 권세를 가지고 군림(君臨)할 수도 있다. 그러나 정조를 제공하는 그 순간부터 여자는 사랑하는 남성 앞에서 노예의 지위로 전락된다. 여자가 정조를 허락한다는 것은 오직 그것만을 제공하는 것이 아니라, 동시에 남성에 대한 지배적인 권세와 지위까지 박탈당하는 결과가 되는 것이다. 일단 정조를 허락하고 나면, 여자 자신의 인격이 아무리 고상하드라도 그 남자 앞에서는 굴복을 아니할 수 없기 때문이다.[12]

그러나 이는 좀 더 넓게 보자면 단순히 성과 정조의 문제만이 아니다. 무언가를 바라는 사람이 약자가 되고 그것을 줄 수 있는 사람이 강자가 되어 그 힘을 바탕으로 힘겨루기를 하고 거래를 하며 자신이 욕망하는 것을 채우는 것이 세상사라고 보기 때문이다. 그런 점에서 사랑도 크게 다를 바가 없는 것이다. 『낭만열차』의 두 대학생은 아예, 사랑은 서로를 이용하는 것이라고 이야기한다. 바로 그런 점에서 여성이 성욕을 현명하게 통제하지 못하고 이를 채우려 남자와 동침할 때, 그 여성인물은 단지 사회적 명분뿐 아니라 자신의 유일한 힘의 근원을 잃은 약자 중의 약자로 전락한다.

성과 여성에 대한 이러한 태도는, 해방과 전쟁 등으로 사회의 안정성이 파괴됨에 따라 여성의 갑작스럽게 사회적 활동이 늘어나 여태껏 사회적 노동의 능력을 입증 받지 못한 여성들이 남성들의 호감과 정복욕을 발판 삼아 사회적 활동의 폭을 넓혀갔을 수 있다는 나름의 현실성을 지니고 있다. 그러나 여성이 오로지 남성의 성적 호감에 의해서만 존재

12 정비석, 『도회의 정열』, 평범사, 1947, 201쪽.

가치를 인정받고 이를 근거로 살아가는 존재로 인식한다는 점에서 작가의 여성관은 매우 남성 중심적이다. 정비석의 작품의 여성인물들은 고학력의 직장 여성임에도 불구하고 생산 능력, 사업 수완 능력, 사회와 자신의 일에 대한 나름의 주장과 의견 등을 거의 보여주지 못한다. 이러한 여성인물들은 과거의 다소곳한 여성들과 달리 겉으로 보기에는 남성과 동등하게 대화를 나누는 것처럼 보이지만, 자신의 의견을 이야기하기보다는 상대방의 말에 단순한 이의를 달거나 되묻고 감정을 드러내는 것에 치중해있다. 말하자면 이들 여성인물은 남성과 말상대가 되기는 하나, 그것은 의견교환이나 토론이라기보다는 시쳇말로 '밀당'(밀고 당기기)과 '수작'에 가깝다.

한편 이들 작품은, 돈·권력·성을 중심으로 움직이는 인물들의 태도와 행동에 대해 가볍게 평가하고 질책할지언정, 아름다움이나 진실성 등으로 미화하고 포장하지 않는다. 바로 이 지점이, 그와 함께 1950년대 대중소설 작가 '빅3'라고 할 만한 또 다른 두 작가 김내성·박계주와 정비석이 확연히 다른 지점이다. 기존의 보수적 규범과 윤리를 넘어서서, 돈·권력·성에 대한 욕망을 적극적으로 드러내고 이를 중심으로 경쟁하고 거래하는 인간의 이야기는 1950년대 대중소설 작가들이 모두 관심을 가지고 형상화했던 것들이기는 하다. 그러나 끝까지 내면적 진실성과 윤리성을 유지하는 인물형을 진정성 있게 지지한 김내성, 끓어오르는 성적 욕망과 명예욕에도 불구하고 성적 순결성과 고결한 윤리성을 고집하는 박계주와 달리, 정비석은 인간을 기본적으로 물질적 소유욕, 권력욕, 성욕 등을 얻기 위해 움직이고 거래하며 이득을 취하는 존재로 노골화하고 있는 것이다. 물론 정비석의 작품 안에서도 상대적으로 선한 주인공이 윤리와 진정성 등의 가치를 다소 지닌 존재로 그려지기는 하나, 그들 역시 돈·권력·성을 향한 이득을 위한 노골적 행동에서 예외는 아니다. 이러한 기초적 욕구는 인간의 본성이며 여기에서 누구도 예외일 수 없다고 보기 때문이다. 작품에서는 서술자의 해설을 통한 약간의 윤리적 질책과 냉소적 비판이 가해지기는 할지언정 인간의 이러한 본성에 대한 본질적인 비판적 성찰이 이루어지지 않으며, 따라서 독자에게 윤리와 진정성을 지닌 인물들의 행동을 통한 감동 같은 것도 주지 않는다. 대신 인간의 기초적 욕구와 그로 인해 발생하는 온갖 복잡한 욕망들, 이득을 향한 힘의 충돌과 유치하게 계산적인 심리의 변화 등은, 냉정하리만큼 적나라하고 섬세하게 그려낸다. 정비석의 연애·세태소설에서, 윤리적인 것은 현실적으로도 정신적으로도 승리라고 할 만한 결과를 얻지 못하는 경우가 많다. 비윤리적이어도 육체적 정조를 지키고 과감하고 명민하게 거래와 흥정을 잘하는 인물은 살아남고 자신이 원하던 것을 얻어내는 반면, 윤리적이어도 망설임이 많고 과감하지 못하며 정조조차 제대로 관리하지 못하면 패배한다. 이러한 방식으로 움직이는 인간들의 행동과 심리에 대한 치밀하게 섬세하며 적나라한 형상화는 최근 케이블채널의 인기 프로그램 〈재밌는 TV 롤러코스터〉의 '남녀탐구생활'을 방불하게 할 정도인데, 이것이야말로 정비석 연애·세태소설이 지닌 인간관이 드러난 결과이며, 또 정비석 소설이 주는 재미의 원천이기도 하다.

이들 작품이 종종 희극적 국면을 많이 지닌 것도, 인간과 세상에 대한 이러한 태도 때문이다. 정비석의 작품들은, 진지한 작가들이 흔히 속되다고 할 만한 욕구·욕망, 행동과 심리를, 비록 주인공이라 할지라도 아름답게 포장하거나 두드러지게 의미화하지 않고 비교적 냉정하게 그려낸다. 누구나 인간에게는 비속한 본성이 있다는 것을 인정하는 것, 그리고 그 대상으로부터 거리를 떼는 것은 희극의 대전제이다. 특히 세태비판적 측면이 강해지는 제3기의 작품 이후에서 이러한 특성은 더욱 강화된다. 하지만 이들 작품은 당시 이른바 명랑소설이라 지칭되던 작품들과는 다른 색깔을 지닌다. 그저 부분적으로만 희극적이기 때문이다. 서술자의 해설은 종종 희극적 태도를 버리고 노골적으로 윤리적인 태도를 보이며 훈계를 한다. 인물들의 비속함이 진지하게 훈계해야 할 정도로 치명적인 것이라면 작품 전체가 희극적이 될 수는 없다. 희극적인 작품이란, 인물의 비속함을 한편으로 비판하면서도 다른 한편으로는 그것이 이 세상에 그리 치명적이지 않음을 인정하는 태도의 소산이기 때문이다. 비속함, 추함, 악함을 희극에서 치명적이지 않은 것으로 치부할 수 있는 것은, 풍자에서처럼 그것이 결국 몰락할 것이라는 자신감의 소산일 수도 있고, 혹은 해학에서처럼 그 비속함이 인간 모두가 지니는 속성이므로 어쩔 수 없다는 애정 어린 포용의 태도의 소산일 수도 있다. 그러나 정비석의 작품들은, 이 둘 다 아니다. 작품의 이면에서는 돈·권력·성의 욕구와 욕망으로 움직이는 인간 본성이 변화될 수 없음을 분명히 드러내면서도, 표면적으로는 과시적으로 진지하게 윤리적 훈계를 하고 있기 때문이다. 즉 이 비속함은 해결될 수도 포용할 수도 없는 것이니, 작품은 희극이 되기 힘든 것이다.

이들 작품이 보여주는 윤리적 태도가 표면적이라는 것은 매우 주목할 만한 지점이다. 작가는 서술자를 통해 다소 과시적일 정도로 진지하고 노골적으로 윤리적 훈계를 하지만, 그 윤리적 훈계의 수준은 매우 상식적이다. 비윤리적인 인물이 회개 혹은 처벌의 결말을 보여주기도 하지만 일관성과 철저함을 결여한 채 그저 마무리를 위한 편의적 처리를 하는 경우가 많다. 무엇보다 이러한 윤리적 태도는, 작품 전체에서 일관되게 보여주고 있는 관점과 충돌한다. 오히려 이 윤리적 훈계나 결말은, 이 욕망을 실제로 즐기면서도 겉으로는 전폭적으로 긍정하지 못함으로써 생기는 대중들의 불안감이 도망갈 수 있는 심리적 도피처이며, 작가에게는 작품에 대해 쏟아질 윤리적 비판에 대한 방어막이라고 보인다. 작가는 작품에서 자신이 드러낸 새로운 인간과 세상을 자신의 것으로 받아들이고 현실적으로 직시하여 이를 사유와 성찰의 태도로 삼는 본격문학의 길을 가지 않는다. 대신 이러한 인간들을 타자화하고, 보수적 규범과 윤리를 과시적이면서도 가볍게 드러내며 비판하고 처벌할 뿐이다.

애초부터 정비석의 소설은 반추나 성찰, 사유와는 거리가 멀어 보인다. 인물들이 욕망을 따라 질주하듯 소설의 흐름 역시 경쾌하게 앞으로만 달려 나간다. 김내성처럼 논리적이고 입체적인 짜임새를 만들고 일관성을 갖추는 데에 매달리지 않으며, 박계주처럼 현시욕 넘치는 서술에 시간을 보내지 않는다. 주요 인물들의 구도를 짜놓은 후 그들의 욕망이 움직이는 곳으로 거침없이 움직일 뿐이다. 그 욕망은 비속하나, 인물들을 제어되지 않는 욕망과 힘의 논리에 따라 매우 철저하게 움직이며 작가는 그 몸과 마음과 머리의 움직임을 놓치지 않고 치밀하고 세세히 추적한다. 그러나 그뿐, 그 자체에 대한 사유를 더 이상 깊이 있게 진행시키지 않으며 의미화를 위한 장치도 당연히 마련하지 않는다. 따라서 그의 소설은 섬세하나 가볍다. 욕망과 힘의 논리로 움직이는 세상의 흐름에 가볍게 그러나 철저하게 몸을 싣고 그것을 따라간다. 마무리 역시 가볍다. 갈 데까지 가다가 우연으로 사건은 마무리되고, 주인공 한 사람의 개인적 몰락 혹은 문제해결로 서사는 갑자기 중단된다. 앞에서는 마치 중요하게 펼칠 듯한 사건들도 그냥 별 것 없이 끝나버린다. 작가가 이토록 엄청난 다작을 할 수 있었던 것은, 바로 이러한 특성도 한몫했을 것으로 보인다.

그래서 정비석의 연애·세태소설은 즐겁고 편안한 소설이다. 수용자에게 당시 사회적 규범과 보수적 윤리를 넘어서서 돈·권력·성에 대한 욕구·욕망을 적극적으로 드러내는 인간들, 욕망과 힘의 논리에 따라 거침없이 질주하며 충돌하고 거래하는 인간들을 보여주는 쾌감을 주는 한편, 이를 타자화함으로써 윤리적 불안감으로부터 도망치는 편안함을 동시에 제공한다. 또한, 오로지 빠른 속도로 앞만 향해 달려가면서, 묵직한 성찰이나 사유, 논리성을 상큼하게 날려버리고 경쾌하게 질주하는 즐거움을 안겨주었을 것이다.

이러한 특성은 정비석의 것인 동시에, 그를 지속적으로 인기를 유지해준 그 시대의 정비석 소설 수용자들이 지니고 있었던 것이기도 했다고 보인다. 이런 소설들을 꾸준하게 소비해주는 수용자들이 존재했다는 점이 이를 뒷받침한다. 특히 정비석은, 김내성이나 박계주와 비교해 보더라도 작품의 수로 보아 가장 강력한 대중성을 지닌 작가일 뿐 아니라, 욕망을 노골적으로 드러내고 그에 따라 행동하는 새로운 인간과 세계를 가장 먼저 포착하고 형상화함으로써 이 시대의 새로운 경향을 이끌었던 작가였다. 이 경향은 정비석에서 시작하여 점차 두 작가에게까지 확산되는데, 늘 논리와 윤리를 중시했던 김내성도 유작 『실락원의 별』(1956)에 이르러는 주인공이 욕망에 따라 처자를 버리고 불륜의 도피행각을 벌이는 이야기를 다루고,[13] 절제와 희생을 중요하게 다루어온 박계주도 1950년대 중반에는 이른바 '아프레한' 인물들을 작품의 중심에 놓게 된다. 당대 수용자 대중들의 선택이 이러한 경향을 이끌고 있었고, 그 선두에 정비석이 위치해 있는 것이다.

뿐만 아니라 정비석 연애·세태소설의 주요한 수용자는 일간지의 독자층이었고 그 시대 여론의 향배를 결정짓는 대중들이었다. 정비석 연애·세태소설의 경향과 특성을, 작가적 색깔이 매우 다른 김내성, 박계주 등 다른 인기 작가들까지 수용하고 자기 방식으로 소화했다는 사실은, 정비석 소설이 대도시 교육받은 남성 수용자들의 새로운 관심사와 취향을 가장 빠르게 포착하고 개척하며 앞서나가고 있었음을 말해주는 것이다.

4) 정비석 연애·세태소설의 근대성, 그리고 민주주의

정비석의 연애·세태소설이 보여준, 인간과 세상에 대한 이러한 관

---

13 이영미, 「추리와 연애, 과학과 윤리－장편소설로 본 김내성의 작품세계」, 『대중서사연구』 21호, 대중서사학회, 2009.6, 28～33쪽.
이선미, 「연애소설과 젠더 질서 재구축의 논리」, 『대중서사연구』 22호, 대중서사학회, 2009.12, 187～189쪽.

점과 태도, 형상화 양상은, 본격예술의 가치기준에 비추어 보자면 충분히 결함으로 인식될 수 있다. 사건 전개와 구성의 비일관성과 균열, 충분한 입체성을 결여한 인물 형상화, 여러 작품에서 나타나는 심각한 자기복제, 사유와 성찰의 결여 등에서 그러하다. 하지만 결여로 인식되는 이들 지점들이야말로 대중예술의 본질적 속성과 관련 있는 것이다. 인간과 세상에 대한 본질적 질문을 던지고 답함으로써 새롭고 창의적인 형상화 방식을 개척하는 본격예술과 달리, 대중예술의 향유는 인간이면 누구나 지니고 있는 기초적인 욕구를 중심으로 살아가는 대중들의 경험과 관심사, 취향, 세계전유방식을 익숙한 형상화 관습으로 주조하여 즐기는 일종의 적극적 휴식이기 때문이다. 따라서 정비석의 연애·세태소설이 지닌 의미와 위상은, 대중예술의 본질적 특성을 결함으로 지적하는 평가를 넘어서서, 바로 그 본질적 특성으로 비롯된 성취와 한계를 동시에 인정하는 것, 즉 대중예술이 지니는 본원적 보수성과 함께 지니고 있는 해체와 전복의 성격에 주목하는 것이 타당해 보인다.

다시 말해 정비석의 연애·세태소설이 보여준 새로운 인간관과 세계전유방식은, 본격예술을 포함한 동시대의 어떤 작품도 성취하지 못한 근대 자본주의 사회와 인간의 적나라한 반영이다. 이들 작품은, 인간이 남녀노소를 불문하고 기초적 욕구·욕망으로 움직이는 개별적인 존재라는 점, 이 세계가 욕망을 향해 질주하는 인간들의 힘이 부딪쳐 경쟁하고 싸우고 거래하는 곳이라는 점, 특히 인격·윤리와 가장 밀착해 있는 성, 연애, 결혼 등도 돈이나 권력처럼 힘·능력으로 환산되어 거래되는 세상이라는 점, 성찰과 사유를 제거하고 욕망에 몸을 실은 채 실용적이고 속도감 있게 움직이는 세상이 도래했다는 점을 매우 명확하게 드러내고 있는 것이다. 어찌 보면 이런 인간과 세상의 모습은, 형상화와 사유에서의 자기완결성을 목표로 하는 본격문학에서는, 1950년대에 아직 고민하고 머뭇거리고 있던 지점들일 수 있다. 그러나 대중소설들은 이른바 결여와 틈이라 지적받는 측면이 오히려 기존의 경향을 빠르게 해체하고 새로운 경향으로 나아갈 수 있는 자유로움의 숨구멍으로 작용할 수 있으며, 정비석은 이를 통해 1950년대의 인간과 사회 속에서 이미 현실화되고 있던 근대성의 양상을 매우 빠르게 작품으로 형상화할 수 있었을 것으로 보인다. 그럼으로써 해방과 전쟁을 통해 서양식 근대성을 직수입하여 소화하고 있었던 1950년대의 시대정신의 일단을 가장 빠르고 적확하게 포착한 작품들이 될 수 있었던 것이다.

욕망을 지니고 과감히 드러내며 관철하려 하는 개인으로서의 인간을 인정하는 근대적 인간관은 어찌 보면 결과적으로 최초의 시민혁명으로 나아가고 있었던 1950년대의 한국사회가 반드시 체득해야 하는 근대성이기도 했다. 그렇게 봤을 때 정비석의 연애·세태소설이, 이 시기를 마지막으로 전성기를 끝낸다는 점은 어찌 보면 아이러니하다. 이는 이들 작품의 근대적 인식과 태도가, 당시 한국사회의 근대적 발전이란 측면에서 비추어 볼 때 일정한 한계를 지녔음을 짐작하게 해주는 것일 수 있다.

범박하게 말해, 20세기 후반 한국현대사회가 실현해야 했던 근대화의 두 가지 과제는 산업화와 민주화이며, 1960년 4·19와 5·16을 계기로 이를 향한 변화가 발 빠르게 이루어졌다고 할 수 있다. 그런 점에서 발전주의·성장주의와 민주주의는 20세기 한국사회를 움직인 가장 중요한 두 개의 가치일 수 있다.[14] 정비석의 연애·세태소설이 그려낸, 욕망을 과감히 드러내는 개인으로서의 인간은, 이 두 가지 가치를 이루는 매우 중요한 전제이다. 우선 여러 관념적 가치로부터 독립하여 자신의 욕망과 이득을 위해 움직이는 자유로운 개인이란 민주주의의 전제이고, 물

14 일반적으로 민주주의의 가치는 4·19를 중심으로, 발전주의의 가치는 5·16을 중심으로 설명되지만 1년 간격으로 일어난 두 사건이 한편으로 대립적이면서도 다른 한편으로 계승적이었다는 이상록의 연구는 흥미롭다. 즉 4·19 직후 혁명의 주체들로부터 바로 '빈곤으로부터 자유로운 조국'을 만들고 싶은 염원이 드러났음을 분석하고 있다(이상록, 「경제제일주의의 사회적 구성과 '생산적 주체' 만들기」, 『역사문제연구』 25호, 역사문제연구소, 2011.4, 115~155쪽).

욕·성욕의 성취를 위해 빠른 속도로 질주하는 정비석의 인물과 소설들은 발전주의의 가치를 그대로 보여주고 있기도 하다. 무엇보다 어디에도 구애받지 않고 마음대로 실컷 먹고 소유하고 즐기고 존중받으며(속된 표현으로 말하자면 '폼 잡으며') 살고 싶다는 정비석 연애·세태소설이 보여주는 세계전유방식이야말로, 잘 먹고 즐기며 살기 위한 경제적 토대로서의 산업화의 요구, 모든 사람이 남한테 무시당하거나 남 앞에 지레 움츠러들지 않고 자신을 드러내며 살아야 한다는 민주화의 요구로 나아갈 수밖에 없다. 세상의 모든 것, 심지어 사랑과 성조차 돈으로 환산되고, 명분과 관념적 가치가 아니라 힘과 힘이 부딪쳐 겨루고 거래하는 곳이라는 인식 역시, 근대성의 경제적 토대인 자본주의의 특징과 정확하게 조응한다. 이것이야말로 1950년대 도시 교육받은 대중들이 관심을 갖게 된 새롭고 참신한 인식과 태도였고, 정비석의 작품들이 최고의 인기를 모을 수 있었던 이유였을 것이다.

그러나 정비석의 연애·세태소설에는 민주주의의 또 다른 태도가 완전히 결여되어 있다. 그것은 평등, 인권 등에 대한 존중의 태도이다. 역사적으로 정치적 민주주의는 경제체제로서의 자본주의를 토대로 하고 있지만, 자본주의 시장원리와 달리 1인1표제라는 평등의 원리로 유지된다. 오로지 시장의 논리만 관철되는 주주총회가 1인1표제가 아닌 1주1표제(一株一票制)로 운영되는 것과 비교하면 그 차이는 매우 뚜렷하다. 민주주의는 인간 모두가 태어날 때부터 인권을 지니고 있는 평등한 존재임을 인정하며, 인간이 각자 자유로이 욕망을 드러내고 이득을 추구하면서도 이들의 욕망이 충돌할 때에 서로의 인권을 해치지 않는 선에서 조율하고 배려하는 태도를 중시한다. 1인1표제는, 재산·권력·나이·출신·학력·성의 차이와 무관하게 인간이 평등하게 대접받는 것이 당연하며, 각 개인의 인권이 똑같이 존중되는 최소한의 정의가 지켜져야만, 인간 모두 자유로운 개인으로 자신의 노동력의 주인이 되는 자본주의사회가 유지될 수 있다는 믿음과 통해 있다. 이러한 인권과 평등

등의 민주주의적 가치는 것은 정치적 주권을 가진 민초들의 힘으로 실현되고 유지되는 것이다. 그러나 정비석의 작품에는, 바로 이 평등과 인권에 대한 존중, 평등한 개인으로서 남을 존중하며 욕망의 충돌을 조율하며 살아가는 배려, 이렇게 욕망과 힘이 충돌하는 개인들이 함께 공존하는 방식에 대한 고민 등이 결여되어 있다. 인물들은 오로지 소유욕과 정복욕에만 몸을 싣고 달려 나가며, 돈과 권력을 지닌 사람은 매춘, 겁탈, 협박, 탈취에 골몰한다. 심지어 돈과 권력이 없는 사람일지라도 이런 처세에 빨리 적응하면 매우 지혜롭게 이득을 취하며 살아남는다. 그것이 세상의 이치라고 작품들은 말하고 있는 것이다.

욕망과 힘의 충돌로 인한 파국을 막고 공공의 이익을 위해 움직이는 인물들이 등장하지 않는 것은 아니다. 그러나 제1기에 나타났던 윤리적 인물들은 이후 점점 존재감이 상실되어간다. 대신, 작가의 사회적 발언이 강해지고 『자유부인』 등 작품에 대한 윤리성 시비가 격해지는 제3기에는 문제해결능력을 기대해 볼 만한 새로운 종류의 인물이 등장하는데, 『민주어족』의 박재하, 『낭만열차』의 김창헌과 원설영, 『슬픈 목가』의 강병철과 이선옥 등이 이러한 인물이다. 이들은 모두, 기술을 지님으로써 물질 생산에 능력을 지니고 있는 남자 혹은 자기희생과 민중계몽이 결합된 브나로드의 길을 걷는 남자, 그리고 여러 어려움을 참아내며 이 남자들을 보필하는 여자로 요약된다. 즉 결국 생산의 능력과 성실·희생·계몽의 태도로 요약될 만한 특성을 지닌 사람들인 것이다. 그런 점에서 정비석 소설들의 이상적 인물은 민주주의가 지닌 평등과 인권 존중의 태도, 민초의 힘을 통한 역사발전 등에 대한 믿음 등과는 매우 다른 것으로, 오히려 식민지시대 후반기에 성립된 현실수리의 실용주의, 계몽과 희생의 태도, 그리고 보수적 상하질서와 남녀 차별적 질서에 대한 기꺼운 동의의 태도를 보여준다.

정비석의 연애·세태소설이 1960년대 이후 힘을 잃어간 것은 이와 무관하지 않아 보인다. 1950년대까지 기존의 윤리에 구애받지 않고 욕망을 적극적으로 드러내며 힘겨루기와 거래를 하는 인간의 발견이란, 미국의 영향으로 근대적이고 자본주의적 감각을 갑자기 익히기 시작한 1950년대까지는 여전히 신선한 것, 상승하는 것, 도시 대중들의 관심의 초점이었을 수 있다. 비록 이것이 제1공화국 시대의 비리나 무질서 등과 무관하지 않다 하더라도, 일제 말과 해방의 경험, 전쟁의 경험을 통해 윤리와 명분이 힘을 잃는 과정을 겪으며 새로운 민주주의와 산업화된 자본주의의 질서를 구축하고 싶었던 이 시대에, 정비석의 소설의 이러한 측면은 기존 윤리로 보자면 다소 불건전하고 경박해 보이지만 신선한 현실적 에너지가 충만한 것으로 받아들여졌을 것이다. 그러나 4·19와 5·16을 경유하며 열린 1960년대의 시대에는 이것이 더 이상 참신한 것이 아니었다. 학생들은 기존의 질서를 무너뜨리며 민주주의 성취의 새로운 경험을 했고, 제3공화국 정권의 수장 박정희는, 임시정부의 대통령, 미국 박사, 양녕대군 후손 같은 귀족주의적 후광이 전혀 없이 무력으로 정권을 잡은 후, 부패, 무능, 가난을 뿌리 뽑겠다는 실용주의적인 태도로 국가 주도의 산업화를 밀어붙였기 때문이다. 말하자면 정비석 작품들이 품고 있었던 발전주의와 민주주의의 몇몇 태도들은, 1960년대 초를 경유하면서 당연한 것이 되어버렸다. 특히 박정희 정권은, 정비석 소설이 자극해주었던 잘 먹고 잘 살고 싶다는 기초적인 욕구·욕망의 실현을 가장 중요한 가치로 두고, 대신 이러한 발전주의·성장주의·개인주의의 만연에 대한 윤리적 불안감에 사로잡혀 있던 국민들을 퇴폐·향락·비리척결의 단호한 칼질과 윤리적 계몽으로 안심시켰다. 발전주의, 실용주의, 성실, 절제, 헌신, 계몽 등의 태도는 바로 정비석 연애·세태소설이 지닌 가치였고, 그것이 1960년대에는 지배이데올로기가 된 것이다. 앞서 정비석 작품이 보여준 세계전유방식이 식민지 후반기의 그것과 상통하고 있음을 지적한 바 있는데, 드디어 식민지 후반기에 청년기를 보낸 세대들이 1960년대에 중년이 되어 집권에 성공하면서 이러한 세계전유방식을 지배이데올로기로 만들 수 있게 된 것이다.

당시의 국민들이 이 지배이데올로기에 어느 정도 동의했기 때문에 박정희는 정권을 유지할 수 있었고, 그 지배이데올로기는 적극적 선전과 교육, 통제를 통해 국민들에게 내면화되었다. 그러나 다른 한편, 이것이 지배이데올로기가 되면서 더 이상 청년들의 가슴을 두근거리게 만드는 것이 되지는 못했을 것으로 보인다. 특히 4·19에서 집결되고 분출된 청년들의 자유주의와 민주주의의 가치들은, 집권한 중년들의 이데올로기와 다소 다른 길로 발전할 수밖에 없었다.[15] 어느 시대이건 대중적인 연애·세태소설은 관의 계몽과 교육의 틀 안에서 갇히지만은 않는다. 체제순응적이고 보수적인 한편, 일탈적이고 전복적이라는 양면성을 동시에 갖고 있는 것이 대중예술인데, 그중에서도 청춘남녀의 연애를 다루고 젊은이들이 즐겨보게 되는 연애 소재의 작품들은 더 더욱 집권자 세대의 사고방식과 태도를 그대로 받아들이기 힘들 수밖에 없다. 1960년대 연애소설이 정비석의 1950년대적인 세계로부터 이탈하는 것은 어찌 보면 필연이다. 1960년대의 연애소설들이 전혀 다른 작가와 작품 경향을 보여줌으로써, 정비석의 연애·세태소설의 시대는 끝나게 되는 것이다.

4. 맺음말

여태까지 거칠게나마 정비석의 장편연애·세태소설을 개괄적으로 살펴봄으로써 1940, 50년대의 세상을 살펴보았다. 서론에서도 밝힌 바

15 김건우는 박정희 정권이 성장주의 정책을 본격화한 1964년부터 지식인들의 담론이 권력참여와 저항으로 양분되고, 1960년대 본격문학의 자유주의 역시 한편으로 1950년대 지식담론으로 자양분을 제공받은 한편 정권에 저항하면서 성장했음을 지적한다(김건우, 「1964년의 담론지형」, 『대중서사연구』 22호, 대중서사학회, 2009.12, 71~90쪽 참조).

있듯이, 이 글의 중요한 목표는 정비석 소설을 통해 당대 세상을 살펴보는 것이다. 특히 1950년대를 살아간 도시의 대중들이 어떤 생각을 지니고 살아가고 있었는지, 그 시대를 끝낸 1960년 혁명과 1961년 군사정변을 통해 대중들은 또 어떻게 변화해가는 지를 살펴보고자 한 것이다.

춤바람과 아프레걸 바람을 단순히 1950년대 판 '된장녀'들의 향락과 비주체적 미국지향성으로만 단순히 볼 수 없듯이, 또한, 이 바람을 자유의 신장과 개인의 발견이라는 점에서 그저 민주주의의 진일보라고만 단순화할 수 없는 일이다. 마찬가지로 이승만 정권에 대한 지식인들의 저항과 비판이 거세어진 1950년대 말과 이후 혁명과 군사정변으로 이어지는 정치적 변화 속에서 1950년대의 이 바람들이 다소 잦아들고 근면과 윤리 등의 가치가 재정착하는 것을, 그저 보수적 윤리로의 회귀로, 혹은 향락과 퇴폐라는 구악(舊惡)의 철폐로 단순화하는 것 역시 문제가 있다. 늘 그러하듯, 역사의 진보는 늘 복잡하고 다기한 양상으로 이루어졌고 이 시기의 변화 역시 그러하다는 것을, 1950년대 화려한 바람기를 한껏 온 몸에 지니고 이끌어온 정비석의 작품들은 잘 보여주고 있는 것이다.

정비석의 초기소설 연구

애정의 윤리와 주체의 문제를 중심으로

김현주

1. 머리말

1911년 평북 의주에서 태어난 정비석은 일본 유학 시절 '납프'에서 발간하는 『문학신문』 공모에 1932년 「朝鮮の子供から日本の子供たち」이 당선되면서 문학계에 발을 들어놓는다.[1] 1935년 『매일신보』 신춘문예에 콩트 「여자」, 1936년 『동아일보』 신춘문예에 소설 「졸곡제」 당선으로 조선 문단에 등장한다. 그러나 1937년 「성황당」, 1938년 「애증도」가 연이어 『조선일보』 신춘문예 소설 부문에 당선되면서 비로소 촉망 받는 신예작가로 본격적인 문단 활동을 시작한다.

정비석이 소설을 창작한 시기가 1932년부터 1991년까지였다는 점을

1 정비석, 「집필여담－작가로 세상에 나오기까지」, 『소설작법』, 문성당, 1957, 257쪽.

고려할 때,[2] 그의 해방기 이전 소설은 초기소설로 분류될 수 있다. 이 시기에 단편소설 50편, 중・장편소설 3편(『금단의 유역』, 『화풍』, 『청춘의 윤리』)이 발표된다.[3] 정비석은 160여 편의 소설을 썼으며, 그중 1/3정도의 소설을 초기에 창작하였다. 초기에 이미 양적으로나 질적으로 그의 소설의 경향과 특징을 정향하였다고 할 수 있다. 그럼에도 불구하고 정비석의 초기소설 전체를 아우르는 논의는 전무하다. 초기소설을 다루더라도 몇몇 작품만 다루거나 해방 후 윤문한 판본을 텍스트로 사용하기도 하여, 정비석 초기소설의 특성을 드러내는 데 근본적인 한계를 보인다.[4] 특히 초기소설에 대한 연구는 주로 「성황당」에 대한 연구나[5] 일제 말기 친일 논의에 몰려 있다.[6] 이 연구 역시 당대 문단적 상황과의 연계성이나 해당

---

2 정비석은 한국문단에서는 1933년 「자장가」란 시로 활동하기 시작하여 1991년 사망 때까지 왕성하게 창작 활동을 했으며, 일제 말기에 잠시 기자 생활을 한 것을 제외하고는 창작에만 몰두한 작가이다.

3 다른 대중소설과 마찬가지로 정비석의 소설 역시 판본 확정이나 편수는 아직 진행형이다. 그가 콩트를 "한 사건의 어느 순간적인 모멘트를 붓잡"은 장편소설(掌篇小說)이라고 했기에, 단편소설 편수에 포함시켰다(정비석, 「장편소설과 단편소설」, 『소설작법』, 신대한도서주식회사, 1946, 224쪽).

4 정비석의 초기소설에 대해 이미숙은 6편을, 김지영은 중・장편소설 3편을, 정종현은 7편을 대상으로 하고 있다(이미숙, 「정비석 초기소설 연구」, 영남대 석사논문, 1996; 김지영, 「정비석 초기연애소설 연구」, 부산대 석사논문, 1999; 정종현, 「미국 헤게모니 하 한국문화 재편의 젠더 정치학」, 『한국문학연구』 35집, 동국대 한국문학연구소, 2008).

5 김병욱, 「정비석의 문학－「성황당」을 중심으로」, 『월간문학』, 1971.8; 백철, 『신문학사조사』, 신구문화사, 1953; 이어령, 「성황당고」, 『한국단편문학 100선』, 경미출판사, 1984; 김재남, 「성황당에 나타난 작가의식」, 『세종어문연구』 3・4합병호, 세종어문학회, 1987; 정한숙, 『현대한국문학사』, 고려대 출판부, 1991; 김홍영, 「정비석의 〈성황당〉 연구」, 1993; 노상래, 「정비석 소설 연구－『성황당』의 욕망구조를 중심으로」; 오양진, 「정비석의 「성황당」과 김동리의 「산화」에 나타난 자연의 의미」, 1998; 차봉준, 「정비석의 〈성황당〉에 나타난 생태학적 인식 연구」, 『인문학연구』, 숭실대, 2000; 안영숙, 「정비석 문학의 에로티시즘 연구－성황당과 자유부인을 중심으로」, 충남대 석사논문, 2000; 김미영, 「1930년대 후반기 소설에 나타난 생태학적 상상력」, 『비교문학』 35권, 2005.

6 임종국, 『친일문학론』, 평화출판사, 1979; 김병걸, 『친일문학작품선집』 2, 실천문학사, 1986; 이원경, 「일제말기 "동양론"의 수용과 소설적 형상화」, 『현대소설연구』 42호, 한국현대소설학회, 2009; 한민주, 「신체의 수사학과 남성성의 심미화」, 『여성문학연구』 14권, 한국여성문학학회, 2005.

작품에 대한 해석에 그치고 있다. 이처럼 지금까지 정비석 초기소설에 대한 연구는 10여 년 동안의 정비석 초기소설을 포괄적으로 다루거나, 그것을 관통하는 내적 연계성이나 변화의 과정을 포착하지 못하고 있다. 정비석 초기소설에 대해서, 일찍이 동시대의 비평가인 백철은 『신문학사조사』에서 이 시기 "정비석의 작품으로선 「저기압」, 「이 분위기」, 「삼대」 등과 같이 이 시대의 현실에 대한 지식인의 고민과 사상 면을 그린 예도 있고 「강태공」, 「귀불귀」, 「고고」, 「국화진열」 등과 같이 반신변소설적인 경향을 보인 것도 있으나" 그의 초기 "작품 세계는 애정세계"라고 특징짓는다.[7] 김남천 역시 「성황당」을 기점으로 "작가의 흥미는 일로(一路) 「요마」, 「애증도」, 「비밀」 같은 화려체까지 경험하여서 「잡어」의 세계"[8]인 애정세계에 도달하였다고 정비석의 초기소설에 대해 짧게 평한다.

초기소설의 특징을 정비석 스스로가 "이원조 씨로부터 나의 작품은 거의 다 애욕 문제를 취급한 것이란 말을 들었습니다마는 실상도 그렀습니다. 이 애욕 문제란 우리들의 실생활에 있어서 가장 중요"하고 "매력"도 느낀다고 시인하였듯이,[9] 그의 초기소설뿐만 아니라 그의 소설 본류는 남녀 간의 애욕의 문제이다. 그의 소설은 남녀 간의 관계를 실생활의 핵심에 위치지우고 "인간의 근본적 생명"으로 파악하고 있으므로, 연애나 "성적 문제를 제외한다는 것이 거의 불가능한 일"처럼 보인다.[10] 그는 연애를 "시대에 예민하고 시대를 솔직히 표현하는 것"으로 보았으며, 소설을 통해 "새로운 연애에 대한 지시와 계발, 낡은 남녀관계에 대한 지적과 비판, 이러한 모든 것은 남녀관계를" 드러내고자 한 것이다.[11] 그러므로 정비석의 소설에 나타난 애욕의 세계는 당대의 사회적 의식과 작가의 현실인식을 첨예하게 투영한 것이라 할 수 있다.

---

7 백철, 『신문학사조사』, 신구문화사, 1983, 535쪽.

8 김남천, 「신진소설가의 작품세계」, 『인문평론』, 1940.2, 63쪽.

9 정비석, 「신진작가 좌담회」, 『조광』 5권 1호, 1939.1, 245쪽.

10 정비석, 「장편소설과 성문제」, 『백민』 6권 3호, 1950.5, 153쪽.

11 정비석, 「연애소설, 일반 오해 일소하자」, 『조선일보』, 1937.9.12.

정비석 소설에서 애정관계는 다양한 애정의 방식과 윤리적·시대적 감각을 드러내고, 다양한 주제의식과 주체의 문제를 나타낸다. 예컨대 조선 문단 소개작인 「여자」에서 "처녀는 남자에게 대하여 녀왕과 갓치 거만하엿고 고양이와 갓치 교활하엿다. 그러나 이튼날 아츰 여자가자기의 단 한가지보배인 정조를 밧치고나자 그는 어제까지 노예로 알든 갓튼 사내 압헤서도 양파갓치 온순하여야 할 숙명적 운명을 깨달엇다"[12]라고 시작하고 있다. 하룻밤을 같이 보내고 나자 애정의 주체가 여성에서 남성으로 전환되는 젠더의 정치학이 펼쳐지는 것이다. 이와 같이 정비석은 애욕의 관계를 다루면서 개인의 욕구와 필요, 가족 구성과 관계, 윤리와 도덕에 관심뿐만 아니라, 애정의 윤리와 시대적 상황의 결합 양상, 그리고 주체의 문제에 대해서 집요하게 파고들고 있다. 이는 소설을 "단순히 사회의 반영만이어서는 안 된다. 그보다도 적극적으로 한 거름 더 나가서 인생에 새로운 의미를 첨가하지 않으면 안"[13] 된다는 작가의식에서 비롯된다. 따라서 그가 추구하는 애욕의 문제에는 당대의 다양한 문제가 재현되고 새로운 윤리적 감각과 시대의식이 스며있다는 점을 간과해서는 안 된다. 애정관계에 드러난 애정의 방식이나 윤리, 주체의 문제를 통해 당대의 사회적 의식이나 작가의식을 규명할 필요가 있는 것이다. 이러한 분석방법은 당연히 대중문학사 내지 한국문학사의 지평을 확대하는 데 도움을 줄 것이다.

따라서 본고는 정비석 초기소설의 내적 연계성과 변화의 과정을 포착하기 위해, 초기소설을 대상으로 애정의 윤리와 주체의 문제에 주목하고자 한다.[14] 이 과정에서 작가의 윤리관과 현실인식을 고찰하게 될 것이

---

12 「여자」는 『매일신보』 신춘문예 '콩트'부문 당선작(정비석, 「여자」, 『매일신보』, 1933.5.12). 이 글에서 작품 인용 시 원문을 훼손하지 않는 한, 한자의 한글 표기와 띄어쓰기를 했다. 또한, 강조할 때는 진한 글씨로 표시하고, 소설의 서지를 각주로 밝힌 후에는 소설의 쪽수나 일자만을 괄호로 본문에 표기한다.

13 정비석, 「소설의 본질」, 『소설작법』, 신대한도서주식회사, 1946, 38쪽.

14 정비석은 해방 이후 초기소설을 개작이나 윤문을 한 후 출간했다. 이 글은 식민지 시기

다. 그리고 그 내면에 깔려 있는 젠더 정치학을 독해할 수 있을 것이다. 이를 정치하게 분석하기 위해 「성황당」처럼 고향상실 시대에 원초적 관능을 부각한 작품 계열, 「자매」처럼 열정적 사랑을 추구하는 낭만적 주체가 갈등하는 작품 계열, 그리고 「삼대」 이후 개인의 애정과 윤리가 국가라는 대주체로 회수되는 작품 계열로 구분하여 살펴볼 것이다.

2. 고향의 원초성과 본능적 주체

정비석은 좌익계열 신문(나프)을 통해 문학계에 입문했지만 "계급에 의존한 문학도 역시" "몰락붕괴에 빠러지는 것이 역사적 사실"[15]이라며 카프식의 계급문학을 비판한다. 즉 특정한 계급의 문학 내지 특정한 사상과 신념의 표현이라는 계몽주의에 대한 반발심을 보인다. 도리이 목직 지향적인 창작 방식을 고수하는 것은 "이-지 고-잉(easy going)한 창작태도"이며 "퇴색된 표현술과 상실된 예술성"에 다름 아니라고 주장한다.[16] 그는 이에 대한 대안으로 극히 사적인 영역인 애욕의 세계를 "인생의 가장 중요한 영원의 과제"[17]로 삼고, 새로운 표현술로 그것을 묘사하려고 한다. 그 대표적인 작품이 「성황당」[18]인데, 반문화적이고 반계몽적인 삶을 그려내고 있다. 그 스스로도 "악마의 협력"을 받은 작품이라고 할 정도로, 원초적인 생활 감각과 관능미를 보여준다.[19]

에 출간한 판본을 텍스트로 삼았다.

15 정비석, 「공개장-「조선의 문학을 구하라」의 필자에게」, 『조선문학』, 1933.1, 90쪽.

16 정비석, 「퇴색된 표현기술과 상실된 예술성」, 『조선일보』, 1937.11.3.

17 정비석, 「연애소설, 일반 오해 일소하자」, 『조선일보』, 1937.9.12.

18 「성황당」은 『조선일보』 신춘문예 당선작(정비석, 「성황당」(전 11회), 『조선일보』, 1937.1.14 ~26).

「성황당」의 순이와 현보는 몇 개의 고개를 넘어야 인가가 나올 만큼 깊은 산골인 천마령에서 숯쟁이로 살아간다. 이 천마령은 이효석의 「산」과 「들」처럼 완전히 근대적 공간과 완전히 분리된 원초적인 욕망만이 존재하는 공간이 아니라, 문명과 그것에 대한 욕망이 공존하는 공간이다. 천마령에서 태어나 자란 순이에게 언덕 너머의 공간, 즉 물질문명이나 근대적 제도를 경험할 수 있는 공간은 '붉은 고사댕기 한감과 흰 고무신 한 켤레'의 욕망으로 상징화된다. 성황님이 계신 천마령은 고향상실 이전의 유기적 공간으로 인간과 자연이 자신들의 고유한 존재를 발현하면서도 서로 간의 조화와 애정이 지배하는 고향의 세계이다. 순이는 현보가 숯을 팔아 고무신을 사오자 "이런 모든 것이 성황님의 은덕"(1.15)이라고 여긴다. 그들에게 천마령이나 그곳을 지키는 성황님은 주객 분리 이전의 유기적인 세계이다. 현보에게 천마령과 "순이만이 온 천하의 모든 것이"(1.16)며, 현보와 "순이도, 자연의 한 부분에 지나지 안"(1.16)은 것이다.

이에 비해 고개 너머의 세계는 인간의 욕망을 확장하기 위해 자연을 수량화하여 지배하여 대지가 파괴되고 신들이 사라진 근대적 공간이다. 이 고향의 공간에 근대적 힘이 틈입해오며 이 두 공간 사이에 대립과 갈등이 형성된다. 산림감시원 긴상은 법률이라는 근대적 제도를 이용해 현보를 천마령에서 떼어내어 제도의 공간(감옥) 속에 가둬 버리고 순이를 강제로 소유하려 한다. 이 위기 상황을 광산에서 일하는 칠성의 도움으로 극복하지만 현보가 돌아올 날이 멀었다는 절망감과 긴상의 위험으로부터 벗어나려고 칠성을 따라 근대적 도시로 나아가고자 한다.

> 철마령 고개를 다 넘고 들길로 들자부터 순이의 마음은 점점 불안스러워젓다. (…중략…) 가는 곳이 아모리 조타 해도 산이 업고 나무가 업스면 그 뺀승뺀승한

19 정비석, 「유진오론」, 『풍림』, 1937.4, 19쪽.

데서 어떡케 살까? 더구나 공연히 사람만 만히 모여서 복작복작한다는 곳에 가서…….

사람만 만흔 곳에 가서 지금처럼 고흔 저고리에 고흔 치마를 입고 마음대로 주저안지도 못하고 어떠케 살까?(1.26)

그러나 "들길"을 보는 순간, 순이는 들판이 자연으로부터 완전히 소외된 인위의 공간이라는 사실을 직관적으로 깨닫는다. 불안감은 "사람만 만히 모여서 복작"거리는 도시에 대한 거부로, 다시 산과 현보에 대한 그리움으로 전화된다. 그래서 칠성이 준 '분홍 항나 적삼과 수박색 목메린스 치마'를 벗어놓고 성황님에 대한 믿음으로 접동새 울리는 산 속으로 되돌아온다. 거짓말처럼 현보 역시 돌아와 있었다. 이처럼 천마령으로의 회귀는 근원적 생명과의 합일의 과정이며 소외로부터 탈주하는 행위이다.

천마령에서 현보나 순이는 자연의 세계와 서로 소통하고 서로 조화롭게 공존한다. 그래서 긴상이 현보와 순이 부부를 천마령에서 강제적으로 분리시키려는 의도를 감지하는 듯, "비는 체곱으로 비듯 내리 쏘닷다."(1.16) 또한, 칠성이의 선물에 기뻐하는 순이와 달리 "산 비달기가 또 울었다."(1.24) 그녀가 다시 천마령으로 되돌아오자 "접동새우는 소리가 들"(1.26)리듯이, 마치 자연의 세계가 비가시적인 성황님과 소통하는 매개체로 현현하고, 순이는 자연과 성황님의 품속에서 그 일부로 존재함을 인지한다. 이 세계에서 성과 관능은 본능적인 자연스런 것이다. 「성황당」에서 나타나는 관능미는 일부 비평가에 의해 "악마의 종자" 내지 "애욕경"으로 비판 받았지만, 그것이 자연스러운 생의 일부라는 의미가 자연과 동화된 순이의 목욕장면에서 드러난다.[20]

20 백철은 「성황당」의 세계를 "자연에 대한 정서에 깨긋히 양도한 순간의 표현이다. 그 산림간의 원초적인 정적 가운데서 사물을 움직이는 법칙을 잊은 것"과 유사하다고 평하고 있다(백철, 「신인탐구론－창작비평」, 『백광』 3・4월호, 1937.4, 125쪽).

> 순이는 나무를 듬북 집히고 나서는 저고리를 손에 든 채 개울가로 왔다. 개울로 오자 그는 그는 치마와 베바지마저 훨훨 버서 돌 우에 걸처 노코 덤벙 물 속으로 뛰어들엇다. 산골물은 옥구슬처럼 맑고 어름처럼 차거웟다.
>
> 순이는 젓통까지 물 속에 잠겨서, 두 손에 물을 퍼서 세수를 하고나서는, 어깨와 목덜미에 물을 끼언고 그리고는 앞가슴을 씨첫다. 한참 씻고나니 몸은 날듯이 가벼워젓다.(1.19)

천마령에서 목욕하는 순이의 묘사와 현보와 순이의 정사 장면은 도시적 타락과는 거리가 먼 자연의 일부로 살아가는 원초적 생활방식이나 감각에서 비롯된 것이다.[21] 자연을 인간의 지배 대상으로 간주하는 것이 아니라 인간조차 자연의 일부분으로 수용하는 동양정신과 관능도 생의 원천이자 자연적인 것이라는 자연 법칙이 조화롭게 해후한다. "인간으로서의 참된 행복은 자기도 자연의 일부분임을 겸허하게 시인하고, 그러한 인식 속에서 자연과 조화를 이루어 나가는"[22] 것이라는 작가의식이 고스란히 투영되어 있다.

'성황님'이 지배하는 천마령은 원초적 힘이 지배하는 공간이라는 의

---

21 『성황당』의 관능적 묘사는 비평가 사이에서 논란거리였다. 김남천은 "우심한 정신상태를 근본적으로 파헤쳐 보거나, 본질적인 여러 가지 시대적 산물 속에서 자신을 검토시키자는 근기있는 노력은 있지 않"다고, 조연현은 "필연적인 이유도 없이 퍽 부자연스럽게 산림간수 긴상 앞에 그의 알몸둥이를 보이게 하"였다고 비판한다. 또한, 홍효민은 "남녀가 정사로 인하여 사회의 질서가 문란되고, 유처자가 처녀를 유혹하는 것이 평연한 행위같이 되면 이 사회, 이 민족은 벌서 부패할 때로 부패된 것이오, 그 결과는 놀라운 일을 초래하게" 될 것이라고 비판한다. 이들이 현실인식과 서사적 부조화, 부정적인 영향에 대해서 비판한 반면에, 백철은 관능적 묘사가 자연스러운 행위로 묘사되고 있지만, "한 알의 악마의 종자가 싹트기 시작한 것"이라고 평하고 있다. 이에 대해서 정비석은 "성적 묘사를 노골적으로 하였느냐 하는 점에 있는 것이 아니라, 그것이 문학이냐 문학이 아니냐 하는 근본적인 점에 있는 것이"이라고 대응한다(김남천, 「신진소설가의 작품세계」, 『인문평론』, 1940.2, 63쪽; 조연현, 「애욕의 문학」, 『백민』, 1948.10, 158쪽; 홍효민, 「애욕소설의 윤리」, 『백민』 6권 3호, 1950.5, 149쪽; 백철, 『신문학사조사』, 신구문화사, 1983, 534쪽; 정비석, 「장편소설과 성문제」, 『문학』 22집, 1950.5, 153쪽).

22 정비석, 「서문」, 『성황당』, (주)금룡도서, 1945.

미 체계로 현현되면서, 생활 규범과 조화롭게 공존한다. 동양적인 윤리가 원초성을 유지하는 생활 규범이 되고, 성황님이라는 샤머니즘을 숙명으로 받아들임으로써, 천마령은 동양적 공간이자 생명의 공간으로 지속적인 힘을 갖는다. 순이와 현보가 근대적인 제도에 의해 잠시 천마령을 떠나지만 다시 동일공간으로 회귀할 수 있었던 것도 이 때문이다. 따라서 성은 관능적이지만, 그 관능조차 건강한 것이고 삶의 원천으로 그려진다. 자연적이고 원초적 관능미를 지닌 순이는 문명의 세계로 나가지 않고 현보를 믿고 기다림으로써, 동양적인 순종의 윤리와 부덕의 가치체계를 형성한다.

그러나 순이가 성황당이 지닌 힘의 논리를 벗어나려는 순간 "불안"에 휩싸였지만, 근대의 힘은 성황당의 힘을 압도하기 시작한다. 즉 「성황당」에서 천마령의 자연은 "복작복작한" 근대적 제도와 문명을 타락한 것으로 거부하고 그 세계를 겨우 지켜내지만, 근대적 힘은 점차 이들이 살고 있는 자연의 세계를 끊임없이 지배하여 고향의 공간을 해체해 나간다. 그러면서 문명의 지배력이 농촌 깊숙이 파고들고, 자의나 타의에 의해 고향을 상실하는 사람들이 생겨나기 시작한다. 고향 상실자들은 예스러운 안정된 삶의 세계, 추억의 장소, 순수한 삶의 세계, 자연에 안겨 있는 아늑한 곳으로 고향을 기억하기 시작한다.[23] 「해춘부」[24]의 고향은 이미 자연적 지배력으로 무장한 문명의 힘에 의해 도시의 주변부로, 파편화된 삶의 흔적만이 있는 곳으로 전락하여 버린다. 주인공 옥희는 「성황당」의 순이처럼 산에서 위안을 찾지만, 순이와 달리 문명세계로 기표화된 서울로 가고 싶은 욕망을 가진 처녀이다. 자신의 삶의 터전인 고향을 믿고 의지할 곳이 아닌 자신의 삶을 옥죄는 '생지옥과 같은 집'으로 여길 뿐이다. 도시 생활을 즐기다 내려온 여주는 "이런 촌구석에서 참고 견대는!"(97) 옥희를 한심스러워하자, 그런 여주를 만나면서 옥희는

23 전광식, 『고향』, 문학과지성사, 1999, 25~26쪽.

24 정비석, 「해춘부」, 『여성』, 1937.5.

생지옥의 환상적 탈출구로서 도시에 대한 여주의 매개된 욕망을 같이 품게 된다.

> 여주는 백화점 여점원, 미쓰걸, 타잎의 라이터, 까소링걸, 여자급사 등 제가 아는 한껏 모든 것을 옥희에게 일너 바쳤다. 옥희는 드르면 드를수록, 아직껏 아지 못하든 새 세상을 발견하게 되여 한껏 놀라고 한껏 선망하지 안을 수 없었다.(97)

여주와 만나는 사이에, 옥희는 저도 모르게 "남쪽하늘 저-용골산 넘어 멀고먼-곳"에 있는 서울을 "불안과 동경"(97)으로 그려보면서, "서울에 한번 가보면 죽어도 여한이 없을 것 같"(97)다고 생각한다. 그런데 옥희가 서울로 가고자 하는 열망에 사로잡혀 있을 때, "봄볕은 결핵균처럼 여주와 옥희의 오장을 파고 드렀다."(97) 결핵균은 고향으로부터 이탈하고 유리될 옥희의 병적인 황폐함과 불건강성을 상징함에도 불구하고, 옥희는 서울에 대한 열망에 사로잡혀 남자동무와 창경원에 놀려가서 "사꾸라 구경도 활동사진 구경도"(99)할 수 있는 자유로운 공간으로 도시를 상상할 뿐이다. 옥희가 고향과 자연세계를 떠날 때에도 "산천은 아는가 모르는가 오늘도 봄빛만 지터 갈 뿐 꾸준한 침묵을 지키고 잇"(98)을 뿐이다. 이 침묵의 소리는 존재자 전체가 소리 없이 말을 걸어오는 "정적의 소리(das Geläut der Stille)"[25]이지만 자연을 지배하려는 인간의 무한 욕망에 합류하는 옥희에게는 들리지 않는다.

고향상실이 죽음과 같은 도시적 삶과 연결되어 재현된 소설이 「졸곡제」[26]이다. 주인공 언삼은 「해춘부」의 옥희와 달리 농사꾼이었지만 홍

---

25 하이데거는 존재가 말없이 다가와서 우리를 침묵에 빠뜨리고 소리 없이 말을 걸어오는 것을 "정적의 소리"라고 했다. 이것은 현대문명을 우월한 것을 치부하는 현대인들에게 소박한 자연을 망각하면 사멸할 것이라는 경고이기도 하다(박찬국, 『들길의 사상가 하이데거』, 동녘, 2004, 37~38쪽).

26 「졸곡제」은 「성황당」보다 한 해 전에 『동아일보』 신춘문예 당선작(정비석, 「졸곡제」(전 11회), 『동아일보』, 1936.1.19~2.2).

수로 인해 농사도 망치고 처마저 죽어 논을 떼이게 되자 어쩔 수 없이 고향을 떠나 "신의주로 옮겨와서 자유노동자인 지게꾼으로 전락"(1.21)한다. 언삼은 인간의 기본적인 욕망인 정욕이나 식욕마저 충족할 수 없는 처지가 되어 버린다. 그 와중에 노파의 권유로 "정욕의 주림"(1.24)을 충족하고자 재취를 고민해 보지만, 먹을 입만 더 들이는 꼴이 된다고 아들 장손이 반대한다. 할 수 없이 언삼은 재취 대신에 아내가 죽은 지 100일을 기리기 위해 졸곡제를 준비한다. 그에게 졸곡제는 단순히 아내에 대한 추모가 아니라, 충족된 세계로서 고향에 대한 회고이며 고달픈 현실을 달래는 위무였다. 비록 가난했지만 "지난날 동리사람들과 같이 담배도 피우고 옛말도 우슴바람에 지지빅거리든 때를 회고"해 보니 그때가 "행복된 시절"(1.21)이었던 것이다.

> 안해! 생각만 하여도 입에 생침이 즐즐 흘럿다. 죽은 안해의- 몸은 수척하면서도 젖가슴만은 툭 터질듯이 발달되어 토실토실하든 그 젖무덤!
>
> 해별에 타서 적동색이면서도 뽑은 듯이 미끈하든 그 넙적다리! 갸름한 통상의 중앙에 유난히 빗나든 그 눈동자! 바람과 해별에 탄 얼굴이엇지만 결코 누구의 안해보다도 못지않은 언삼의 처권이엇다.
>
> 언삼은 생활의 졸린 속에서도 항상 자유롭고 아름다운 꿈이 잇엇으니 그것은 안해에 대한 만족과 안해를 품에 안는 순간이엇다.(1.24)

관능적인 미와 정숙한 아내로서의 부덕을 지닌 아내와 살던 그 시절은 그다지 부유하지는 않았지만 "자유롭고 아름다운 꿈"을 꿀 수 있었던 시절로, 이제는 과거일 뿐이다. 고향 상실자의 현재는 꿈도 없이 그저 생존에 급급한 처지로 전락한다. 아들 장손은 생계를 위해 위험한 설탕 밀수를 하고, 언삼은 졸곡제를 치루기 위해 돈지갑을 훔친다. 가족 모두가 도시에서 근대적 처벌 즉 "순사, 경찰서, 재판소, 감옥, 이런 것을 질서없이 련상"(2.1)하는 처지에 몰리게 된다. "참말이지 따져 보면 죽은 안해보다도 산 세 생명이 더 불쌍하였다."(2.2) 그에게는 아내와 같이 살던 고향에서의 삶은 충족된 삶이다. 반면에 자연에서 벗어난 도시적 공간, 근대적 힘의 공간은 죽음보다 못한 삶만을 줄 뿐인 황폐한 곳이다. 도시에서는 애정의 결합도 단지 먹고 살기 위한 수단인 교환가치가 되어 버리고 성적 욕망도 풍부한 자기긍정의 상호관계가 아니라 성적 주림을 해소하기 위한 것으로 축소되어 건강성을 상실해 버린다.

「애증도」[27]도 주인공이 자기를 사랑하는 남자의 고향으로 회귀하려고 소망하지만 끝내 돌아가지 못하는 비극을 그리고 있다. 이 소설의 주인공 홍매는 작은 포구에서 살던 여성이지만, 도시에서 온 한 남자를 사랑했다가 배신당하고 매춘부가 된다. 홍매는 8년 전 포구에 놀려왔던 서울의 외과전문학생 최종섭을 만나 사랑에 빠지고 그의 기다리라는 말을 믿었던 순박한 처녀였다. 그가 떠난 뒤에야 임신 사실을 알게 되고 그를 기다리면서 배 속의 아이까지 지키기 위해 도시로 떠나온다. 그러나 남자를 만나지 못하고 그녀는 "아이를 낳자 여급"으로 다시 "'홍매'라는 색주가로 전락한다. 8년 만에 우연히 해후한 아이 아버지는 여성을 성적 대상으로만 간주하는 남자로, 기다릴 가치가 없는 인물로 드러난다. 소설의 결말에서 홍매가 죽어가는 아이를 붙잡고 평소 의지하고 지냈던 득보의 고향 '다슬기'로 가자고 외쳐 보지만, 자신의 삶의 지탱자였던 아이의 죽음 앞에서는 공허한 울림으로만 전해질 뿐이다. 이 소설에서 다슬기는 「성황당」의 천마령과 같이 긍정적인 의미 체계와 지속적인 의미를 지닌 장소이자, 작부의 삶을 벗어나 소망스런 가족을 구성할 수 있는 관념적으로 이상화된 고향의 공간이다. 이 고향의 공간은 정신이 자기의 삶과 일치하고 감정이 자유롭게 해방되는 공간인 것이다. 따라서 원초적인 힘에 의지하는 공간이기도 하고, 애정의 관계가 관능과 자연스러운 조화를 이루고 신적 세계와의 화해나 자신과의 화해가 쉽게 이루

27 「애증도」는 1938년 『조선일보』 신춘문예 당선작(정비석, 「애증도」, 『조선일보』, 1938.4.24~5.13).

어지는 세계이다. 절대적 주관성의 세계라 할 수 있다.

이렇듯 정비석 초기소설에 그려진 고향의 세계는 남녀 간의 믿음과 의지가 애정의 방식이자 윤리가 되고, 관능과 자연의 원초적 욕구가 조화를 이루는 곳이다. 그러나 이 세계에서의 관능은 "자아보존이라는 하나의 목적을 위한 수단으로서만 이용된다. 그러한 것들 속에 내재하는 것이 생명이다. 그리하여 그 개체들은 생명에 매여 있고 생명 또한, 그것들에 매여 있"[28]는, 원초적 욕구에 의해서 좌우되는 삶의 공간이다. 헤겔식으로 바꿔 말하면 초기소설의 인물들은 "자신의 고유한 절대적 활동을 통해서 자기 고유한 본질을 대자화시키"[29]는 의식과 세계를 향유하는 실존에 이르지 못하는 한계를 보인다. 이들에게 고향의 공간과 근대적 문명의 두 세계는 분리된 채 상호 배타적으로 존재한다. 인간이 복수의 타인과 살아가야 하는 것이 근원적 사실이라면 다인과의 교통 또한, 숙명적이고 교환이 복잡해지고 제도화되는 것은 불가피한 일이다.[30] 인간이 사회적 존재로 타자와의 본연의 관계 주의적인 태도를 취하는 한 불가피하게 교환과 제도는 복잡해질 수밖에 없다. 이런 면에서 정비석 소설에 나타난 고향 세계는 세계를 인식하는 존재로서의 실존이 아니라 원초적인 욕구가 충족되는 즉자적 공간이며 상상적 공간에 불과한 것이다. 여기에서 이루어진 자연스러운 관능 역시 무한의 세계를 유한한 나와 사건으로 연결하는 주체적 힘이 아니라 신앙의 절대적 대상이나 숭고한 자연적 질서의 한 부분으로 드러날 뿐이다. 그런 관점에서 본능적 주체는 반근대적 주체라 할 수 있다.

---

28 G. W. F. 헤겔, 두행숙 역, 『헤겔미학』 1(미의 세계 속으로), 나남출판, 1996, 209쪽.
29 T. 메취 · P. 스촌디, 여균동 · 윤미애 역, 『헤겔 미학입문』, 종로서적, 1983, 199쪽.
30 今村仁司, 이성혁 · 이혜진 역, 『화폐 인문학』, 자음과모음, 2010, 60쪽.

3. 가족 윤리의 경계인으로서 낭만적 주체

근대적 제도와 규범 속에서 근대적 개인이 탄생한다. 그들은 세계와 대자적으로 존재하는 주체가 되고 자신의 신체와, 정신, 이성, 감정의 독립성을 추구한다. 또한, 욕망과 감정의 주체로서 외부의 제도나 윤리의 속박으로부터의 해방을 선언하기도 하고, 사적 영역에서 자유를 찾으려고 한다. 자기 자신 이외의 어떤 것에도 구속받거나 복종할 필요를 느끼지 못하는 독립적 개인으로 존재하려 할 때, 그 주체는 비사회적 존재이자 낭만적 주체가 된다.[31] 「애정」, 「동경」, 「상처기」, 「자매」, 「비밀」, 『금단의 유역』, 「청춘궤도」 등은 근대적 공간을 배경으로 전통적인 윤리나 규범으로부터 해방을 선언한 낭만적 주체를 그리고 있다. 이들은 "무기력한 조화와 평화 대신" "생의 약동, 유출, 개별성"[32]을 강조하고 서로 다른 타자에 대한 열정적 사랑을 추구한다. 열정적 사랑을 인간의 본원적 욕망이자 자기 실현의 계기로 간주하기 때문이다. 이들에게 관능은 극치의 대상이자 자기를 추구하는 한 요소가 된다.[33]

예컨대 「동경」[34]에서는 봉건적 윤리나 질서를 거부하며 생명의 활력을 주는 힘으로 열정적 사랑을 그리고 있다. 2년 전 순희는 택규를 두고 부모의 강제에 의해 의학사와 결혼한다. 순희와 이별한 후, 택규는 이별

---

31 진영복, 「1920년대 대중적 글쓰기와 근대적 주체의 자유상」, 『현대문학의 연구』 35권, 한국문학연구학회, 2008, 417쪽.

32 낭만주의자들은 계몽주의의 무기력한 조화에 반발하여, 힘의 자유로운 실현이 인간의 행복을 구성한다고 주장했다(I. 벌린, 강유원・나현영 역, 『낭만주의의 뿌리』, 이제이북스, 2005, 73쪽).

33 예컨대 낭만주의자에게는 관능도 미적 추구의 대상이 된다. 따라서 "목의 아름다움이나 둔부의 곡선은 무역사적이고 자연적인 사실로서 성적 욕망을 촉발시킬 뿐만 아니라 사회적 경험을 함축하고 있는 이미지들"로 작동된다(TH. W. 아도르노・M. 호르크하이머, 김유동 외역, 『계몽의 변증법』, 문예출판사, 1995, 155쪽).

34 정비석, 「동경」, 『조광』, 1938.6.

의 상처와 순이에 대한 원망으로 술에 의존하다가 폐결핵을 앓게 된다. 그런데 2년 만에 순희가 "인형의 집"의 봉건적 질서 밖으로 과감하게 뛰쳐나온다. 반면 택규는 다시 나타난 그녀를 그 질서 안으로 보내려는 윤리적 의지와 순희의 "앵도알같이 붉든 그 입설"(338)의 관능적 매력 사이에서 갈등한다. 순희의 "순교자적 비장한 각오에서 찰란한 아름다움을 발견했음으로 잘못 덤비다간 또 사랑에 빠지지 않을까 그걸 경계하는 때문이었다."(240) 그러나 순희의 애정을 확인하는 순간 "택규에겐 한 덩어리의 생명소로 보엿다."(344) 열정적 사랑이 "죄라기보다 운명"(240)이기에 인간이 피할 수 없는 것으로 받아들인다.

「애정」[35]에서도 "사랑은 자유"이고 "진실"이며, "그것을 극대화시킨다"라고 간주된다.(189) 따라서 주인공 K는 사랑은 절대적이고 가장 신성한 것이라고 자기 사랑의 정당성을 주장하고 "한 생명의 진실을 억누를 무엇이 세상에 존재"(194)할 수 없다고 생각한다.

> 움직이지 못할-움직이지 못할 것이 대체 어데 있으랴. 한 사내와 한 여자가 어떠한 동기로든지 서로 맞부끼만 하면 애정이야 있건 없건 죽기까지 더러져서는 안 된다는 것이 거룩한 도덕의 신조가 아니야! 과연 그것은 옳은 일일까?
>
> 사랑과 리해 없는 가정은 무덤과 같다면 그래도 도덕이라는 사회적 제약 때문에 살아서 무덤을 파야 옳을까?
>
> 아니다! 도덕은 더 잘살기 위해서 사람이 비저놓은 한 개 규약이다. 그러나 일단 맺어진 규약은 이외에도 사람 자신을 속박하는 힘이 이렇게도 굳센가 생각하자 K는 봉건도덕에 대한 반항심이 밀물처럼 치밀었다.(199)

그런데 K와 은주가 각자 다른 배우자와 혼인 상태에 있다는 점에서, 그들의 사랑은 복잡한 갈등을 예고하고 있다. K와 은주는 자신들의 생

35 정비석, 「애정」, 『사해공론』, 1936.12.

을 약동시키고 자유와 해방감을 주는 열정적 사랑을 속박하는 것이 도덕이라는 사회적 제약이라고 간주한다. 그러므로 그들은 자신들의 애정을 보편타당성에 준거하여 생긴 것이라고 여기고 있으며, 개인의 행동을 규제하고 사회 질서를 유지시키는 힘인 도덕에 대한 "반항심"을 느낀다. 그러나 은주는 남편 상호가 받을 고통과 "상호씨의 순정을 가장 굳게 믿"(198)기에, K 역시 "은주를 잃어버린 상호와 자기를 잃어버린 안해의 얼굴을 그러보고 다시 우울해"(191)지며 결단을 못 내린다. 이들의 고민은 사랑하는 당사자 간에 발생하지 않고, 오히려 혼인관계로 맺어진 그들의 배우자가 받을 고통의 상상적 공감과 연민 때문에 심화된다.[36] 낭만적 주체들이 가진 일반적 속성처럼 자신뿐만 아니라, 타인의 특성을 이해하고자 하는 열정 때문에 고민이 깊어지는 것이다. 결국 타인의 고통에 대한 상상적 공감과 사회적 도덕을 견디지 못하고, "이지(理智)가 배승한 은주는 자기의 몸을 갈면서라도 사랑을 깔어죽"(200)이고, K 역시 "천사처럼 순직한 안해와 아기들을 미워하는 자기의 죄를 몇 번이고 뉘우"(203)치게 된다. "가정이 허울 좋게 지탱"(205)하겠지만, "두 사람의 애정을 묵살"(205)하는 것이 서로를 구원하는 길이라고 여기면서 소설은 끝난다. 그러면서도 "K는 자기와 은주 사이에는 어떤 악마의 힘이 있어 줄기차게 그러댕기는 것을 새삼스러히 느"(203)끼는 낭만적 주체의 열정을 버리지 못한다. 이는 「연애소설 일반 오해를 일소하자」[37]라는 평론에서 정비석이 "사람은 일생을 통하여 연애를 하는 것이고 또 해야" 하는데, "엄격한 윤리 때문에 바친 무수한 희생을 업새기 위하여서도 거기 반기를 들어야 할 것이"라고 주장했음에도 불구하고, 소설 속에서는 낭만적 주체가 봉건적 도덕에서 느끼는 반항심을 분출하지 못하고 가족에 대한

36 Lovejoy에 의하면, 낭만주의자들은 자신들의 내부와 동시에 외부의 중심도 이해하고자 하는 강렬한 욕망과 비범한 능력을 가지고 있다(Lovejoy, A. O., "Chap X", *The Great Chain of Being*, Oxford Univ. Press, 1964; 최상규 편, 「낭만주의의 충만의 원리」, 『낭만주의 문학의 재조명』, 예림기획, 1998, 172쪽).

37 정비석, 「연애소설 일반 오해를 일소하자」, 『조선일보』, 1937.9.12.

현실적 책임과 도덕률로 봉합하는 것으로 마무리한다.

반면에 「자매」[38]에서는 윤리적 책임감 때문에 열정적 사랑을 포기하기도 한다. 홍재는 옥순과 옥경 자매와 사귄다. 이들은 본처와 첩의 딸로 전문학교 교육까지 받은 신여성들이지만, 전혀 다른 윤리 감각을 지닌 주체들이다. 즉 옥경은 외모도 우월하고 성격도 괄괄한 데다가, 병원장의 비서란 직업을 갖고 주체적으로 남성을 만나 사랑을 나누는 새 시대의 윤리 감각을 지녔다. 반면에 옥순은 성적은 우수했으나 "부친의 명예를 위하여" 직업보다는 결혼하여 남편을 내조할 준비를 하는 구시대의 윤리 감각의 소유자이다. 옥순은 이복동생 옥경 앞에서 본처의 딸이라는 우월감을 내세우면서도 남자 문제에서만큼은 늘 열등감에 주눅들어 한다. 따라서 옥경에게 홍재를 뺏길지도 모른다는 질투감 때문에, 홍재 앞에서 옥경의 취향을 멸시하기도 하고 홍재를 유인하여 성석 관계를 맺기도 한다. 이런 옥순의 모습에서 홍재는 "비속한 교양이거니 그러한 걸로 죄업는 사람을 축박어줌으로 터무니 업는 우월감을 발휘하려는 옥순"에게서 도리어 "얌전 속에 불가사리가튼 야차가 숨이 잇는 것샂니" 느끼고 "환멸"감을 갖는다. 이런 환멸감은 "시언시언한 태도"와 직분 윤리와 결합된 시민적 교양을 갖춘 옥경에 대한 끌림으로 이어져, 나체화를 그린다는 핑계로 옥경과의 만남을 지속한다.

> 그럼 네겐 풍기도 도덕도 질서도 업단 말이냐?
>
> 전 그런 걸 중하겐 보지 안어요! 지금 새삼스럽게 낡은 질서를 직힐 필요가 업스니까요!(2.15)

풍기, 도덕, 질서라는 낡은 질서로 옥경을 다그치는 옥순을 보면서도, 홍재는 애정 / 윤리, 감성 / 이성이 대립 속에서 "낡은 질서"의 문제

38 정비석, 「자매」, 『매일신보』, 1939.2.15.

를 지적하지만, "순간에 또 한번 옥순과의 그날밤일에 무거운 짐을 깨닷"고, 그것이 속박하는 윤리에 따라 애정 없는 결혼을 결심한다. 반면 옥경은 사랑을 찾아서 거리로 자유롭게 "활개치며 거러" 나간다.[39] 즉 옥경은 오히려 윤리나 도덕을 낡은 질서로 규정하고 책임감으로 포장된 결혼이라는 제도의 구속 대신, 생명의 근원이자 새로운 질서로 변화해 나갈 수 있는 힘으로 확장된 열정적 사랑을 추구한다.

장편소설 『금단의 유역』에서는 봉건적 윤리 감각을 지닌 구여성에게 옥경이 지닌 관능미까지 결합시킨다. 반면에 신여성에게는 성적 매력을 소실시키고 명랑성만을 결합시킨다. 즉 주인공 순경은 「자매」의 옥순과 달리 고매한 인격을 지니고 정조 관념을 고수하는 봉건적 윤리를 준수하는 여성이자, "금방 피려는 꽃봉오리처럼 보동보동 부르튼 두 개의 젖무덤이며, 은실같은 곡선을 그리면서 뽑은 듯이 미끈하게 내리뻐든 허리며, 능동적인 선과 선을 뚜려시 그리"에서 "황홀한 아름다움"을 지닌 관능적 여성으로 그려진다. 반면에 신여성 영옥은 부와 학벌을 가졌음에도 성적 매력이 없지만 사랑에 지나치게 적극적이고 명랑한 성격의 여성으로 묘사된다.

이처럼 정비석 소설에서 열정적 사랑은 도시와 근대적 제도를 향유하는 행위이고 근대적 개인의 사적 욕망의 충족이자 자기실현의 행위로 그려진다. 여기에 전근대적인 질서에 대한 거부라는 사회적 의미가 덧붙여진다. 즉 정비석은 열정적 사랑을 추구하는 낭만적 주체를 통해 새로운 질서로의 역동적인 변화를 이끄는 힘을 발견해 낸다. 그러나 여성을 구여성과 신여성으로 구획하고, 신여성을 가족 제도 밖으로 배제하는 모순적 태도를 보인다. 결과적으로 열정적 사랑은 여성의 정조 장치와 결합하면서 오히려 남성과 여성의 젠더적 위치를 위계화시키는 문제적 지점이 된다.

---

39 정비석, 「금단의 유역」, 『조광』, 1939.7~12.

이는 작가가 수필 「도회의 여성」에서 "인테리 여성들까지"[40] 거리의 여자들처럼 행동한다고 비판한 것과 연결되는 논리이다.[41] 봉건적 윤리와 애정의 갈등 양상을 보여주지만, 궁극적으로는 당대 인텔리 여성들에 대한 비판적인 의식과 여성에게만 한정된 정조 관념을 틈입시키고 있는 것이다.

그러므로 「상처기」[42]에서 주인공을 열정적 사랑을 꿈꾸는 낭만주의자로 그리지만, 뒤늦게 구여성인 아내에 대한 감사함과 애정을 느끼는 것으로 묘사하고 있다. 주인공은 무식하고 자식에게 가정교육도 시키지 못하지만 "황소와 같이 튼튼한"(188) 체질을 타고난 아내보다, 그의 "로맨틱한 성질은 소와 같이 충직한 것보다 비닭이와 같이 명랑하고 귀여운 것을 요구"(190)한다. 그러므로 아내의 위독 소식에 "한편은 반가우면서도" "죄를 지은 것 같애서 맘속에 불안을 느"(188)낀나. 아내가 죽는 순간에 "몸지어 누어서도 내 점심 걱정이니 자아를 내던져 남에게 봉사하는 맘"을 발견하고, 비로소 아내의 "진실한 사랑을 느"(192)끼고 그런 아내를 "다시 없는 현처"(190)라고 평가한다. 아내에 대한 사랑을 깨닫지만, 이 사랑은 삶이나 애정을 같이 할 존재로 아내를 재인식한 것보다는 더 이상 자신과의 관계에 영향을 미치지 못하는 죽는 자에 대한 연민의 측면이 강하다. 이상 속에서 관념화된 인물에 대한 칭송은 열정적 사랑에 대한 자기변명에 지나지 않는다.

그러므로 봉건적 윤리 감각 내에서 허용되지 않는 열정적 사랑을 비밀로 간직하려고 한다. 「비밀」[43]에서 비밀로서라도 열정적 사랑을 간직할 수 있다면 행복이라고 말하고 있다. 이런 비밀조차 윤리적 잣대로 거부하는 "상식인을 경멸"(261)하고, 자유와 생명을 느끼기 위한 열정적 사

---

40 정비석, 「도회의 여성」, 『매일신보』, 1939.10.2.

41 『청춘궤도』는 비싼 선물(악어핸드백)을 준 남자에게 굴종하는 천박한 인텔리 여성을 다루고 있다(정비석, 「청춘궤도」, 『여성』, 1940.5).

42 정비석, 「상처기」, 『신가정』, 1936.1.

43 정비석, 「비밀」, 『문장』, 1939.7.

랑의 낭만성을 비밀스럽게 유지하려 한다. 가족 윤리를 흔들면서 "사색적 고민과 창작적 정열과 예술가적 양심이 한데 뭉키여 싸우는 유혈의 절체절명의 찰나"[44]를 그리지만, 현실의 시선과 애정의 윤리, 도덕적 책임과의 경계에서 절묘한 긴장상태를 유지할 뿐이다.

이에 반해 「잡어」과 「나락」은 여급의 삶을 관능적으로 보여주지만, 열정적 사랑과는 분리시키고 있다. 이들의 관능적 육체는 돈을 버는 수단이고 남성의 성적 대상일 뿐이기 때문이다. 「잡어」[45]에서 주인공 사유리는 문학가인 병보와 사랑하는 사이지만, 결혼한 아내가 있고 대학 강사이기도 한 병보와의 관계는 사회적으로도 가족에게도 인정받지 못한다. 사유리는 "여급의 운명이란 원체 이렇게 서글프고 애달프고 우울하고 그런 것이라고"(163) 알고 있기 때문에, 병보의 애정을 느낄 때 "현혹할 행복에 서름이 앞장"(173)서는 감정에 휩싸인다.

> 태웅의 세계-병보의 세계에서 출발하여 사유리, 히도미, 쯔바끼의 세계를 거쳐서 비로소 도망할 수 있는, 추악조차가 꽃포기처럼 아름답게 빛나는, 그것은 인간정신이 도망 할 수 있는 최고의 세계, 극치의 세계가 아닐까.(190)

사유리는 태웅의 세계는 관능만 존재하는 세계이고, 병보의 세계는 인간 정신의 아름다움을 경험할 수 있는 열정적 사랑의 세계로 인식한다. 결국은 여급의 열정적 사랑이 결혼 제도 속으로 사랑의 결실을 맺을 수 없음을 자각하고, 태웅과 같이 관능의 세계, "미지의 나라"(191)로 떠나 버린다. 사유리는 여급이라는 자신의 처지 때문에 「나락」[46]의 란향과 마찬가지로 열정적 사랑의 주체가 될 수 없음을 깨닫고 포기한 것이다. 정비석 소설에서 낭만적 주체는 언제나 새로운 애정과 가족의 경계에

---

44 정비석, 「퇴색된 표현기술과 상실된 예술성」, 『조선일보』, 1937.11.3.
45 정비석, 「잡어」, 『인문평론』, 1939.12.
46 정비석, 「나락」, 『사해공론』, 1937.10.

서 있는 남성이다. 반면에 여성은 관능과 애정의 대상으로 타자화되는 젠더 정치학을 보여준다. 그러므로 정조 관념이 결여되어 있는 신여성이나 관능의 대상인 여급은 정비석 소설에서는 늘 가족 제도의 경계 밖에 있게 된다. 「잡어」의 병보 역시 그 경계에서 갈등하지만, 사유리나 란향은 가족의 타자로 경계 밖으로 내몰린다. 윤리와 애정 사이의 경계자를 자처하는 낭만적 주체는 대부분 남성 주체로 한정되고, 늘 외적 세계와 소통하려고 하면서도 그 세계에 대한 불안감으로 가득 차 있기 때문에 우유부단하다. 사랑과 성을 향한 감정의 순도가 높고 진실하다면 그것을 과단성 있게 추구해야 한다는 자아와 그로 인해 상처 받을 타자를 생각하는 윤리 사이에서 갈등한다. 이러한 갈등은 막연한 환상, 두려움, 불안을 동반하게 되고, 강력한 그 무엇에 의해 갈등이 조정되기를 소망한다.[47] 이 갈등 상황에서 전체성이라는 새로운 조정자로서 국가가 호명된다.

4. 애정의 윤리와 국가라는 대주체의 유기적 조화

자아와 세계의 이자적 관계인 낭만적 주체를 추구하던 정비석에서 '전체성'이라는 개념이 틈입하기 시작하면서 애정의 윤리를 바라보는 시각 역시 변한다. 그 전체성은 반근대적인 동양적 지역성(Locality)과 반자본주의적인 도의의 세계가 새로운 국가 건설의 모습으로 나타난다. 전체성의 요구는 언제나 갈등적 상황에서 딜레마인 채 애정의 관계가 중단되곤 했던 상황을 부정한다. 이 시기 정비석 역시 애정의 갈등적 상

47 I. 벌린, 강유원・나현영 역, 『낭만주의의 뿌리』, 이제이북스, 2005, 179쪽.

황을 벗어나기 위해, 필연적으로 애정의 윤리의 향방을 새롭게 모색하려 한다. 그 결과, 정비석은 집요하게 파고든 애정 결합과 가족 구성에서의 진실한 관계는 욕구와 필요, 충동과 도덕을 희생해야 하는 불균형적이고 피상적인 관계가 아니라 '구체적 인격'을 추구한다. 즉 상호의존성을 확인하고 실현하는 새로운 환경이나 의식을 모색한다. 헤겔에 따르면, 개인은 결혼을 통해 자신이 더 이상 외롭게 고립된 독립적인 존재가 아니라 좀 더 큰 실체의 자의식적인 구성원이 되었음을 인식하게 된다. 부부로 엮인 남녀는 진정한 사랑의 의미를 이해하게 되고 나아가 자신의 진정한 자아실현이 상대방에 대한 합리적이고 윤리적인 태도와 자발적인 자기 절제에 있음을 반성하고 상호의존성을 실현함으로써 개인은 보다 높은 단계로 발전한다. 이때 인간의 본성에서 발생하는 모순으로 생기는 "대립의 양태에 대해 철학의 엄격한 보편성에 따라 사유하고 또 보편적인 방식으로 이를 지양하고자 나아간다."[48]

30년대 중반에 정비석은 「성황당」 등에서 고향으로의 회귀를 통해 애정과 관능성의 조화를 모색하였으나, 「애정」 등에서는 애정과 관능성을 극단으로까지 밀고 나가는 극단적인 자유주의자의 가치를 탐색했었다. 그런데 다시 애정과 관능성을 공동체적 전체성과 유기적으로 연결하는 과정으로 변모하는 과정을 보인다. 정비석이 애정과 윤리의 향방을 모색하는 과정은 헤겔의 변증법적 논리를 연상하게 한다. 주체가 원시적 세계와의 합일에서 개인의 극단의 자유를 주장하는 입장으로의 변화, 다시 전체성과의 관련성 속에서 참다운 의미를 찾으려 하기 때문이다. 시대와 사회, 국가라는 전체성을 의식하며 여기에 낭만적 자아를 결부시켜 이상적이고 현실적인 사상과 의식, 가치를 추구한다. 그러나 헤겔과 달리, 정비석은 주체가 대주체로 회수되어 버리는 몰주체의 세계로 나아간다.

---

48 G. W. F. 헤겔, 두행숙 역, 앞의 책, 154쪽.

자유주의적 사유방법을 버리지 않으면 안 된다. 여기서 내가 강조하려는 것은 아름다운 희생정신이다. 개인으로서 희생정신이 결여된 자는 위대한 정신으로 그것으로의 완수를 수행하려는 것은 도저히 감당할 수 없기 때문이다. 멸사봉공의 정신이란 자신을 버리는 것이 아니라 제일 큰 충실한 개체의 총화의식을 의미하는 것이므로, 개인을 깊숙이 파고 들어가면 궁극에는 전체로 통하는 것이 아닐가라고 생각한다.[49]

정비석이 "자유주의적 사유 방법"을 거부하고 모색한 전체성은 동양적 도의와 지역성, 그리고 자본주의를 수정한 국가사회주의적 모습을 한 공동체였다. 정비석은 "유해한 편견과 싸우고, 편협한 시각을 버리고, 국민의 정신을 계몽하고, 그 취미를 정화하여 마음가짐과 사유를 고상하게 하는"[50] 국민문학을 지향점으로 두었고, 그런 문학을 수행하는 것이 문학자에게 부여된 최고의 애국적 행위라고 간주한다. 그러므로 일제 말기 정비석 소설에 나타난 애정과 가정의 윤리가 개인 간의 범주를 초월하는 것은 당연한 결과이다. 이 과정에서 낭만적 주체는 국가라는 대주체와 결합하면서, 과학기술의 합리성에 열정적으로 몰입해 간다. 반면에 고향의 세계로의 회귀 욕망을 지닌 주체들은 반서구적 입장에서 애정의 윤리를 조망하는 가운데 전쟁에 쉽게 동원될 수 있는 향토적인 것, 동양적 도의의 세계로 안착한다.

1) 도구적 합리성과 물화된 주체

근대적 기술문명은 자연과 세계를 지배 대상으로 수량화하여 정복하지만 역설적으로 지배자인 인간 자신마저도 지배 대상으로 전환시킨다.

---

49 정비석, 「特輯 一新しい國民文藝の道作 : 家の立場から」, 『국민문학』, 1942.2, 60쪽.

50 위의 글, 57쪽.

왜소해진 인간은 확장 욕망의 대주체이자 재배의 연장적 사물의 대주체인 국가의 힘에 편승하여 자기를 확인하려고 한다. 「제3의 우정」[51]은 국가라는 대주체의 확장 욕망에 편승하려는 열정이 확연히 드러난 작품이다. 13년 전 오창억은 월사금이 없어 '나'의 도움을 받았으나 돈을 훔친 죄로 퇴학을 당한다. 그 후 일본 유학을 하게 되고 검사가 되어 나타난다. 우연히 기생집에서 만난 오창억은 '나'를 신진문사로 지칭하면서 '나'의 보잘 것 없는 원고료 수입을 묻는다. 오창억은 돈 / 정욕을, '나'는 정신 / 진실한 애정의 가치를 추구하면서 대립한다.

> 애정이 정욕보다 고상하단 말인가?
>
> 정신의 존중심을 알란 말이네
>
> 난 문학간 아니니까…… 단순한 현실주의자인 내겐 남녀관계란 단순한 홀몬작용으로 밖엔 안 보이데그려!(141)

오창억은 "홀몬작용"이라는 과학적 합리성에 근거하여 애정과 관능을 탐미의 대상으로만 간주한다. 또한, '양심'과 교화로서 법의 집행을 요구하는 '나'와 달리, '처벌'로서의 법의 집행을 주장하는 등 인간의 이기적 속성에 근거한 현실주의자적인 면모를 보인다. 이런 오창억의 태도에 경멸감을 보이지만, 기생 진홍이 어려운 처지에 처해도 도울 수 없는 현실에서 무력함을 실감하고 처절한 패배를 맛본다. '나'를 정신적으로 존경했던 진홍은 무기력하게 관조하는 '나'에게 환멸을 느끼고, 범죄 혐의를 받던 노부호 안승호와 함께 자취를 감춰 버린다. 가치의 기준을 돈에다 두는 오군보다 정신에 두는 진홍이 훨씬 승해 보인다는 '나'의 판단의 마지막 보루마저 완전히 사라져 버린 것이다.

---

51 정비석, 「제3의 우정」, 『조광』, 1940.5.

자넨 대문호가 되기엔 시야가 너무 좁아 있으나 마나한 문사루 일생을 궁상맞게 지내느니 차라리 돈을 모으란 말이네. 발자크의 '웨지니 그란데'를 나는 가장 존경하네. 세상은 그를 수전노라 비웃지만 국가적 견지루 보드래두 그를 자네 또래 천만명보다 차라리 '웨지니 그란데' 한 사람이 필요하거든. 자네두 돈 모을 공불해서 요새말루 나리낑보국[誠金保國]을 하게 충고하네.(148)

결국 '나'는 오창억의 논리에 순응하고 만다. 오군은 "나리낑보국"을 위해 신경으로 전근 신청을 했다면서, 사회질서를 유지하는 법률이나 국가의 부강에 도움을 주는 경제적 활동이 정신적 창조물보다 훨씬 더 긴요하다며 '나'에게도 신경행을 권유한다. 오군의 권유에 '나'는 모욕을 느끼기는커녕 부탁한다고 말한다. 전쟁이라는 특수상황은 기술적 합리성을 최고에 가치에 올려놓음과 동시에 금력이 위력을 더욱 빛나게 하는 상황에서 문학가가 설 수 있는 자리가 없음을 수리한 셈이다.

왜냐면 순환법측으로 보아 오군이 언제든 한번은 나보다 뛰어나니 우세한 지위에 놓일 것이므로 내가 오군에게 당하는 참패는 말하자면 대인관계가 아니라 한 개의 운명에 지나지 안을 것이다. 내가 이렇게 생각하는 것도 상기 무의식중에 오군을 동정하는 심 삼 년 전의 심리를 그대로 지니고 있는 랐나 아닐까? 어쨌든 오군의 호담스런 태도를 목격하는 동안에 나는 불쾌가 아니라 차라리 일종의 감격까지 일으키었다.(138)

'나'가 오창억을 만난 후 오랫동안 쌓아 왔던 신념을 포기하고 현실을 인정한 이유는 개인이 커다란 순환법칙이나 전체의 논리에 속박당할 수밖에 없다는 '운명'의 논리가 전제되어 있기 때문이다. 이런 운명의 논리는 화학이나 물리학, 수학에서 원리적으로 최소한 어떤 종류의 궁극적인 답변이 주어지듯이, 혹은 궁극에 가까운 해답이 존재한다는 전체 개념을 믿는 것이고 사회와 세계가 그것을 향해 가고 있다는 합리주의에 대한 믿음인 것이다. 모든 질문들은 진정한 대답을 갖고 있고, 그 답은 원리적으로 발견 가능하고 그 대답들은 조화로운 단일한 전체 안에 화합할 수 있다는 견해이다. 따라서 정신의 가치만을 추구하는 '나'보다, 이 세계와 인간을 철저히 기술적 합리성으로 환원시키고 있는 오군이 더 합리적으로 보인다. 오군은 "가령 사교나 아첨같은 것두 일종의 노력이라는 걸 잊어선 안 되네. 사회란 따윈의 말마따나 생존경쟁의 전장이니까 이기기 위하여서는 수단을 가릴게 아니겠지"(140)라고, 애정이나 사람, 덕과 양심 등의 가치는 철저히 물리적 작용과 수리적 법칙으로 계산되어 파악되는 기술적 합리성으로 파악한다. 문제는 이런 대결 구도에서 '나'는 "십삼 년이란 세월이 오군의 사상을 이렇게 철저하게 만든 것일까?"(140)라며 오군과 현실주의적 힘 앞에 무력하게 투항하고 만다는 사실이다. 전쟁이란 그 명분이 무엇이든 간에 이런 기술적 합리성이 전면적으로 극대화되는 상황임을 감안하다면 이런 패배는 전체 상황의 사실을 인정하고 수용하는 백철의 사실 수리론과 일맥상통한다.

이러한 사실 수리가 「삼대」[52]에서는 전쟁 승리에 대한 확신으로 나타난다. 이 소설의 주인공 형세는 "누구는 30년대와 20년대 사이에 언어가 통치 않는다고 했지만", 30년대의 언어는 "30년대인 그들 자신에까지 통치 않을 것"(156)이라고 판단한다. 그는 "시금직한 화상들"(151)로 구성된 가족들과도 소통하지 못한 경험이 있기 때문이다. 구한말 병조판서를 지낸 후 벼슬에 대한 미련을 버리지 못하는 아버지, 붉은 사상의 세례자이자 현재는 우울병에 걸려 무기력해진 형, 남편의 외박에도 한마디 말도 하지 않지만 "부덕(婦德)"으로 명분화 된 "동물적 굴종"(151)의 아내는 모두 서로 소통하지도 않으며 소통하기 위해 자기의 운명을 개척하지도 못하는 인물들이다. 이런 구시대적 질서와 환경 속에서 형세는 새로운 시대의 개벽을 확신한다. 형 경세가 '새로운 사실' 앞에서 자기가 품었던

52 정비석, 「삼대」, 『인문평론』, 1940.2.

신념에의 회의와 고민을 거듭하는 인물이라면, 동생 형세는 이런 형을 "농간없는 형을 비웃으면서 새날을 환영하"(155)면서 형의 세대와 자신을 구별 짓는다.

형세는 지금의 시대는 "무질서의 시대가 영웅처럼 나타난"(155) 시대이며, 전쟁에 의해 구시대의 잔재들 즉, "철벽같은 아성도, 정신문화를 자랑하던 사원도, 문명의 힘을 자랑하던 마천루도 새로운 힘 앞에서 오직 한 조각의 고고학적 창고품으로 변해갈 뿐"이라고 인식한다. 그러므로 전쟁은 낡은 것을 부수는 "오직 파괴의 운동을 찬란하게 계속"(169)하는 힘이라고 인식한다. 현재의 상황을 이해하지 못하는 형에게 형세는 "성자필멸(盛者必滅)의 불교적 관념으로 보나, 극성칙쇠(極盛則衰)한다는 유교적 관념으로 보나, 혹은 형님이 늘 말씀하시는 변증접적 논리로 보드라도 질서의 뒤에는 반듯이-필연적으로 무질시의 세계가 온"(157)다고 역설한다. 형세가 보기에 "사회의 운동은 그 자체의 운동논리로써 움직이는 것이요, 움직인다는 것은 힘과 힘의 싸움을 의미"한다. 따라서 운동은 사람의 힘으로는 어떻게 할 수 없는 운명처럼 초월적인 것이나. "운명이란 말은 사람의 힘으로는 어떻걸 수 없는 운동의 론리를 말하는 것"이고, "그러므로 '운명'을 고쳐 말하면 변증법의 걸어가는 코스라고 해도 좋"(157)은 것이다. 운동 = 변증법적 코스 = 운명의 연쇄관계에 의해 형세는 대동아전쟁이 전체적 힘의 논리에 의해 일어나는 필연이라고 파악한다. 전쟁은 운명이 요구한 것이고 필연성이 내재해 있다는 '시대적인 운명론'을 도출한다.

이러한 형세의 논리는 반지성론으로 이어간다. "지성이라는 것이 시대적인 운명 앞에서는 아무런 힘도 용납되지 못했든 것"이므로 지성은 "주어진 운명의 권내에서 그것을 잘 이용해 가는데 절실히 필요"(157)한 것으로 한정된다. 따라서 힘의 논리는 지성을 우연적인 것, 상대적인 것, 상황적인 것으로 약화시키고, 선악이나 가치의 문제는 승리와 패배에 따른 '힘의 문제'로 귀결시킨다. 파괴의 힘, 정복의 힘은 세계를 계량적 대상으로밖에 파악하지 않는 과학기술의 합리성과 맞물려 그 힘이 배가 된다.

> 가장 평화스럽게 보이는 도시의 창공에는 돌연 으르렁거리는 폭음과 함께 행열도 정연한 열 두 대의 荒鷲 폭격기가 제비처럼 나타나더니 갑자기 푹 아래로 꺼져 내려오면서 폭탄들을 던진다. 열 두 대의 비행기에서 빗발같이 떨어지는 폭탄은 쏜살같은 속력으로 커다란 빌딩에 붓줍기와 함께 쾅! 소리를 내며 지붕이 와슬렁 와슬렁 허물어지고 연기가 삽시에 시가에 가득차지고 그리자 한편에서는 화염이 맹렬한 기세로 하늘을 찌를 듯이 타오른다. 평화롭던 도시, 문화를 자랑하던 도시는 참으로 놀랄만한 속도로 파멸의 순간을 맞는다. 그것은 인간의 힘이 아니라 거대한 운명의 힘만 같았다.(159~160)

전쟁이 추구하는 명분은커녕 인간의 문화나 가치의 세계는 설명되지 않는다. 전쟁 주체에 동일시된 시선은 전쟁의 목표물이 된 문화와 문명, 그리고 사람들은 실존하는 존재자가 아니라 사라져가야 하는 그림자, 구시대의 환영이다. 다만 "뉴쓰-영화"로 스크린에 투시된 비실제인 것이다. 수학적으로 계산 가능하고 예측할 수 있는 연장적 사물에 불과한 것으로 간주하는 데카르트의 자연 개념과 사회진화론을 인간 문화에 적용함으로써, 인간과 문화의 고유성을 자연적 에너지로 환원하고 인간주체를 무화시키는 순환에 빠지게 된다.

인간 존재의 주체성이 무화되고 고통의 감각이 소거되었기 때문에, 형세와 미례의 눈에는 "수백이 한덩어리로 엉크러져 산과 들을 정복해 나가는 거기"에서 "오직 정복의 찬란한 아름다움밖에"(147) 발견되지 못한다. 둘은 '전시'의 흥분에서 정복욕과 피정복욕에 자극받아 사디즘과 메저키즘의 관능성을 서로의 육체에서 탐닉한다. 결국 북지에 뼈를 묻을 각오로 "광막한 북지의 벌판에 선 개척자의 한사람으로서의 미례와 자기와의 영웅적인 환상을 그리면서"(164), 형세는 "운명의 물길"(168)을

좇아 북지로 떠난다. 그들의 애정 관계도 구시대의 질서로부터의 새로운 질서로의 개혁이라는 의미로 기표화되지만, 정복자나 피정복자 모두 자기의 존재를 실존의 무게가 실리지 않은 하나의 힘, 즉 국가라는 대주체에 수렴되는 '운명'과 '힘'에 의한 것이다. 그러므로 형세와 미례의 북지행은 현실을 깊이 있게 조망하고 자기인생을 개척하기 위한 결단으로 서술되지만, 실은 비주체적인 모습이며 봉건적 윤리적 규약으로부터 벗어나기 위한 "カケオチ(사랑의 도피)"일 뿐이다. 소설 첫머리에 인용된 17세기 도덕주의자 라로슈푸코의 잠언처럼, 형세는 철학이 현재를 해결할 수 없는 것으로 간주한다. 힘과 현실의 논리가 압승하면서, 이 소설은 철학적 인식과 사유를 무화시킨다.

그 결과 인간이나 그들이 일상에서 경험하는 감정조차 사물을 지배하고 통제하면서도 익명의 물화체계 속으로 객체화되고, 이들의 애정의 윤리는 국가라는 대주체를 숙명으로 용인함으로써 힘의 에너지 속으로 기꺼이 회수된다. 이 거대한 힘들의 운동 속에서 인간의 신비스러운 존재는 망각되고, 세계에 대한 경이와 타자와의 유대는 기반을 상실해 버린다. 사물을 정복하고 만물을 지배하려는 과학이 자연을 변환 가능한 에너지들의 연관체계로 변모시켰듯이, 다수의 세계와 문명 역시 고유한 존재가 아니라 '변환 가능한' 힘 즉 에너지로만 인식된다. 그 자장의 중심에는 일본, 즉 국가라는 대주체가 있고, 그 대주체는 힘과 인식을 모든 목적을 위하여 사용할 수 있는 것이며 이를 통해 자연과 개인의 지배자이자 소유자가 될 수 있기 때문이다. 타자의 문명은 존재 근거를 상실한 것이며 따라서 애정의 감정조차 과학적 법칙에 의해 계산 가능한 자연에 불과한 것으로 본다. 애정의 윤리는 봉건적 윤리나 질서가 아니라 국가라는 대주제의 '운명'과 '힘'에 의해 규정된다. 이때 애정의 당사자는 애정의 주체가 아니라 비주체로 미끄러지는 순환 법칙에 빠진다. 애정의 당사자가 새로운 세계를 정복하고자 욕망하지만, 독자적인 목적을 갖는 존재가 아니라 국가라는 대주체의 새로운 연장적 사물에 지나지 않기 때문이다. 이런 논리에서는 모든 존재들은 힘의 운명에 따르게 되므로 정복자 자신마저도 기꺼이 지배 대상이 되어 버린다.

2) 관능의 절조와 동양적 도의의 주체

일제 말기, 정비석은 한편으로는 낭만적 주체의 열정이 과학기술의 합리성에 의존하여 전통적인 윤리의 세계로부터 탈주하려고 하였다면, 다른 한편으로는 고향의 세계로 회귀하는 주체의 세계를 그려낸다. 여기서 고향의 세계로의 회구는 「성황당」과 같은 원초적인 욕구를 충족하는 세계가 아니라 동양적인 도의의 세계를 소환하는 방식으로 이루어진다. 「한월」[53]은 고향으로 가는 도중에 버스가 고장 나면서 전개되는 승객들 간의 "세기적 노도를 극복할 수 있는 협동의 윤리"[54]를 묘사하고 있다. 승객들을 위해 아버지의 대상(大喪)에 쓸 초를 내놓는 강춘보와 마찬가지로 예쁜이 어멈 역시 "대동아공영권을 확립하려는 우리에게"(144) 절실히 요구되는, "이해를 초월한 희생과 인종의 숭고한 정신이야말로 지금 시대가 요구하는"(149) 윤리 감각을 지녔다. 이들은 도시적 이기성을 지닌 수달피와 대비되면서, 농촌사람들이 지닌 "겸양하고 순박"(145)의 표상으로 묘사되고 있다. 특히 남편의 배신을 겪고도 폐병으로 죽어가는 남편의 임종을 보기 위해 고향을 찾아가는 이쁜이 어멈은 동양적인 도의의 세계에 순응하는 모습에 다름 아니다. 이쁜이 어멈이나 강춘보와 같은 인물을 「고고」의 춘파선생이나 「김첨지」의 김첨지에서도 발견할 수 있다. 특히 「고고」[55]에서 춘파선생이 용읍마을로 귀향하여 "정렬한 애향심"(59)으로 '계림원'이라는 과수원을 짓고서 과실의 수확보다는

53 정비석, 「한월」, 『국민문학』, 1942.2.

54 「편집후기」, 『국민문학』, 1942.2, 194쪽.

55 정비석, 「고고」, 『문장』, 1940.3.

"마치 생불(生佛)"(47)처럼 탈세속적인 태도로 살아가는데, 그가 살아가는 용읍마을이나 계림원은 서구와는 다른 공간성을 주장하는 동양적 문화론과 연결된다.[56] 요컨대 고향의 세계로 회귀하는 작품들에서 정비석은 근대의 직선적 시간관이 아니라 개체를 초월하는 순환적 세계관을 보여준다. '수달피'와 같이 개인의 이기적 욕심만 차리는 서구의 개체주의를 초월하고 윤리, 즉 '이쁜이 어멈'이나 '춘파선생'이나 '김첨지'처럼 인고와 근면이 직분의 윤리로 체화된 주체들의 세계이다. 이들에 의해 소환된 향토적 질서는 물리적 빈 공간이 아니라 유기적으로 상호 의존적인 관계, 즉 전체적 질서 속에 협력하는 관계의 장소이다. 그 질서에 순응하는 것이 '지금 시대가 요구하는 그것'의 윤리가 된다.

'지금 시대'라는 시국적 관점이 작동되면서, 동양적인 정신의 세계가 강조되고 동시에 관능성도 애정의 윤리와 통합된다. 따라서 애성의 감징이 극도로 절제된 양상을 「山の憩ひ」[57]에서 발견할 수 있다. 서구 특히 미국 기독교를 부정적 대상으로 그리고 있다는 점에서, 이 작품은 근대 초극이라는 시국적인 색채가 배면에 깔려 있다. 주인공인 '나'는 미선 스쿨 교사인데, 한해 여름을 애라와 함께 산장에서 보낸다. 제주도로 전도 연설 갔을 때, 애라가 병으로 죽었다는 소식을 듣는다. 그녀를 잃은 상실감을 성서에 의존하여 위로받으려 하지만, 성서가 "나에게는 전혀 무의미한, 한 푼의 가치도 없는 잠꼬대로밖에 느껴지지 않았다."(4월, 143) 애라의 2개월 주기를 앞두고 산장을 찾은 나는 애라를 잃은 상실감과 비애감 때문에, 신이 아닌 애라의 무덤 앞에 무릎을 꿇는다.

상실감을 극복 못한 나에게 애라의 친구인 옥채가 살로메같이 요염

---

56 이런 탈속적 태도에 대해 하세가와 니요제칸(長谷川如是閑)은 1935년에 "외형상 문명을 원시쪽으로 환원시키는 것이지만, 내적으로는 원시적 형태를 무한히 세련시키는 감성의 작용인 것이"라고 설명한다(長谷川如是閑, 『日本的性格』, 岩波書店, 1938, 61쪽; 진영복, 「민족적 주체구성과 글쓰기 양상」, 『어문론총』, 한국문학언어학회, 2005, 358~359쪽, 각주 12 참조).

57 정비석, 「山の憩ひ」, 『신시대』, 1943.4~5.

한 자태로 신혼여행 오듯이 찾아온다. 학교를 그만둔다는 나의 말에, 옥채는 "결국 미션 스쿨 같은 건 신체제가 아니잖아요. 예수교 같은 건 오랑캐들의 위선의 껍데기예요"(5월, 156)라고 응수한다. 옥채는 기독교가 현존의 삶을 거부하고 내세만을 향하고 있다고 비판한다. 기독교 정신의 무가치함을 비판하는 옥채의 말에 "나는 갑자기 잠을 깬 느낌"(5월, 156)을 받는다. 그리고 "얼마나 많은 생활을 희생하였고, 또 국민으로서의 의무를 얼마나 게을리 하여 왔던"(5월, 157)가를 반성한다.[58] 한편 망자를 추억하는 것이 최소한의 도리라고 생각하는 나와 달리, 옥채는 망자를 애도하는 것이 오히려 망자에 대한 모독이라고 주장한다. 그녀는 적극적으로 생을 영위하는 것만이 진정으로 망자를 위하는 길이라고 생각했기 때문이다. 그런 옥채를 통해, 나는 비로소 "감상향락자"(5월, 157)이었음을 반성하고, 자기 자신의 삶을 정화하는 자세에 지나지 않는 애도의 자세에서 벗어나 조상과 국가를 사랑하는 정신의 소유자가 되어야 한다고 깨닫게 된다.

옥채가 관능성과 시국적 적극성을 겸비한 여자였다면, 산장지기 김서방의 처 순실은 이지적이요 영리하며 희생적이고 순종적인 여자이다. 그녀는 아픈 애라를 지극정성으로 간호해 주고, 내가 죽은 애라를 연상할까 봐 애라가 좋아하던 코스모스 대신 들국화를 심겠다고 할 정도로 타인에 대한 배려와 고매한 인품의 소유자이다. 그런 순실에게 그녀의 남편은 나와의 관계를 의심하고 폭력을 행사한다. 그러나 부당한 남편에게 항거하지 않고 인종(忍從)적 태도를 취하면서도, 떠나겠다는 나의

58 이 작품은 총독부의 국체 명령과 관련이 있다. 내세관을 버리고 현실의 "대지에 튼튼하게 뿌리를 박은 정신", 즉 신체제에 눈떠가며 기독교를 배교하는 모습을 그리고 있다. 미나미 지로 총독이 취임한 이래 국체 명령의 한 방면으로 신사참배가 권장되었는데, 기독교에서 가장 심하게 반발하고 있었다. 따라서 미션계통 학교는 종교적 입장에서 거부하고, 1937년 9월 광주 소피아 여소와 숭일보교, 전주 신흥학교 및 기전여교, 기타 목표의 정명, 영흥학교 등에 폐쇄령을 내린다. 결국 1938년 4월 25일 서대문 경찰서에서 각 교회 대표자들이 모여 신사참배를 하는 결의와 선언문을 채택한다(임종국, 앞의 책, 351쪽).

말에는 실망의 빛과 순수한 사랑의 눈빛을 건네는 방식으로 열정적 사랑을 내면에 간직한다.

이 소설에서 옥채가 살로메와 같은 관능미를 띤 여자라면, 순실은 동양적인 인종의 미덕과 순수한 청초함 속에 관능미를 감춘 들국화 같은 존재이다. "순실은 생을 파내려 가려고 하고, 옥채는 생을 강하게 확대하여 가려고 한다. 그 차이가 있지만 두 사람이 다 적극적인 태도는 마찬가지"(5월, 162)로 현존의 삶에 대처하는 여성들인 셈이다. 옥채의 관능미가 시국에의 참여의 힘과 결합되든지, 순실처럼 인종적인 부덕으로 윤리적 순수함을 지키며 자기 직역에서 열심히 일하든지, 그들의 애정과 삶은 모두 국가로 회수된다. 관능미조차 적극적인 삶의 태도를 요구하는 국가라는 대주체의 이상과 결합한 것이다. 이처럼 육체 / 정신, 요부형 / 순종형, 동양 / 서양은 모두 인간의 삶을 영위하는 필수적 요소로 국가적 대주체 속으로 수렴됨으로써, 그것은 사회적 힘으로 의미화된다. 에로티시즘의 낭만적 열정이 국가와 조화되면서, 윤리의 경계에 선 낭만적 주체처럼 햄릿형의 우유부단성을 지닌 존재가 아니라 파난성 있고 힘 있는 먼보를 추구하는 존재를 추동한다.

요부형과 순종형의 여성이 동양적 도의 속에 조화롭게 공존하는 양상을 귀향 서사인 「국화진열」[59]에서도 발견할 수 있다. 주인공 성수는 "핸드백을 가슴에 품고"(61) 있는 현대적인 여성 미라와 "보재기를 가슴에 품은 채"(61) 서 있는 아내의 전송을 받는다. 고향에 도착하자마자, "미라의 말마따나 성수 자신이 마음의 고향을 잃어버린 탓"(62)인지, 오히려 국화의 성품을 닮은 아내와 미라를 모두 그리워한다. 그가 도착한 고향은 실재적인 삶의 터전이 아니라 동양적인 정신의 세계를 소환할 수 있는 공간이기 때문이다. 그래서 아내는 침착성을 보이는 '제관', 미라는 아름다움을 간직한 '전택정'이라는 동양적인 도의를 상징하는 국화로

59 정비석, 「국화진열」, 『문장』, 1940.12.

규정된다.

정비석 소설 패턴에서 여성의 관능미에 대한 접근방식은 요부형과 순종형로 대별되지만, 「山の憩ひ」, 「국화진열」 등에서처럼 상호보완적이라기보다는 대부분은 위계적이다.[60] 「愛の倫理」[61]을 보면, 「국화진열」처럼 여성을 관능을 자극하는 꽃에 비유하는데, 처녀 채옥과 미망인 정온부인을 각각 패랭이꽃과 질경이 꽃으로 상징한다. 패랭이꽃처럼 순결한 처녀의 행복을 위해 자신의 행복을 희생하는 정온부인의 질경이 꽃과 같은 모습을 긍정적으로 묘사하고 있다. 이러한 태도는 신체의 자아 독립성과 에로티시즘을 동양적인 도의의 세계로 소환하는 방식이지만, 여성을 전통적인 가부장적 윤리로 위계화시키는 젠더 전략이기도 하다. 장편소설 『화풍』, 『청춘의 윤리』에서도 애정을 적극적으로 표현하고 표출하는 여성을 국가라는 대주체에서 배제시키지만, 동양적 도의로 애정의 감정을 내면으로 감싸 안는 여성을 국가라는 대주체 내로 긍정적으로 수용한다. 예컨대 『화풍』[62]의 채영은 살로메적 요부형으로 그려내면서 국가라는 대주체로부터 추방한다. 그녀는 자신의 애정을 쟁취하기 위해 거짓 계략을 꾸며 친구의 애인인 명호와 결혼하는 파렴치한 여성으로 재현된다. 반면에 명호와 결혼을 포기한 인애는 동양적인 희생정신의 소유자로, 국가라는 대주체의 미래를 책임질 명호의 아이를 낳아 기르는 지고지순하고 숭고한 여성으로 그려낸다. 『청춘의 윤리』[63]에서도 영옥은 우정을 앞세워 친구인 현주를 설득하여 결혼을 포기하게 하고 대신 자신이 성호와 결혼하는 이기적인 인물로 그려진다. 반면에 현주는 우정을 위해 사랑을 포기하는 숭고한 인물로 묘사되고 있다. 『화

60 이는 주로 장편소설에서 드러나는데, 해방 후 연애소설에서 본격적으로 드러나는 패턴이다.

61 정비석, 「愛の 倫理」, 『문화조선』, 1943. 인용 텍스트는 大村益夫・布袋敏博 編 / 解說, 『近代朝鮮文學日本語作品集 : 1939～1945』 創作篇 5(小說), 綠蔭書房, 2001, 77～81쪽.

62 정비석, 『화풍』, 『매일신보』, 1940.8.17～11.16.

63 정비석, 『청춘의 윤리』, 매일신보사, 1944.

풍』과 『청춘의 윤리』의 인애나 현주에게서는 성적인 관능성을 발견할 수가 없다. 특히 『청춘의 윤리』의 현주는 전장에 나간 남편을 위해 후방에서 정절을 지키는 총후 부인상과 겹쳐진다.

이와 같이 「삼대」나 「山の憩ひ」 등에서처럼 서구적 에로티시즘이 국가로 수렴될 경우에는 국가라는 대주체로 긍정적으로 수용하지만, 「제신제」[64]나 『화풍』, 『청춘의 윤리』에서처럼 여성이 개인의 욕망 충족과 사랑을 쟁취하기 위해 적극적일 때는 대주체에서 배제당한다. 그 이유는 전시라는 대주체의 위기 상황에서 찾을 수 있다. 일제 말기 마지막 작품으로 추정되는 「행복」[65]에서 그 근거를 분명히 추론해 볼 수 있다. 이 소설에서도 정비석은 동양적인 도의의 세계로 소환되는 여성의 삶을 그리고 있다. 가장인 남편은 지원병에 자원해 합격하여 훈련소에 있고, 아내는 그런 남편을 대신해 어린 시동생과 연로한 시아버지와 함께 집안경제를 돌보며 후방을 책임진다. 아이가 태어나자, 남편은 전쟁터에서 "남자아이가 태어나서 무엇보다 다행입니다. 한 명의 남자아이가 태어났다는 것은 빠꾸어 말하면 그만큼 국가가 강해졌다고 할 수 있습니다"(20)라며 아들의 이름을 "건민건병(健民健兵)을 위해 건강한 뜻과 생각을 품"(20)은 아이가 되라는 뜻에서 켄지[健志]로 짓어 보낸다. 이런 남편의 편지는 여주인공 서분녀를 가족과 국가를 위해 충량한 국민을 양산하는 모성으로

---

64 「제신제」는 『문장』 1940년 10월호 목차에는 배치되어 있으나, 검열로 인해 다른 소설과 함께 『문장』지에서 전편 삭제 당한다. 그 후 1943년에 「山の憩ひ」으 개작되어 발표되고, 해방 후에 발표된다. 정비석이 자신의 초기소설을 해방 후 모두 개작이나 윤문을 한 것처럼 「제신제」에서도 그 가능성을 배제할 수 없다. 따라서 이 글의 본문에서는 다루지 않는다. 해방 후 판본을 확인하면, 「제신제」 역시 「山の憩ひ」처럼 서구적이고 살로메와 같은 애경과 지고지순한 품성의 순실이 대비된다. 그러나 주인공 희순은 언니를 추모하겠다는 명분으로 자신을 찾아온 애경보다 지고지순한 순실의 미에 감동한다. 애정관과 젠더 입장에서 보면, 동양적 윤리의 틀 속으로 신체의 자아 독립성과 에로티시즘이 수용되는 구도는 위계적이다. 그런데 이 작품이 검열에 걸린 이유를 추측해보면, 언니가 죽자 여동생이 언니의 정인을 유혹한다는 장면이 도덕적 윤리를 헤치고, 지나친 관능의 추구가 시국적 상황과 맞지 않았던 것으로 판단된다(정비석, 『제신제』, 수선사, 1948).

65 정비석, 「행복」, 『半島作家短篇集』, 朝鮮圖書出版株式會社, 1944.

기호화시키고 전장으로 동원된 남성을 대신하는 후방의 노동을 책임지는 여성으로 상징화시킨다. 이처럼 국가라는 대주체에 의해 애정 관계의 남녀나 가족은 전체 국가의 구성단위로 수렴되므로, 성적인 관능성이 틈입할 여지가 전혀 없다. 총후의 부인은 전장에 나가 부재중인 남편을 위해 정절을 지키려면 관능성의 절조가 필요하기 때문이다.

5. 맺음말

이상에서 정비석의 초기소설에 나타난 애정의 윤리와 주체의 문제를 살펴보았다. 1930년대 고향상실이 진행되는 시기에 정비석은 고향으로의 회귀를 욕망하는 본능적 주체를 통해 애정을 관능미와의 조화를 소망한다. 그가 그려낸 고향 세계는 원초적인 욕구가 충족되는 즉자적 공간이었다. 이 공간에서 주체는 신앙의 절대적 대상이나 숭고한 자연적 질서의 한 부분으로만 존재하는 반근대적 주체이다. 반면에 근대적 제도와 문명 속에서 근대적 개인으로 탄생한 낭만적 주체들은 자아의 극단적 확장을 욕망한다. 자아와 세계의 이자적 관계인 낭만적 주체는 관능과 열정적 사랑을 욕망하지만, 늘 현실적 규제 장치인 봉건적 윤리와의 경계에서 비밀스럽고도 조심스럽게 존재할 뿐이다.

일제 말기 정비석의 소설에서 본능적 주체와 낭만적 주체가 지녔던 애정의 감각과 윤리는 국가라는 대주체와 유기적으로 통합된다. 국가라는 대주체로 고향의 세계와 자아의 세계가 변증법적 방식으로 통합을 꾀하는데, 한편으로는 애정의 당사자가 열정적 사랑을 하지만 기술문명의 도구적 합리성에 의거해 국가라는 대주체의 일원으로 기꺼이 투신하는 방식으로 실현한다. 이처럼 국가로의 열정적인 투신이 가능할 수 있었던 것은 세계의 전체성이 존재자들의 조화나 상호관계를 사상한 채 사회진화론에 의지해 물리적 힘들의 우열의 대결이라는 운동에 의해 세계를 변화시킬 수 있다는 신념이 깔려 있기 때문이다. 다른 한편으로는 애정의 당사자는 관능을 절조하고 인종과 희생의 정신을 가진 전통적인 도의의 세계를 복원함으로써 국가라는 대주체로 통합된다. 이때 향토성과 동양적인 정신, 전통적인 도의를 강조함으로써, 개인의 다양성을 전체성이라는 일반의지로 포섭하고 있다.

이처럼 일제 말기 정비석 소설에서 애정의 윤리는 순종 / 희생 / 모성 중심의 동양적인 가치와 자기중심 / 지배 / 관능 중심의 서구적 가치가 대립하면서 제기되지만, 「삼대」나 「山の憩ひ」, 「국화진열」을 제외하고 결국은 가치의 싸움에서 동양적인 것의 승리를 확인하는 담론으로 조직된다. 그 가운데 전통적인 가부장적 윤리로 여성을 규세하는 센더 전략이 잠재해 있다. 그리고 그 자장의 중심에는 명시적이든 아니든 일본 국가적 전체성이 있고, 그 전체성의 심급인 국가라는 대주체에 개인들이 수렴되고 있다. 이런 전체성에 대한 감각은 인종의 전체 원리 혹은 운명의 논리를 확신하는 감각에서 나온다고 볼 수 있다.

「삼대」나 「제3의 운명」처럼 자연과 세계를 지배하는 기술문명적인 힘의 확장을 추구하는 가장 근대적인 것 = 서구적인 것과 이 서구적 논리를 거부하고 동양적 세계로 회귀하는 소설은 국가라는 원근법적 소실점으로 강제적으로 수렴된다. 반근대적 동양의 세계와 근대적 기술문명의 세계가 이질적이어서 서로 조우할 수 없는 요소가 국가를 매개로 강제적으로 회수되는 셈이다. 이를 통해 알 수 있는 것은 대동아공영권의 본질은 기술문명을 이용한 자연의 지배와 영토 확장이고, 이 전쟁의 명분을 쌓고 국민을 동원하기 위해 사후적으로 동양적 도의 세계 건설이라는 이데올로기가 동원되었다고 할 수 있다, 왜냐하면 기술문명의 확장 즉 전쟁의 확장이 먼저 오고 전쟁이 고착화되었을 때 동양적 도의 세계를 강조하는 소설 창작이 이어지는 것을 통해서도 추론할 수 있다.

일제 말기 정비석 소설에는 식민주체와의 동일시를 통해 조선과 일본의 내선일체적 동일시와 시국협력을 통해 제국/식민지의 경계를 초극할 수 있는 어떤 가능성을 꿈꾸는 새로운 식민 주체의 사고가 깔려 있다. 새로운 영토를 개척하고, 식민화함으로써 피식민의 차이와 차별을 지우고자 하는 탈식민의 욕망은 식민주체와의 동일시가 순조롭게 진행되어야 한다는 모순적 상황에 처하게 되는데, 정비석의 소설은 이를 말해주지는 않는다. 또한, 반 근대와 근대적 세계를 강제적으로 묶어놓았던 국가의 자리에 해방 후에는 민족이라는 기표를 자리하게 한다.

공론장과 '마이너리티 리포트'

1950년대 신문소설과 정비석

이선미

1. 정비석 신문소설과 '공론장'

정비석은 「성황당」의 작가로 알려져 있다. 그러나 「성황당」의 작가라는 평가는 1960년대 이후 문학사적인 평가 속에서 호명된 '정비석'에 가깝다. 실제로 소설을 쓰는 동안 정비석을 소설가로서 정체화시킨 작품은 1954년 『서울신문』에 연재했던 신문소설 『자유부인』이다. 전후 황폐한 서울에서 『자유부인』은 매번 상업적인 효과를 거두면서 기록을 세워 모든 분야에서 주목을 받는다. 『서울신문』의 판매고를 올려 신문소설의 시대를 열었으며, 이례적인 단행본 판매부수를 기록하여 '베스트 셀러'를 향해 출판시장이 달아오르게 만들며, 외화로만 영화의 수익성을 생각하던 시기에 국산영화도 흥행을 할 수 있다는 사례를 보여줌으로써, 이제 막 움트기 시작하는 영화산업에 불을 지핀다. 『자유부인』은

1950년대 중반 문학 관련 분야뿐만 아니라, 문화사 전반에 걸쳐 화제가 되었던 소설이다.

『자유부인』의 사회적 파장은 이에 그치지 않는다. 법학과 교수인 황산덕이 교수를 비난하는 소설이라고 반박문을 게재하면서 일대 논전을 일으킨 사건으로도 유명하다. 정비석이 답변 형식의 반박문을 쓰고 황산덕 교수가 재반박하는 과정을 거치면서 사회적인 관심사로 부상하자, 당대 권위적인 문학평론가로 인식되던 백철을 통해 수습하듯이 정리된 논쟁이다.[1] 이 논쟁을 거치면서 『자유부인』은 신문소설의 사회성과 통속성을 논의하는 수준을 넘어서 다양한 방식으로 사회적인 의제를 제기한 셈이 되었다.[2]

어찌되었건 『자유부인』은 한 편의 소설이 허구적 상상물이라는 문학적 소통의 방식을 넘어서서 사회적 관념이나 풍속, 문화에 개입하여 기존의 관념들과 충돌하는 방식으로 논란을 일으킨 담론적 계기가 되었다는 점에서 특별한 성격을 부여받을 만하다.[3]

그러나 독자와 소통하는 정비석 소설의 대중적 영향력에 비해 정비석 소설은 긍정적으로 평가된 적이 거의 없다. '순문학적 관점'이 우세한 문학사적 평가에서는 「성황당」만으로 살아남았으며, 이후 각종 문학전집

1 황산덕과 정비석의 논의는 손세일 편, 『한국논쟁사』 2, 청람문화사, 1976 참조. 백철의 논의는 자유부인 논의의 논점을 흐리고, 적당히 무마하는 의도가 강했던 것으로 평가할 수 있다.

2 정비석은 『자유부인』을 쓰고 나서 "적어도 대한천지에서는 글자나 배운 사람치고 내 이름을 모르는 사람이 없을 만치 유명해진 것은 사실"이라고 말할 정도로 유명해졌으며, 이것을 "말썽"이 많은 소설로 평가한다. 즉 정비석은 『자유부인』을 쓰면서 여러 번의 필화사건을 겪고, 여러 단체의 비판을 받으며, 수많은 독자들의 편지에 시달렸다고 한다. 물론 격려의 편지도 많았지만, 무수한 논란거리를 제공하였기에, "말썽"을 일으킨 것으로 생각할 정도이다. 당대 "풍속을 현실 그대로 그렸기 때문"에 현실의 상황을 놓고 논의하듯이 많은 사람들이 소설을 매개로 논의하는 토대가 되었다. 정비석은 이런 점을 "말썽"으로 표현하였으며, 이 논문에서는 "공론장" 개념으로 해명하고자 한다(정비석, 「『자유부인』의 생활과 그 의견－정비석이 유명하냐 『자유부인』이 유명하냐」, 『신태양』, 1957.1, 98쪽).

3 요시미 순야가 현대사회 미디어의 사회적 의미를 설명하기 위해 사용한 미디어 횡단의 전형적인 사례로 볼 수 있을 것이다(요시미 순야, 안미라 역, 『미디어 문화론』, 커뮤니케이션북스, 2006 참조).

에서도 정비석의 「성황당」 이외에 별달리 언급되지 않는다. 또 『자유부인』에 대한 기존 연구도 정비석을 논란거리를 제공하는 담론 생산자로서 취급하지는 않는다.[4] 주로 텍스트의 서사분석을 통해 작품을 논의하는 방식의 연구는 정비석 소설이 논란거리를 제공하면서 수용된 사정을 밝히기는 어렵다.[5]

『자유부인』에 대한 많은 비판에도 불구하고, 『자유부인』은 당대 대중문화를 뒤흔들어놓을 만큼 충돌의 과정 속에서 전면적으로 수용되었다. 단지 성적인 묘사를 흥미 위주로 감각하기 위해 수용되었다고 보기에는 사회적 여파가 너무 클 정도이다. 이 충돌의 과정이 있기에 전면적으로 논란이 되면서 화제를 일으키며, 담론을 만들면서 수용되었다고 보인다.[6] 그리고 정비석의 이후 소설들 역시 이런 사회적 논란거리와 연관된다. 정비석 소설이 생성시키는 이런 논란과 충돌의 과정은 정비석 신문

---

4 이봉범은 『자유부인』을 문학 텍스트로만 해석하지 않고 풍속사적 사건으로 평가하면서, 『자유부인』을 다양한 풍속사적 사건들과 문화를 상징하는 텍스트로 설명한 바 있다. "일반대중들 간의 대 논전이 빌어짐으로써", "전후 풍속의 여러 요소가 공론화되고 이에 상응해 풍속 내지 풍기담론이 촉발되는 결정적 계기로 작용했다는 점이 중요하다"고 평가한다. 본 연구는 이 공론화 양상이 『자유부인』을 넘어 1950년대 정비석 신문소설 전체에 걸친 특성으로 해명하고자 한다(이봉범, 「한국전쟁 후 풍속과 자유민주주의의 동태」, 『한국어문학연구』 56집, 2011.2, 337쪽 참조).

5 정비석 소설을 다룬 대부분의 연구들은 『자유부인』에 집중되어 있으며, 텍스트의 분열적인 현실인식을 지적하고 있으나, 가부장적 가정윤리의 회복이라는 전체적인 서사적 지향이 너무 강력하여 별달리 평가하지 못한다. 최미진과 김은하는 각각 『여성전선』(1952)과 『유혹의 강』(1958)을 서로 이질적인 여성 인식이 작용하는 균열적인 텍스트로 평가하고 있지만, 이들 역시 작품의 서사적 주제가 가부장적 이데올로기의 재구축을 향하고 있어 공론적 성격을 부분적으로 지적할 뿐이다. 이 부분에 대해서는 강진호, 「전후 세태소설의 존재방식」, 『현대소설사와 근대성의 아포리아』, 소명출판, 2004; 김복순, 「반공주의의 젠더 전유양상과 '젠더화된 읽기'－『자유부인』을 중심으로」, 『문학과 영상』 5권1호, 2004; 최미진, 「한국전쟁기 정비석의 『여성전선』 연구－소설창작방법론을 중심으로」, 『현대문학이론연구』 32집, 2007.12; 김은하, 「전후 국가근대화와 위험한 미망인의 문화정치학－정비석의 『유혹의 강』을 중심으로」, 『한국문학이론과 비평』 49집, 2010.12 참조.

6 정비석의 소설은 1952년 『여성전선』부터 독자들 사이에 논란이 있었던 듯하다. 『자유부인』을 기점으로 논쟁이 반박기사로 나오기도 하고, 독자들의 편지나 투고문도 훨씬 많아진다(정비석, 앞의 글 참조).

소설의 핵심이며, 정비석이 대중문화와 결합할 수 있는 지점으로 평가하는 것이 정확하지 않을까? 정비석이 소설사적으로 평가된다면, 「성황당」이 아니라 일련의 사회적 논란거리를 제공한 1950년대 신문소설이 더 적절할 듯하다. 가장 대중적인 장르로서 자리를 잡는 1950년대의 신문소설, 그중에서도 정비석의 소설은 현대사회의 소설의 형성에 대중미디어가 어떻게 연관되는지를 파악할 수 있는 적절한 사례를 제공한다. 소설 형성의 작가주의적 관점을 넘어서 소통의 과정에서 구성되는 성격과 의미를 통해 소설을 논하기 위해 정비석의 신문소설은 중요한 논점을 제공한다.

이는 텍스트와 독자가 같이 구성하는 이야기의 담론화 과정이 곧 소설의 구성임을 전제하면서, 텍스트 자체의 연구를 넘어서서, 텍스트가 놓여지는 담론 공간의 상호적인 '관계성'을 고려하여 소설을 논하고자 하는 관점과 통한다. 텍스트를 넘어서서 당대 상식적인 관습이나 문화, 혹은 관념과 갈등 / 충돌하는 관념의 존재양상을 통해 구성되는 '공론장'으로서 '소설'을 전제하는 것이다.[7]

---

7 '공론장'은 부르조아 계급의 사회적 출현과 더불어 논의된 공론장, 공공영역 개념을 염두에 둔 것이다. 부르조아 계급의 출현이라고 하지만, 민주주의적 정치체제가 대중적으로 확산되면서 정치, 혹은 정치권력과 대응하는 관계인 '사회'의 영역에서 이루어지는 담론장에 상응하는 개념으로 설명할 수 있다. 이 논문에서는 시민사회의 자생적 제도로서 공동의 광장으로 역할하며, 사회적인 자기를 이해하는 논의의 장으로서 '공론장' 개념을 사용하고자 한다. 공개적이며, 공동의 관심사를 논의하는 담론의 광장이라는 소박한 의미를 중심으로 논의하고자 한다. 공론장 개념을 이론화한 하버마스는 "부르조아 공론장은 우선 공중으로 결집한 사적 개인들의 영역으로 파악"하였으며, "기본적으로 사적인 것으로 되었지만 공적으로 중요한 상품교환과 사회적 노동의 영역에서 교류의 일반규칙에 관한 공권력과 대결하"는 것이라고 정의한다. 즉 하버마스는 공론장이 사적인 개인들이 모여서 공권력에 대응하여 공적 이해관계를 실현시키고자 다양한 담론을 공개적으로 논의하는 공적 담론장이라고 파악한 것이다(J. 하버마스, 한승완 역, 『공론장의 구조변동』, 나남, 2001, 95~99쪽 참조). 한국에서도 최근에 공론장, 공공영역 논의가 활발히 전개되고 있다. 이에 대해서는 여건종, 「공공영역의 수사학」, 『안과 밖』 2호, 1997; 손석춘, 『한국 공론장의 구조변동』, 커뮤니케이션북스, 2005; 김현주, 「식민지에서 '사회'와 '사회적' 공공성의 궤적」, 『한국문학연구』 38집, 2010 상반기; 윤상길, 「'식민지 공공영역'으로서의 1910년대 『매일신보』」, 『한국언론학보』 55권2호, 2011.4 참조.

따라서 소설가 정비석이 창작한 서사를 바탕으로 하지만, 언어적으로 명시화되어 있지 않은 독서 과정에서 독자가 비집고 들어가서 의미를 형성하게 하는 무수한 서사적 틈새는 명시된 이야기만큼이나 의미 형성에 중요한 역할을 한다는 것을 전제한다. 이 서사적 틈새에서 독자는 서사를 여러 가지 방식으로 재전유하고 재맥락화 한다. 이것은 서사의 지향점이기도 하다.

소설가 정비석은 자신이 소설을 게재하는 매체의 성격에 따라 그 매체의 독자를 상정하면서 자신의 이야기를 변화시키는 방식으로 소설가의 역할을 설정하고 있었다. 그러다보니, 매체의 성격에 따라 자신 스스로 생각을 변화시켜나가기도 한다. 특히 정비석은 소설을 연재하는 동안 신문의 담론을 자신의 것인 양 수용하고 스스로 현실인식을 심화시켜간다. 이 상호적인 과정이 신문소설의 의미가 구성되는 장소이다. 이를 위해 텍스트의 서사와 이것이 수용되는 문맥을 중요하게 고려할 수밖에 없다.

물론 연애와 애욕의 이야기는 정비석 소설의 중심 서사이다. 시회문제를 적극적으로 다루는 신문소설의 경우에도 연애와 애욕은 가장 중요한 서사의 축이다. 그러나 연애는 호기심을 유발하는 방식이기보다 여성을 연애의 주체로 내세우는 과정에서 여성의 사회적 권리를 중심으로 민주주의 원리들이 공공연하게 논의되게 하는 매개물인 경우가 많다. 즉 여성의 애욕은 그 자체로 금기를 넘어서는 새로운 사회의 원리와 연관되는 소재이기 때문이다.

1950년대에는 여성의 연애와 성욕을 공적으로 논의하지도 않았던 시기여서, 연애와 성이 소설의 소재가 된다는 것은 그 자체로 논란거리였다. 게다가 정비석은 여성도 연애와 성욕의 주체라는 관점에서 연애와 성을 다룬다. 물론 서사는 전체적으로 여성의 성을 가정 안으로 통제하고 제한함으로써 가정 밖의 여성의 성을 처벌하는 가부장적 상식의 틀을 벗어나지 않는다. 그러나 가정 안에서 허용하는 수준에서지만, 여성을 육체적 존재, 성욕의 주체로 인식한다는 점은 그 자체로 당대 부덕(婦德)의 논리와 가장 대립하고 충돌할 수밖에 없었다. 황산덕 교수가 『자유부인』을 반박하는 가장 중요한 논리가 바로 교수 부인들이 지닌 부덕(婦德)을 모욕한다는 점이었던 것을 상기하면,[8] 이 텍스트를 놓고 벌어진 논쟁의 핵심이 무엇인가를 짐작할 수 있다.[9]

1950년대 지배담론의 하나로 기능했던 가부장제 이데올로기의 실천 요강이라 할 수 있는 부덕의 논리는 집밖으로 외출하면서, 혹은 밤거리를 거닐면서 세계 일주를 하는 듯한 해방감을 느끼는 여성들을 통제하는 데 활용된다.[10] 따라서 『자유부인』에서 오선영이 외출을 하고 직업을 갖게 되면서 사회적인 자아를 생각하는 과정은 이 부덕의 논리를 부정하는 것으로 의미화 될 수밖에 없다. 사회적으로 문제가 되고 있는 미망인을 부덕의 논리로 통제하려는 지배담론에 맞서서 육체의 주체로서 재현하고, 성욕의 주체로서 재현하는 『유혹의 강』의 서사 역시 교수부인 오선영을 부덕을 부정하는 사회적 주체로 재현하는 것과 상통한다. 당연히 지배담론의 통제 시스템에 부딪힐 수밖에 없다. 당연한 듯 개개인의 삶을 통제하는 내면화된 관습이나 규범적 의식들이 새로운 가치관이나 문화와 충돌하고 갈등을 일으키는 양상은 문화적으로 구성되는 것이기에, 사회적 문제로 받아들여지고, 논란거리를 제공한다. 이때, 서사적 전개는 다양한 주체들의 사회적 위상이나 그에 따른 이해관계가 충돌하는 장으로 기능한다고 할 수 있으며, 연재된 소설마다 화제를 몰고 다니며 무수한 논쟁에 휘말리는 정비석 소설은 대표적인 사례가 할 것이다. 정비석 소설의

---

8 황산덕, 「『자유부인』 작가에게 드리는 말」, 『대학신문』, 1954.3.1 참조.

9 그러나 이것은 정비석의 의도라기보다는 정비석 소설의 효과이다. 정비석은 오선영을 비아냥거리고 비판함으로써 도덕을 바로세우기 위해 오선영을 그렸기 때문에 황산덕의 비판을 알아듣지 못한다. 정비석 소설의 사회적 효과는 정비석 소설의 의도나 정비석의 현실인식과 일치하지 않을 때가 많으며, 실제 정비석의 사회적 견해는 황산덕 교수와 별로 다르지 않기 때문이다. 심지어 정비석은 여러 글에서 황산덕 교수와 같은 생각을 피력한 경우도 있다(정비석, 앞의 글 참조).

10 오선영의 외출과 밤거리 산책에 대한 서술부분 참조.

이런 특성은 소설의 '공론장'적 성격으로 평가할 수 있을 것이다.

그러나 이런 평가가 곧 전체적인 서사에 대한 평가로 환원되기는 어렵다. 그런 점에서 정비석 신문소설의 문법이 중요하게 짚어져야 할 것이다. 정비석의 신문소설은 '소설'의 문법을 따르지 않는다. 정비석은 1955년 『한국일보』에 『민주어족』 연재를 마친 후, "이제 연재소설에 대한 신문독자들의 호흡이라는 것을 어느 정도로는 파악할 수 있게 되었다"[11]고 말한다. "순문학적 입장에서 보면 독자의 호흡을 염두에 둔다는 것은 문학의 타락이라고도 말할 수 있겠으나 소설이란 우선 읽혀야 하는 것이오 또는 발표무대가 한 토막 한 토막씩 분재되는 신문지면임을 생각할 때" 독자의 호흡이 중요하게 고려되어야 한다고 신문소설을 구별한다. 정비석 스스로 파악하는 '독자의 호흡'은 신문소설이 독자와 관계 속에서 구성되는 장르라는 인식의 표현으로 볼 수 있다. 정비석은 신문소설을 독자의 존재를 끌어들여 구성하는 서사로 인식했던 것이다. 정비석의 신문소설론과 결부시킬 때, 정비석 신문소설은 텍스트가 수용되는 문화사적 양상 속에서 재맥락화되어 의미를 실현하는 시공간적 구조로 보아야 할 것이다.

2. 정비석 신문소설의 서사—사회적 갈등과 충돌의 담론장

: 『자유부인』(1954)에서 『비정의 곡』(1959)까지

정비석은 줄곧 신문에 소설을 연재하는 방식으로 장편소설을 쓴 작가이다. 신문소설의 형식으로 장편소설을 쓴 작가라고 해도 과언이 아닐

11 정비석, 「민주어족을 쓰고 나서」, 『한국일보』, 1955.8.9, 4면.

것이다. 특히 해방 후부터 1950년대에 걸치는 10여 년 동안은 신문기사처럼 당대의 사건들을 소재로 한 소설이 주를 이룬다. 소설의 배경도 새롭게 형성되는 도시적 생활방식이 드러날 수 있는 도시인들의 활동 공간인 경우가 대부분이다.[12] 해방 후 바로 발표한 장편소설 『고원』 이후로 쉬지 않고 장편소설을 쓰게 되는데, 도시적 생활방식을 남녀의 연애서사로 재현하는 소설은 1946년 『신인』에 연재하여 1947년 평범사에서 단행본으로 출간한 『도회의 정열』을 처음으로 꼽을 수 있다. 이후 1947년 『중앙신문』에 연재하기 시작하는 『장미의 계절』부터는 신문연재의 형식으로 당대적 삶의 양상을 연애서사로 재현한다.

신문소설의 형식을 취하면서 도시적 생활방식과 그 생활 주체들의 연애 스타일을 다루는 연애서사는 아직 전쟁이 끝나지 않은 1952년 피난지 대구에서 발행된 『영남일보』에 연재된 『여성전선』(1952)과 『세기의 종』(1953)에서 본격화된다. 이 소설들은 『도회의 정열』부터 시작되는 도시적 생활방식을 추구하는 젊은 남녀들의 연애와 문화를 중심으로 새로운 연애와 성을 다룬다는 점에서 '볼거리'로 수용되었을 가능성이 농후하다. 그러나 연애서사로 집중되어 있기에 연애와 성이라는 소재 이외에 사회적으로 주목을 받았다고 할 점은 별로 없다. 단지 『여성전선』의 경우, 새로운 연애의 주체로 등장한 여성 캐릭터로 인해 다양한 담론의 빌미를 제공한 점에서 대중적으로 관심을 불러일으켰다고 할 것이다.[13] 다소곳하지 않으면서 자신의 생각을 정확하게 주장하고 자유로우면서 분별력 있는 여성인물이 긍정적인 역할을 수행하면서 연애의 주체로 등장한다. 이는 연애를 여성이 주도하면서도 순정화하지 않고 욕망을 자연스럽게 인식하도록 만든다는 점에서 가히 전복적인 측면을 지닌 여성

12 『슬픈목가』는 농촌계몽운동을 이상화하는 소설이다. 그러나 도시에서 살았던 사람들이 농촌으로 내려가는 계기가 중요하게 다루어지기 때문에, 반 이상이 도시생활을 배경으로 한다.

13 서광운, 『한국신문소설사』, 해돋이, 1993, 311쪽.

캐릭터의 창출이었다.[14] 기존의 고정관념에 도전하는 새로운 삶의 방식을 연애문제로 서사화함으로써 논란거리를 제공하는 정비석 소설의 성격은 이미 『여성전선』에서부터 시작되었던 것이다. 그러나 이 연애서사는 사회적인 현안을 담론화하는 방식의 공론장적 성격을 지닌다고 할 수는 없다. 기존의 관습과 문화를 조율하는 윤리의식을 부정하는 방식으로 새로운 삶을 재현함으로써 정치적이고 사회적인 의제를 생산하는 장으로서 신문소설이 역할 하는 양상은 『자유부인』에서 본격화된다.

『자유부인』은 연애소설이라고 보기는 어렵다. 오선영을 중심으로 한 '부인'들의 문화로서 댄스나 계, 양품점 같은 사회활동 등이 다루어지고 있으며, 장태연을 중심으로 1950년대 한글 대중화 문제, 교수사회, 그리고 정치분야로서 국회의원의 부패상, 경제분야로서 거간꾼에 해당하는 브로커들의 부정과 비리, 협잡 등 사회 전분야의 문제를 사회비판적 관점에서 다룬다. 매체를 구분하면서 독자와의 관계를 생각하고 소설을 썼던 정비석은 중앙 일간지에 등장하면서 신문소설의 감각을 새롭게 갱신한 셈이 되었다. 그리고 신문에서 다루는 당대 사회의 문제들과 같은 맥락에서 소설의 콘텐츠를 구성했던 정비석의 감각은 적중했다. 『자유부인』은 사상 최대의 흥행실적을 기록한 것이다. 이전에 연애서사를 중심으로 신문소설을 썼던 것을 생각해보면, 연애서사 만으로는 이런 대중적 관심을 설명할 수 없을 정도로 파격적인 인기를 얻는다.

『자유부인』의 중심서사는 집을 나가 댄스바람에 휩쓸려 일탈에 이른 가정주부를 처벌해야한다는 사회적 합의를 이끌어낼 수 있도록 전개된다. 그러나 소설이 전개되는 과정에서 각 장을 구성하는 이야기들은 사회 비평적 논평들을 통한 자극적인 '폭로전'을 방불케 한다. 소설은 신문에 연재되는 토막이야기들을 중심으로 각종 사회적인 문제들이 나열되어 매 사건마다 독자들에게 사회의 실상을 알려주며, 무수한 메타 담론

14 최미진, 앞의 글 참조.

이 벌어지는 계기를 제공한다.[15] 소설의 서술자는 이야기를 이끌어간다기보다는 사회적인 문제를 던지는 발제자의 역할로도 보인다.

『자유부인』은 연애와 성이라는 소재를 당대 풍속과 경합하는 갈등적 문화풍속으로 구성해냄으로써 기존의 것과 새로운 것들이 윤리적 가치의 대결인 듯이 부딪히는 실상을 보여준다. 신문기사와 같은 실시간의 정보들과 더불어 인물의 내면을 집중화시키는 방식은 각각의 갈등적 상황에서 인물의 진정성이 '새로움'의 실체로 드러나게 만든다. '오선영의 자유'를 비아냥거리는 가부장적 해석자가 전체 서사를 주관하고 있기에 서술자의 가부장적 관점이 전면화되어 있다. 그러나 오선영의 내면심리에서 오선영의 입장이 드러나고 있기에, 근대적 주체로 새롭게 태어나는 오선영의 윤리 감각 역시 새로운 흐름으로 수용되는 맥락이 있다.[16] 또한 단편적인 기사성 일화들과 사실적인 내면묘사는 신문소설의 형식으로 소설의 다원적 의미구조를 만들어낸다. 나날이 연재되는 이야기가 각각의 사건처럼 인물들의 현실을 쟁점화시키는 구조는 『자유부인』이 다양한 주체성을 실현하는 공간이 되게 하는 요인이다. 이런 서술방식과 서술자의 사회비판적 태도는 『자유부인』의 대중적 인기와 직접적으로 관련되는 형식적 요소이다.

더불어 정비석의 소설이 대중적으로 인기 있는 것에 비해 통속성의 근간이 되는 숭고한 상징이 없다는 점도 주목할 특성이다.[17] 정비석 소설은 사회를 규율하는 기존관념을 부정하고 비트는 새로운 관념이나 현실상이 부각될 때, 그 장면이 빚어내는 해체의 통쾌미로 독자를 자극한

---

15 정비석, 앞의 글; 임헌영, 「정비석의 『자유부인』을 둘러싼 공방」, 『논쟁으로 본 한국사회 100년』, 역사비평사, 2000 참조.

16 이선미, 「미국적 가치의 대중적 수용과 통제의 메카니즘」, 『민족문화연구』 54호, 2011.6, 78쪽 참조.

17 1930년대 통속소설의 특성과 관련해서는 서영채, 「1930년대 통속소설의 존재방식 – 김말봉의 『찔레꽃』 읽기」, 『소설의 운명』(문학동네, 1995)을 참조할 것. 일반적으로 통속성이 숭고미와 연관되며, 젠더적 표상으로 비유되는 특성은 리타펠스키, 『근대성의 젠더』(자음과모음, 2010), 5장 참조.

다. 반면에, 정비석 소설 중에서 숭고한 정신을 고취하는 식의 소설은 오히려 대중들의 반감을 사거나 부자연스럽다는 평가를 받는다. 예컨대, 정비석이 자신의 명성을 확인하고 권위를 세우고자 야심차게 기획했던 『민주어족』이 독자 대중들에게는 별달리 평가받지 못한 점을 들 수 있다.[18]

신문의 명성에 신문소설이 중요하다고 생각하던 『한국일보』는 창간 연재작품을 잇는 소설가로 정비석을 선택한다.[19] 예상치 못한 『자유부인』의 성과에 기대어 정비석은 『한국일보』에 걸맞은 작품을 구상하게 되고, 민주주의가 무엇인지를 보여주겠다는 장대한 포부를 안고 소설을 연재한다. 신문소설이면서도 신문소설의 독자를 좀 넘어서는 수준으로 소설을 썼다고 술회할 정도로 정비석 나름대로 『한국일보』에 걸맞은 신문소설을 쓰고자 실험한다.[20]

그러나 『민주어족』은 새로운 정치적 대안을 창출하려는 의도가 처음부터 너무 강하여 부자연스러운 면이 부각된다.[21] 『자유부인』은 기존의 도덕관념, 문화, 관습에 도전하는 새로운 현실을 덩어리로 던지는 방식으로 기존의 관념과 충돌하는 가운데 사회적인 문제들이 논의되는 공론장을 형성하는 방식이었다. 반면에 『민주어족』은 대안적 이념이 강하게 드러나 다양한 주체들이 담론을 꺼내놓는 담론장의 역할보다는 계몽적 성격이 강하다. 작가나 당대 문학평론가의 평가는 정반대지만,[22]

---

18 「작가의 말—『민주어족』 예고문」, 『한국일보』, 1954.12.4; 「『민주어족』 독자평」, 『한국일보』, 1955.8.23 참조.

19 『한국일보』를 창간한 장기영 사장은 신문소설의 중요성을 자각하고서 당시에 병상에 누워있던 염상섭을 직접 찾아가서 『미망인』 연재를 이끌어내며, 정비석의 『민주어족』 이후, 오랫동안 소설을 쓰지 않고 목포의 고향에 칩거하고 있던 박화성을 설득하여 연재를 받아내서 『고개를 넘으면』을 연재한다(이봉범, 「1950년대 신문저널리즘과 문학」, 『반교어문연구』 29집, 2010 참조).

20 정비석, 앞의 글, 1955.8.9 참조.

21 「『민주어족』 독자평」, 『한국일보』, 1955.8.23 참조.

22 곽종원과 백철은 『민주어족』을 가장 잘된 장편소설로 평가한다(곽종원, 「신문소설의 공과」, 『동아일보』, 1958.5.28; 백철, 「문학, 소설의 만네리즘사—십년회고에 다시금 반성되는

정비석의 신문소설적인 면모는 오히려 다음 소설인 『낭만열차』에서 훨씬 긍정적으로 발휘된다.

그렇지만 『민주어족』은 정비석이 신문소설을 어떻게 쓸 것인가를 정리할 수 있는 계기가 되었다는 점에서 여러모로 기점이 되는 작품이다. 『자유부인』의 대중적 관심 받은 이후에 연재한 『한국일보』에서 정비석은 독자가 지식인 계층일거라고 계산하면서 소설을 쓴다. 그리고 그런 과정에서 독자와의 호흡이 신문소설의 가장 중요한 특성임을 알게 되었다고 말한다. 『민주어족』을 계기로 독자와 같이 써내려가는 '소통'으로서 신문소설의 성격을 파악한 것으로 볼 수 있다. 그 후에 쓴 소설이 『낭만열차』이다.

작가 스스로 한 3개월 아픈 와중에 쓴 소설이라서 별로 만족스럽지 못하다고 말하고,[23] 평론가들도 별달리 주목할 만하지 않다고 평가하지만, 독자들의 반응은 긍정적이다. 작가는 "잃어버렸던 꿈을 찾아 헤매는 사람의 이야기"[24]를 통해 인간본연의 아름다움을 보여주고자 한다고 했지만, 정작 소설은 단편적인 일화를 통해 세태를 풍성하게 보여준다. 신문기사를 쓰듯이 당대에 이슈가 된 사건들을 다루는 사건 기술적 방식과 다양한 인물을 통해 삶의 전체적인 면을 사건으로 조망하는 방식이 소설을 읽는 재미였다고 평가한다.[25] 『낭만열차』는 정비석이 새롭게 터득한 독자의 호흡이 실험된 작품인 셈이다.

정비석이 신문소설을 독특한 하나의 장르로서 파악한 흔적은 1955년 8월 8일 『민주어족』의 연재를 끝내고 1956년 4월 25일 『낭만열차』의 연재를 시작하기 전 6개월 동안 부산에서 발간되는 신문인 『국제신보』(1955.9.1~1956.3.5)에 연재한 『여성의 적』(연재 시 제목은 『나비야 청산 가자』)을 통

5」, 『경향신문』, 1958.8.3 참조).

23 정비석, 「종착역에서」, 『한국일보』, 1956.11.24.

24 정비석, 「작가의 말」, 『한국일보』, 1956.4.21.

25 「낭만열차에서 내리고－독자들의 독후감」, 『한국일보』, 1956.12.2 참조.

해서도 확인할 수 있다. 새로운 연애가 새로운 삶을 매개하고 새로운 담론을 만들어낼 수 있다는 것을 경험함으로써 담론 공간으로서 신문소설의 사회적 역할을 생각하기 시작한 흔적이 역력하다.

『여성의 적』은 1955년 재판을 받으며 전 사회적으로 주목을 받고, 이슈거리를 제공했던 박인수 사건을 의식한 소설이다.[26] 박인수는 70여 명의 여성과 결혼을 빙자하여 성관계를 갖고 기소되어 공무원 사칭과 혼인빙자 간음 혐의로 재판을 받았지만, 공무원 사칭만 유죄로 인정받았고 혼인빙자간음은 인정되지 않았다.[27] 내가 만난 여자 중 처녀는 한 명이었다는 법정 진술로 화제가 되었고,[28] "법은 정숙한 여인의 건전하고 순결한 정조만을 보호할 수 있는 것을 밝혀두는 바"라는 판결문은 '돈황'으로 인식된 박인수보다도 더 사회적 논란거리가 되었다. 이 사건을 겨냥한 듯 비슷한 인물과 사건을 소재로 삼아 쓰인 소실이나, 성비석은 『여성의 적』에서 모든 여성을 애인처럼 생각하는 남성, 여성을 향한 성욕을 유일한 삶의 징표처럼 생각하는 남성을 내면적으로 파헤침으로써 여성을 정복의 대상으로 인식하는 남성심리를 다룬다. 박인수를 연상케 하는 호색한 권동철의 삶의 방식과 자기 찾기라는 서사를 중심으로 생각하면, 소설은 여성에게 정조가 절대적인 윤리이듯이, 남성에게도 '정조'는 가정을 지키고 사회의 질서를 유지하는 가치라는 점을 부각시킨다고 할 수 있다. 그러나 권동철을 중심으로 한 전체적인 서사와 상관없이 소설이 연재되는 과정에 따라 에피소드 식으로 나열되는 이야기는 새로운 여성인물과 연애 스타일, 그로 인해 구성되는 새로운 삶의 방식

---

26 당대의 연애와 성이 새로운 삶의 문제를 매개하고 있다는 것을 간파했던 소설가 정비석은 박인수 사건에 관심을 보인다. 『여원』에서 시도한 모의재판에서도 변호사 역할을 담당했었다.

27 이상록, 「전쟁의 폐허 위에 다시 세워진 '정조관념'」, 『20세기 여성사건사』, 여성신문사, 148쪽 참조.

28 『동아일보』에 게재된 기사는 "피고, 처녀는 단 하나였다고 진술"이라는 머리글로 이 기사가 어떤 방식으로 담론화 되었는가를 알 수 있다(『동아일보』, 1955.7.10).

에 초점이 맞추어져 있다.

소설 도입부에 빨간 수영복을 입고 한강에서 혼자 수영을 즐기는 여성인물 백설희의 연애관과 생활방식은 소설의 중심 서사이다. 도도할 정도로 자기 의견이 뚜렷하고 사회적인 통념에 얽매이지 않고 자신의 생각대로 행동하는 여성이며, 사회적 도덕의식에 구애받지 않고 연애의 주체인 남녀의 판단과 합의에 따라 연애한다. 자유롭고 주체적으로 행동하는 면에서 아프레걸의 면모를 지니면서도, 철저한 자기관리와 애정관리로 사회적 관습보다도 연애 당사자의 친밀한 정서적 소통이 우선시되는 연애 스타일을 보여준다. 이 연애는 새로운 여성인 백설희의 성격과 어우러져 새로운 연애, 새로운 삶의 방식으로 드러나며, 백설희는 현대성이나 도덕성과 관련해서 여러 가지 의견이 충돌할 여지를 제공한다. 마침, 이 여성은 자신의 연인인 한승조와 계약 동거에 들어가면서 새로운 연애의 결실인 '계약결혼' 식의 파격적인 생활은 또다시 논란거리를 제공한다.

또 권동철이 만나던 여러 여성들 역시 여성을 정복의 대상으로 생각하는 권동철을 그에 걸맞는 방식으로만 관계하는 점도 당대의 상식적 수준을 넘어서는 충격적 가치관이다. 권동철의 명예와 돈이 탐났던 여성은 자신의 정조를 그것과 바꾸고, 권동철의 육체적 욕망에 현혹되었던 여성은 육체를 그저 육체로만 보기 시작하면서 권동철과의 관계를 가볍게 인식할 수 있게 된다. 어떤 여성도 권동철에게 속아서 권동철의 놀이감이 되는 여성은 없다. 권동철 역시 속임수로 정조를 구걸하지 않는다. 『여성의 적』이라는 신문소설의 세계에서 남성들뿐만 아니라 여성들 역시 육체적 욕망을 놓고 타협할 줄 알며, 남성들이 원하는 것과 자신이 원하는 것을 조율하고 협상한다. 사랑이 자본주의적 관계 속에서 욕망으로만 인식될 때, 남성도 여성도 같이 협상할 수 있는 것으로 그려낸다.[29] 그러나 그것은 인간을 소외시키는 사랑이다. 육체를 무시하는 정신적 사랑이 과도한 결벽증의 산물이듯이, 정서적인 소통을 무시한 육체적 관계는 인간을 물화시키는 연애인 것이다. 여성을 정복의 대상으로 생각하며 여성편력에 열을 올리는 맥주회사 사장 권동철은 어떤 여성도 거부할 수 없는 최고의 스펙을 지닌 남성이기에, 모든 여성과 연애할 수 있었다. 그러나 여성들 역시 자신이 갖고 있는 사회적인 자질을 무기삼아 여성을 정복의 대상으로 접근하는 남성을 '자본주의적'으로 만날 뿐이다.

『여성의 적』은 이 불균등하기에 균형적인 거래가 이루어지는 권동철 같은 여성정복주의자의 삶을 철저히 해부하고, '성'과 '사랑'과 '자본'이 연결되는 연애의 사회적 구조를 설명하는 '연애 교과서' 같은 작품이다. 당대의 성풍속이 단지 욕망의 문제가 아니라 물화된 사회질서의 한 표현임을 간파한다. 물건을 소비하듯이 성을 소비하는 권동철은 당연히 '성'이 정서적 친밀성을 통해 '관계'를 형성하고, '소통'을 이루어낸다는[30] 비밀을 알지 못한다. 성욕을 인정한 정비석은 성욕이 매개하는 친밀한 '관계'를 강조하는 것도 잊지 않는다. 결국 권동철은 자본주의적 관계 속에서 성을 중심으로 배치되는 이 미로 같은 길을 헤매다 부인에게로 돌아가면서 소설은 끝난다.

새로운 사회의 연애는 한쪽이 속아 넘어가거나 희생되면서 이루어지는 사랑은 아니다. 관계 주체 스스로의 선택과 합의에 기초해서 맺어지고 유지되는 관계이다.[31] 합의란, 서로 원하는 것을 주고받는 물물교환식 거래는 아니다. 육체적 욕망이 정서적 소통의 매개가 되는 친밀성을

---

29 정비석이 지향하는 정치의식과 현실에 대한 태도, 혹은 젠더인식은 서로 하나로 통하지 않고, 분열적이며 겉돌기까지 한다. 남성 주체를 중심으로 한 가부장권의 확립을 지향하면서도 각 개인의 주체성을 중심으로 성을 파악하고 있기에 어느 순간 가부장권은 의심받거나 부정되는 경우가 허다하다. 주체적인 여성인물이 등장하거나 합리적으로 사고하는 학생이 등장할 때 이런 분열적인 양상이 두드러지며, 정비석 신문소설은 권위적인 서술자와 주체적 인물의 내면적 목소리가 조화롭게 변주되고 있기 때문에, 서사적으로 단절이 심하지만 신문소설로서 대중적 인기를 끌 수 있는 것으로 보인다.

30 A. 기든스, 배은경 역, 『현대사회의 성, 사랑, 에로티시즘』, 새물결, 2001 참조.

31 위의 책 참조.

바탕으로 하는 관계이며, 배려이다. 서로 인격적으로 배려하며 사랑하는 연인인 백설희와 한승조가 생활비를 절약하기 위해서 동거를 시작하는 연애는 친밀성의 결과이며, 이상적인 현대적 연애로 제시되어 있다. 정비석은 박인수를 그 자체로 비난하지 않는 셈이다.[32] 박인수가 새로운 시대의 연애를 추구하고 있지만, 그래서 선택과 합의에 따른 연애를 추구하고 있지만, 놓치고 있는 것이 무엇인가를 되묻고자 한다. 순정한 사랑의 신화를 재탕하는 게 아니라, 합의하는 사랑에서 가장 중요한 것이 무엇인가를 제안하는 연애서사이다. 정비석은 이 소설을 통과하면서 현대적이라고 할 수 있는 삶의 내용으로서 '새로운 연애'와 '합리적인 삶의 방식'이 사회적인 담론장에서 공개적으로 논의될 문제라고 제안하는 듯하다. 『여성의 적』을 통해 연애와 성의 사회적 맥락을 좀 더 구체적으로 파악한 정비석 소설은 이후 소설인 『낭만열차』, 『유혹의 강』, 『비정의 곡』에서 신문소설적 특징을 최대한 활용하면서 사회적인 논쟁점을 좀 더 높은 수위로 제안한다.

『낭만열차』는 중년의 사랑을 꿈꾸는 원낙영 교수의 이야기이지만, 중년 남성들이 꿈꾸는 로맨스는 전체 이야기를 조율하는 중심 서사가 되지는 못한다. 여러 독자들이 언급했듯이 소설은 하나의 이야기로 모아지지 않음으로써 사회비판이 다채롭게 전개된다. 즉 하루 분량의 토막 이야기들이 나열되어 구성되는 신문소설의 특성에 맞게 다양한 사건들이 천태만상으로 드러나 사회의 폭넓은 현안을 조망하게 한다. 원낙영의 가족 구성원은 저마다 하나하나의 사건들을 매개하는 인물들이다. 부인 김정숙, 부인의 동생이며 납치미망인인 김정옥, 큰아들 동준, 작은아들 동근, 딸 설영, 그리고 큰아들 동근과 연애하는 권채옥, 사위가 될 김창헌, 원낙영의 친구이며 권채옥의 아버지인 국회의원 권달수에 이르

32 1955년 『여원』은 박인수 사건 모의재판을 계획했으나, 서울시에서 허가를 취소하는 바람에 전날 취소된다. 이때 정비석은 변호사의 역할을 맡은 바 있다. 정비석은 박인수의 입장을 자본주의적 성문화로 접근하고자 했던 듯하다.

기까지 이 인물들은 각자의 사회관계를 드러내는 동시에 이 사회관계망에서 일어나는 사건들을 전달하는 역할을 한다. 그리하여 전체적으로 이야기는 가족 구성원들을 중심으로 한 동시대적 사회사를 파노라마 적으로 구경하는 듯한 구성을 취한다. 이 과정에서 각종 사회문제들이 현안으로 다루어진다. 인물들이 매개하는 다양한 이야기들은 사회 각 분야에서 논쟁이 치열하게 전개되어야 할 것들로 제안하는 형식을 취한다. 물론 어떤 사건이나 문제도 해결되거나 정치적 수준으로 전환되지 않는다. 연재 후 많은 독자들이 말했듯이, 문제가 제기되는 방식으로만 사건이 기사 적으로 다루어질 뿐이다. 따라서 사건들을 쫓아다니던 독자는 원낙영이 사랑하는 여인 박난심이 자궁암에 걸려 신파조로 변하는 후반부를 비판한다. 정비석의 여러 소설들의 결말이 작위적으로 급하게 마무리된 듯한 인상을 남기듯이, 『낭만열차』는 전반부와 후반부기 내용에서부터 서술방식에 이르기까지 단절적이어서 독자들의 불만이 많았던 작품이기도 하다.[33] 그러나 신문연재 시 관심이 줄어들었다고 말하기는 어렵다.

『한국일보』에 이어 『동아일보』에 연재된 『슬픈목가』 역시 전체 서사는 농촌계몽운동인 듯 드러나지만, 각각의 작은 이야기들이 도시적 사건들을 조망하면서 사회사적 기록을 방불케 한다. 특히 초반 부분은 주인공이 같이 살고 있는 삼촌과 그의 가족들을 매개로 부패한 정치 현실과 사회상을 신랄하게 비판한다. 에세이를 방불케 하는 서술은 신문소설 한 회 연재분이 한 편의 사회비평 에세이인 듯한 구성을 취한다.[34]

시간은 이제 겨우 아침 열시가 되었을 뿐이건만, 다방은 벌써부터 손님들로 대

33 「『낭만열차』에서 내리고－독자들의 독후감」, 『한국일보』, 참조.

34 사회 비평적 에세이의 서술방식은 영국 근대소설의 효시로 평가되는 『톰존스』의 서술방식으로서 소설의 근대성을 구성하는 서술특성으로 평가된다. 정비석 소설의 서술방식은 이와 비교해볼 만하다(A. 스윈지우드, 정혜선 역, 『문학의 사회학』, 한길사, 1984 참조).

혼잡을 이루고 있다. 소란하고 분잡하기가 시장판과 다를 것이 없었다.

(대체 무얼하는 사람들이기에 아침부터 이렇게 다방 출입만 하는 것일까?)

모두가 한결같이 말쑥한 신사들뿐이었다. 말쑥한 신사들이 담배 연기 속에 끼리끼리 모여 앉아 무엇인가를 수군거리고 있는 것이다. 어쩌면 모든 협잡과 모든 중상모략이 다방을 부대로 하고 꾸며지는 지도 모르리라 싶었다.

손님 중에는 대학생층의 손님들도 더러 끼어 있다. 그들은 차 한 잔을 앞에 놓고 눈을 무겁게 지레감은 패, 전축에서 울려나오는 음악을 듣고 있다. 아침부터 다방에 나타나 사뭇 심각한 표정으로 음악을 감상하고 철학을 토론하고 예술을 비평하는 것으로 문화인 행세를 하는지 모른다. 문화인은 그래야만 하고, 그것이 문화인의 특권이라고 생각하는지도 모른다. 만약 그것이 사실이라면, 그처럼 가소로운 일은 없어 보였다.

도대체 문화란 무엇을 의미하는 것일가? 문화라는 어휘를 영어로는 '칼추어'라고 부른다. '칼추어'라는 말에는 '경작(耕作)'하고 '재배(栽培)'한다는 뜻이 포함되어 있다. 문화라는 어휘에 그런 뜻이 포함되어 있다는 것은 오히려 당연한 일인지도 모른다. 그렇다면 문화인은 반드시 정신적인 사업을 경작하고, 정신적인 그 무엇을 재배해야만 할 것이 아니던가? 그것이야말로 문화인의 긍지인 동시에, 문화인의 의무이기도 하다. 문화인이 존경을 받을 수 있는 이유도 거기 있는 것이다.

그러나 아침부터 다방에 눌러 앉아 금붕어 모양으로 차를 마시며 음악만 듣고 있다면 거기서 문화가 생산될 리는 만무하였다. 태만과 권태와 소비는 있어도 생산만은 절대로 있을 수 없었다. 노력이 없는 곳에 생산이 없겠기 때문이다. 생각하면 다방 풍경이야말로 통곡을 해도 시원ㅎ지 않을 현상이었다.[35]

복권판매소는 일확천금을 꿈꾸는 인사들로 대혼잡을 이루고 있다. 정상적인 생업으로는 살아가기가 어려워서, 너도나도 그런 허황한 일에 인생을 걸어보는 모양이었다. 그리하여 불과 이백환이란 돈으로 일생의 행운을 붙잡아 보려는 커

35 정비석, 『슬픈목가』, 춘조사, 1957, 92쪽.

다란 도박이 백주 대로상에서 공공연히 벌어지고 있는 것이다.

(국민의 사행심을 이렇게도 조장시켜서 좋은 것일가?)

강별철은 국가에서 애국복권을 발행한데 대해 많은 회의를 느꼈다. 나라가 제대로 되어 나가자면, 모든 국민에게 적재적소의 일자리를 두어, 거기 대한 정당한 보수로 살아나가게 해야만 옳을 일이다. 그럼에도 불구하고, 취직난과 민생고에 허덕이는 국민들에게 사행심만 길러준다는 것은 암만해도 믿음직한 정책이라고는 볼 수 없었다.

일찍이 일본제국주의자들은 식민지 정책의 하나로 '만주국'에서 다달이 건국복채(건국복채)라는 것을 발행한 일이 있었다. 약간의 상금을 미끼로 서민들의 호주머니까지 털어먹자는 술책이었다. 강병철의 고향은 만주와 가까웠던 관계로 일확천금을 꿈꾸는 노름군들이 그 복채를 사기 좋아했었는데, 그 중에 한 사람이 이등에 당선되어 제법 큰 돈을 잡은 일이 있었다

그러나, 거기까지는 좋았으나 그 다음부터가 문제였다. 아무개가 복채로서 일확천금했다는 소문이 쫙 퍼지자, 그 때부터는 복채가 어떤 것인지를 모르던 순박한 농민들이 너도 나도 복채를 사기 시작하였다. 남자들은 말할 것도 없고, 아낙네들까지 열을 내게 되었다. 한 장을 혼자서 사지 못할 사람은 몇 사람씩 짝무이를 하여 사기도 하였다. 온 동네가 복채열로 숫제 미쳐버렸던 것이다.

그런 한심한 상태가 두세 달 계속되는 동안에 농사는 농사대로 나농(懶農)이 되고, 돈은 돈대로 바짝 말라버려서, 육십 여호의 마을이 아주 결단이 나버린 일이 있었다.

강병철은 물론 우리 나라의 '애국복권'이 만주국의 '건국복권'과 꼭같은 목적으로 발행되었드리라고는 생각지 않았다. 독립국가가 자기국민에게 식민지 정책을 쓸 리가 만무하기 때문이다. 그러나 일확천금을 꿈꾸는 무리들이 '애국복권'을 사려고 아우성치는 광경을 눈앞에 바라볼 때, 어딘지 모르게 서글픈 감정을 아니 느낄 수가 없었다.[36]

36 위의 책, 95쪽.

『슬픈 목가』의 주인공 강병철이 가는 곳마다 부딪히는 풍경을 사회적인 문제로 비평하는 대목이다. 의협심이 넘치는 갓 제대한 청년 강병철은 '서울'에서 일어나는 정치, 사회, 경제, 문화적인 삶의 양상을 재판에 나선 재판관의 시선으로 두루 비평한다. 신문기자가 사건을 취재하듯이 탐색하는 시선으로 풍경을 자세히 들여다보고 파헤치며, 사건을 꼼꼼히 분석하고 논평한다. 그리고 감정적인 울분을 토로함으로써 독자의 감정적 동화를 이끌어내는 것도 빠뜨리지 않는다. 객관적으로 분석하면서도 필자의 의견에 공감하게 하는 정서적 울림까지 갖추며 사회 비평적 에세이의 형식을 취한다. 소설은 인물의 성격을 살리고, 서사를 박진감 있게 끌어나가는 서사적 긴장을 추구하는 대신에, 사회 비평적 에세이로서 독자들을 사회적 평론가의 자리로 유도한다. 이러저러한 사회적 관점들이 소설과 결합하여 다양한 관점의 현실비판을 이끌어낸다.

『낭만열차』와 『슬픈목가』는 전체적으로 중년 남성의 로맨스를 향한 판타지와 농촌 계몽의 꿈을 펼치는 청년의 낭만적 이상이 중심적 서사로 역할 하지만, 신문소설의 형식 속에서 이 중심 서사는 일관성 있게 관통하고 있지 않다. 이야기는 계속 삽화적 이야기의 개입으로 흐트러지면서 사회문제를 쟁점화한다. 중심적 서사와 상관없이 이어지는 인물들의 생활상은 각종 사회적 문제들을 폭로하는 식으로 펼쳐진다. 부정직하고 부패한 세태를 낱낱이 펼쳐 보이는 전시장으로 역할 한다. 신문소설이라는 대중적인 서사의 특성과 당대 최고의 정치의식을 지닌 신문독자를 상정하고 있는 『동아일보』와 『한국일보』의 사회의식 수준을 고려한 신문소설의 대응인 셈이다. 어찌되었건 소설의 이런 내용전개는 여러 욕구를 지닌 신문소설의 독자를 만족시키면서 신문소설의 장르 규범을 만들어간다고 평가할 수 있을 것이다. 1958년과 1959년에 이르면 신문의 사회적 성격이 정점을 향하는 만큼, 정비석 신문소설의 담론적 성격도 더 급진적으로 변화한다.

1958년 『서울신문』에 연재한 『유혹의 강』은 『자유부인』만큼이나 장

안의 화제가 된 소설이다. 신문연재 도중 단행본으로 상권이 발간되었으며, 하권이 발간되기 전에 영화가 만들어져 하권에는 삽화 대신에 영화 장면이 실려 있다. 또 후반기 신문연재 면에는 "금(禁) 무단 출판(出版) 상영(上映) 상연(上演) 방송(放送)"이라는 문구가 항상 첨가되어 있다. 이런 흥행은 먼저 미망인들의 연애와 성이 선정적인 소재로 활용되었기에 생겨난 현상으로 보인다. 그러나 미망인이 처한 삶의 문제가 사회적인 제도나 도덕의식과 연관된 예민한 사안이기에, 사회적인 논란거리가 되고 대중적인 관심도 높았다고 할 것이다.

이 소설 역시 전체적인 서사는 미망인들의 육체를 가부장적인 가족질서를 위협하기 때문에, 사회적으로 위험한 것으로 규정하는 방식으로 미망인을 통제하는 문화정치의 자장에서 벗어나지 않는다. 그러나 각각의 이야기들이 전개되는 방식은 묘사 대상에 따라 그 주체의 내적 매락을 최대한으로 드러내는 심리묘사에 집중되어 있어, 주체의 상황이 사실적이어서 논란이 된다.

작품의 서두는 주인공에 해당하는 노년에 접어드는 내과의사 윤만호가 연애의 대상으로 마음에 품게 되는 최선애를 진찰하는 장면이 긴장감을 극대화하는 방식으로 재현되어 있다. 이미지로 떠올릴 정도로 상세하게 진찰의 상황이 장면적으로 제시되며, 이 상황에서 육체를 자각하는 최선애의 심리가 자세히 드러난다. 육체를 의식하지 못하도록 도덕적으로 제도적으로 가장 통제받고 있는 미망인 여성이 스스로 육체를 얼마나 의식하고 있는가를 보여주는 첫 장면부터 논란거리를 제공한다. 육체가 없는 듯이 정신적인 순결을 다지며 살아야했던 미망인들은 이 소설의 어느 장면에서 한스러운 자신의 속내를 풀어놓을 수 있었을 가능성이 크다. 또 윤만호의 생활이 제기하는 문제도 당대적 일상사로서 관심을 불러일으킬 만한 것이다. 윤만호는 아내와의 친밀한 관계를 시도하지만 일상적 생활에 젖어있는 아내는 남편과 정서적으로 소통하는 것에는 관심이 없다. 이런 부부 상황은 수많은 부부들의 은밀한 고민들이 폭로되는 장면이기도 하다.

죽었다는 사실이 확인되지 않아서 재혼도 할 수 없는 납치 미망인들의 딜레마적 상황 등 남성들에게는 해당되지 않는 여성들의 삶을 통제하는 사회적 관습이나 윤리의식의 비합리적이고 반인권적인 면이 미망인이 육체를 지닌 존재라는 사실을 부각하는 순간에 전면화되어 사회적인 쟁점 사안을 만들어낸다.[37] 최선애에게 애정을 고백하면서도, 아무 이유도 없이 20년을 살아온 부인과 이혼할 수도 없다고 말하는 윤만호의 솔직한 넋두리는 최선애에게도 독자에게도 중년 남성들의 진정성이 전달되는 디테일에 해당한다. 이 사랑고백의 서사는 그 자체로 선인도 악인도 없는 현실세계의 논리와 욕망의 실상을 보여준다. '육체'를 소비하도록 시각화하고 상품화한 듯하지만, 육체를 움직이는 의식의 계기를 문제시하기에 대중적 관심을 끌어낼 수 있었다.

어찌 보면, 소설은 단지 미망인의 육체를 공적인 담론장으로 불러낸 것에 불과하고, 또 결국에는 미망인의 육체를 사회적 질서를 교란할 수 있는 위험한 것으로 통제하는 가정윤리를 확인하는 것일지도 모른다. 그러나 한 토막씩 이야기가 전개되는 과정에서 미망인을 비롯한 사회적 약자들의 내밀한 억압적 현실이 공론화되기에 이른다. 사실, 미망인을 육체적 욕망만을 추구하는 물질적 존재로 획일화하는 표현은 미망인에게는 오히려 폭력적인 서술태도가 되고, 나아가 미망인에 대한 사회적 편견을 더 부추길 수도 있다. 그러나 권력관계에 의해 억압된 사회적인 약자의 실상으로서 미망인이 공론화되기 때문에 대중적 관심과 인기를 누렸던 것으로 보인다.

특히 8명의 미망인들이 모여 일상적 회한을 토로하는 장면은 마치 금기를 넘어서서 여성이 주체가 된 음란적 판타지와도 같다. 독자들은 이들을 욕하면서도 이 카니발적 상황에 내재된 도발적이고 전복적인 상상

---

37 이임하, 『전쟁 미망인, 한국현대사의 침묵을 깨다』, 책과함께, 2010 참조.

을 통해 쾌감을 느낄 수 있는 장면이다. 여성, 그것도 육체를 지우고 살아야 하는 미망인들의 성을 전면화한다는 점에서 사회적 금기에 도전하는 쾌감과 상상적으로 만날 수 있다. 이 한 장면에서 다양한 주체들이 모여들어 갑론을박하는 갈등적 상황을 상상할 수 있는 것이다. 성이 사회적 억압 체계 전반을 향해 저항하는 힘을 발휘한다는 점에서 급진적인 담론 공간의 가능성을 보여주는 것이다. 실제로 『유혹의 강』은 연재 시 독자들이 폭발적인 관심을 보인 작품이다.

이렇듯 여성을 육체적 존재로 자각하게 하는 사회적 효과는 여성을 성적 대상으로 전락시키기 이전에 여성을 몸의 주체로 호명하는 것이 된 셈이다. 『유혹의 강』이 상반된 서술관점이 서로 충돌을 일으킬 정도로 혼란스러운 서술로 읽히는 것도 이런 복합적인 이해관계가 총동원되고 있기 때문이다.[38] 『유혹의 강』은 서로 충돌하는 관점들이 한 공간에 펼쳐지는 상황으로 논쟁의 장을 방불케 한다. 상권에 각 장이 시작될 때마다 실린 여성의 누드화 역시 이런 분열적인 담론충돌적 상황을 더 예각화시키는 비유적 역할을 함으로써 이 텍스트가 다양하게 '여성'을 논의할 여지를 제공한다.[39] 『유혹의 강』은 이야기의 소재나 서술의 방식, 텍스트를 채우는 시각적 이미지가 전체적으로 어우러져 여러 관점들이 충돌하는 서사적 잉여의 공간을 만들어내는 독특한 텍스트이다.

1959년 『경향신문』에 연재된 『비정의 곡』은 한층 세련된 방식으로 사회적인 공론장이 되도록 독자를 서사로 끌어들인다. 이야기는 은행장에서 밀려나 실업자가 된 송원철의 첫 날 아침으로부터 시작해서 송원철이 실업자로 살아가는 고단한 생활을 중심으로 전개된다. 은행장은 자본주의의 꽃에 해당하는 금융업의 수장이다. 사회의 최고 권력 자리에서 부와 명예를 한꺼번에 누리고 있던 최고위층 인물이 하루아침에 실업자가 되어 세상사를 겪어가는 과정은 당연히 순탄할 리가 없다. 지금껏 누리

38 김은하, 앞의 글 참조.

39 『유혹의 강』은 유난히 삽화가 많고, 삽화의 비중이 크다.

던 부와 명예를 회복하고자 하는 욕망과 늙어가는 육체를 회복하고자 하는 청춘을 향한 욕망은 이 퇴역한 은행장이 떨쳐버리지 못하는 마지막 염원이다. 이 욕망의 구조는 하루아침에 최고 권좌에서 밀려난 송원철 같은 인물이 쉽게 세상의 잇속에 속아 넘어가는 조건이 되고, 자본주의의 핵심부에서 길들여진 자본가의 생리가 이 과정에서 가장 리얼한 방식으로 드러나게 한다. 송원철의 전락은 세상이 위험했기 때문이기보다는 송원철의 욕망의 구조가 위기를 자초하고 있기 때문이다. 자본주의의 위험에 노출된 이 인물의 내면과 욕망의 길을 따라가는 것만으로도 독자는 욕망을 자극하는 천태만상인 사회상을 구경할 수 있다.

송원철은 주류의 자리에서 밀려나자 세상이 온통 부정부패와 억울한 일 투성이라고 생각한다. 그런 송원철의 시선과 목소리는 소설의 초반부를 생동감 있게 만든다. 그렇지만, 이렇게 입장이 바뀌자 바로 직전의 자기를 잊어버리고 사회적 약자의 입장에서 억울함을 토로한다. 송원철을 비아냥거리는 서술자는 이런 송원철을 탐욕스럽고 이기적인 자본가로서, 자기를 중심으로만 세상을 인식하는 무지한 인물로 성격화한다. 이 무지스러움은 세상을 자기중심으로만 살아온 자의 순진성일 수 있지만, 자본주의의 속물성과 맹목을 겨냥하는 소설은 이 무지를 희화화하는 방식으로 송원철과 상류층을 비판한다.

정비석 소설에서 남성 주인공은 권위적인 면모를 지니기도 하지만, 성에 솔직한 남성성으로 인해 희화됨으로써 입체성을 부여받는다. 권위적이지만 근엄하지는 않은 다면적인 성격으로 형상화된다. 『자유부인』의 장태연에서부터 『낭만열차』의 원낙영, 『유혹의 강』의 윤만호, 『슬픈목가』에서 농촌에 이상촌을 건설하고자 고생을 자처하는 제대군인 강병철에 이르기까지 남성 주인공들은 모두 사회적인 권위와 이성적이고 합리적인 면모를 지니면서도 여성의 유혹에는 아무런 방어기제도 갖고 있지 않은 남성적 본능을 지닌 입체적 인물이다. 그러나 송원철은 권위적이고 합리적인 면모가 제거되고 희화화되기만 하는 인물이다. 송원철이 매개하는 자본가의 세상, 즉 상류층은 모두 악한의 성격을 지닌다. 그런데, 송원철은 악한으로 형상화되지 않는다. 송원철의 친구이며 서술자의 임무를 수행하는 소설가 현몽호가 송원철의 삶을 매개하기 때문이다.

현몽호는 구체적인 행동이나 사건을 갖고 등장하는 인물이 아니다. 송원철의 삶을 안내하고 해석하는 역할만 한다. 실제 직업도 소설가여서 작중 서술자의 기능이 인물화된 것이라고 생각해도 틀리지 않는다. 현몽호는 송원철을 도와주고 송원철의 상담역할을 한다. 작가의 분신으로도 보이는 현몽호는 송원철에게 은행 대출을 부탁했다가 일언지하에 거절당한 적도 있지만, 마음에 담고 있지 않다. 그럴 수 있다고 생각한다. 돈이나 권력을 중심으로 움직이는 자본주의 사회에서는 당연할 수도 있는 일이라고 생각한다. 그래서 은행장에서 밀려나 퇴락한 실업자에 불과한 송원철을 살뜰히 보살펴주고 위로한다. 나아가 서민 생활의 잔재미를 소개하는 역할까지도 한다. 송원철은 현몽호가 안내한 명동의 '서민용' 바에서 만난 허옥심을 사랑하며 현몽호가 이끄는 새로운 세계인 '서민'의 세계의 일원이 될 정도다.

그러니 송원철은 서민이 되기에는 너무 자기중심적으로 살아온 권력자였다. 자본주의는 자기의 위치와 신분에 맞게 사회적 조건을 이용하고 질서를 받아들여야 하는 것인데, 송원철은 가장 기본적인 자본주의를 살아가는 질서에 대한 감각이 없다. 권력자였기 때문이다. 자신의 생각대로만 타인을 생각한다. 허옥심이 송원철의 돈을 노리고 송원철을 유혹하기 위해 던지는 무수한 사랑의 고백을 그대로 다 믿기에, 허옥심의 마음에 감동하여 사랑하고 행복해한다. 직업도 없고 재혼한 젊은 아내에게서도 관심을 받지 못하여 고독해하는 퇴역 은행장의 초라한 현실은 허옥심의 계획적인 속임수에 의해 찬란하게 빛나는 아이러니를 연출하는 것이다. 그러나 허옥심의 사랑은 가짜이기에, 은행장의 권위가 얼마나 허약하고 무력한 것인가가 동시에 드러난다. 심지어 송원철은 친구 현몽호의 어떤 충고도 질투심일 뿐이라고 단언하며 아랑곳하지 않는다. 또 송원철의 퇴직금을 노리고 접근하는 사기꾼의 속임수도 전혀 새로울 것 없는 전형적인 수법인데, 송원철은 자신을 알아주는 유일한 사람이라고 신뢰하며 거금을 빌려준다. 크게 수익이 날 사업에 투자한다는 명분이 있지만, 송원철은 자존심을 세워준 것에 대한 답례 같은 것이어서 못 받아도 아까울 것 없다고 생각할 정도다. 이 역시 현몽호가 충고하지만, 오히려 현몽호를 경계하는 계기가 된다.

그런데 이렇듯 송원철에게 벌어지는 모든 일과 송원철의 어리석은 생각은 현몽호와 독자가 같이 구경하는 것으로 구조화되어 있다. 현몽호는 나서서 독자들에게 설명해주기까지 한다. 소설의 중심 서사는 현몽호와 독자가 한통속이 되어 퇴역한 은행장이 서민생활에 길들여지는 것뿐만 아니라, 자본주의적인 질서를 모르고 자기중심으로 살아가다가 자본주의 질서에 의해 철저히 패배하는 과정을 지켜보며, 자본주의를 일깨우는 주제로 수렴되고 있다. 웬만한 담보물을 갖고는 대출을 허락하지 않는 은행장 송원철은 자본주의가 돈의 논리를 따라 냉혹하다는 것을 스스로 인정하는 자본가이다. 현몽호는 이런 자본의 논리를 좋아하지 않지만 인정한다. 또 술집 종업원인 허옥심이 술손님을 상대로 손님의 기분을 맞추는 서비스를 제공하는 것은 그 직업의 논리이다. 허옥심은 돈을 따라 술손님을 대하는 자본주의적 논리에 충실한 직업여성인 것이다. 송원철을 무역회사의 고문으로 모셔놓고 투자를 종용한 사장의 처세술 역시 고위직을 거쳐 은퇴한 실업자를 고문으로 고용하고 과거 경력을 이용하려는 신흥 영세업자들의 흔한 사업술이다.

송원철 입장에서는 엄청난 사기 행각에 걸려든 것이라 생각할 수 있지만, 이런 방식의 감언이설을 상식처럼 접하고 사는 현몽호는 특별할 것도 없는 일이라 여기며 송원철에게 경고를 하기도 한다. 그러나 송원철은 듣지 않는다. 오히려 현몽호가 자신을 질투하는 것으로 받아들인다. 따라서 서술자인 현몽호는 독자와 한통속이 되어 송원철이 전락해가는 자본주의사회의 논리를 겻속까지 속속들이 공부하듯이 구경한다.

도시적 생활방식이 자본을 중심으로 나름의 질서를 만들어놓은 상태, 즉 생활을 움직이는 인간의 욕망 자체가 자본을 중심으로 재편된 사회를 일상적으로 접하는 현몽호는 송원철의 전략을 통해 독자와 함께 '한국식' 자본주의를 공부한 셈이다.

삶을 재현하는 방식이나 서사를 전개하는 방식 등, 모든 면에서 이 소설에 모여든 많은 사람들이 담론적 주체가 되어 새롭게 형성되는 돈과 욕망의 질서화 과정을 논의하는 서사구조이다. 서사구조가 대화적 형식을 취함으로써 소설이 공론장의 기능을 그 자체로 수행할 수 있게 된다.[40] 1959년 『경향신문』이 폐간될 당시에 연재된 『비정의 곡』은 신문의 정치의식을 염두에 두고 성과 돈을 따라 움직이는 '사회'를 논란거리로 재현하고자 하는 정비석 신문소설의 의도가 가장 잘 실현된 작품으로 평가할 수 있다.

3. 무대공인과 신문소설—신문소설의 시공간성과 정체성의 구조

『자유부인』에서 『비정의 곡』에 이르는 정비석 신문소설은 1954년부터 1959년에 걸친 한국사회의 도시생활과 문화를 생활세계의 내밀한 측면에서 펼쳐 보여준다. 논란거리를 제공하는 방식으로 사회적 현안과 사회구성원들의 생활방식과 행동의 근거들이 충돌하고 경합하는 담론

40 서사를 중심으로 공론장의 의미를 해명하고자 하는 것은, 서사가 분열적으로 다성적 구조를 취함으로써, 그 자체로서 공론장의 기능을 수행할 수 있다고 보기 때문이다. 정비석 소설을 둘러싸고 다양한 담론이 형성되기 전에, 이미 소설의 서사구조가 분열적인 양상으로 다원적 담론을 내포하는 다성적 구조를 지닌다는 것이다. 서사구조를 세밀히 분석해야 하는 이유이다. 이와 더불어 소설을 놓고 벌어지는 다양한 담론화 양상도 함께 고려되어야 공론장으로서의 의미를 해명할 수 있을 것이다. 이후 과제로 보완되어야 할 것이다.

장이다. 그런데 이 소설적 성과는 신문소설을 무대공연처럼 생각하며 현장성을 중시했던 정비석의 신문소설론과 직접적으로 연결된다. 독자가 신문을 읽는 그 상황 속에서만 의미가 실현된다는 상황적 인식은 소설의 서사만큼이나 결정적이다. 즉 1950년대 신문의 사회적 성격은 정비석의 신문소설을 이루는 첫 번째 조건이다.

1950년대는 국가의 제도적 기능은 별로 체계화되어 있지 않은 채, 사람들은 전쟁의 폐허를 만회하기 위해 돈의 흐름을 따라 무슨 일이든 시도하던 시기였다. 자유와 민주주의는 사회를 재편할 중요한 이념으로 받아들여지고, '욕망'은 새로운 사회의 현실로서 인정되어야 한다는 새로운 가치관이 팽배하였다. 국가의 업무를 수행하는 정부의 정책조차 제대로 기틀을 형성하고 있지 않았기에 '사바사바'라는 말이 유행이 될 정도로 무원칙적이고, 부정부패가 만연한 채로 자본주의적 질서가 정착되고 있었다. 새로운 사회의 이념으로 떠돌았던 자유와 민주주의는 모든 사람들이 만병통치약처럼 상상할 수밖에 없도록 현실의 무질서와 무원칙은 심각한 상태였다.[41] 신문의 사회면은 온통 새로운 가치관에 열을 올리는 문화풍경과 그로 인해 희생되는 사람들의 이야기로 '말세'같은 예언이 난무하며 화려한 인간사의 전시장을 방불케 했다.[42] 정부(국가)에 대한 불신이 팽배했던 전후 한국사회의 국민정서는 반정부적이고 반국가적이며 반사회적인 의식을 형성시켰다. 정부와 정치적으로 대립하는 양상이 두드러져 '야당지'라는 분류도 어색하지 않았던 1950년대 신문은 이 같은 정치적, 사회적 상황을 기삿거리로 삼으며, 여론을 대변하는

---

41 자유와 민주주의가 한국의 정치 상황에서 다양한 주체들에 의해 전유되는 방식과 그 담론을 둘러싼 풍속의 문제는 권보드래, 「실존, 자유부인, 프래그머티즘」, 『아프레걸 사상계를 읽다』, 동국대 출판부, 2009; 이봉범, 「한국전쟁 후 풍속과 자유민주주의의 동태」, 『한국어문학연구』 56집, 2010 참조.

42 정비석은 『낭만열차』를 연재하기 시작할 때, 작가의 말을 통해 아침마다 신문을 보면 살풍경한 인간생활을 파노라마처럼 보게 된다면서 현대사회를 꿈을 잃어버린 사회로 규정한 바 있다(『한국일보』, 1956. 4. 21 참조).

담론적 공동체의 역할을 자임한다.[43]

『동아일보』가 야당지를 대표하는 신문으로 명성을 얻게 된 것도 이 때이며, 『경향신문』은 정부에 맞서다가 결국 1959년에 폐간된다. 또 1954년 창간된 『한국일보』는 창간사설을 통해 "신문은 누구도 이용할 수 없"는 공공적인 것이고, 『한국일보』는 "춘추필법의 정신, 정정당당한 보도, 불편부당의 자세"를 품고 신문을 만들 것이라고 선언하면서 1950년대 신문의 사회적 성격을 정리한 바 있다.[44]

이렇듯 신문이 공공(사회적)의 이익에 복무하는 담론적 공동체를 형성할 만큼 사회적 대응과 여론조성 능력을 고조시키고 있을 때, 정비석은 신문에 연재소설을 썼던 작가들 중 제일 많은 소설을 썼으며, 제일 인기가 있던 작가였다.[45] 정비석의 신문소설 창작과 인기는 수많은 화제를 낳았던 『자유부인』으로만 논의되고 있지만, 종이가 부족해서 신문소설이 여간해서는 단행본으로 출간되지 않았던 상황에서[46] 거의 모든 신문연재소설이 곧바로 단행본으로 출간된 것만 보더라도 정비석 신문소설의 인기는 짐작할 수 있는 일이다.[47]

---

43 최장집은 한국 민주주의의 기원과 역사성을 정리하면서 한국의 민주주의는 정치사회, 즉 정당체제와 같은 정치의 영역에서 민주주의를 논의할 수 있는 구조가 아니었다고 분석한다. 즉 정권을 견제하고 대항하는 야당의 역할을 하는 정치적 정당이 존재할 수 있는 여지가 없었다고 평가한 것이다. 그나마 1950년대에는 언론이 야당의 역할을 하면서 사회 민주화에 중요한 역할을 하며, 공개적인 담론장이 마련되어 민주화의 토대가 형성된다. 유신시대를 거치면서 언론은 지배권력으로 흡수되고, 공론장의 구조는 사라진다. 1950년대 언론, 특히 신문의 사회적 역할은 한국의 민주화와 관련하여 중요하게 평가될 점이며, 신문소설의 의미도 새롭게 조명될 필요가 있을 것이다(최장집, 『민주화 이후의 민주주의』, 후마니타스, 2002, 101・112쪽 참조).

44 서광운, 앞의 책, 322쪽에서 재인용.

45 이봉범, 「1950년대 신문저널리즘 문학」 참조.

46 최미진, 앞의 글 참조.

47 무슨 일이든 이윤을 남길 수 있느냐가 가장 중요한 요소였던 시기였기에, 대중적으로 인기를 보증 받고 있던 정비석의 소설은 신문연재가 끝나기도 전에 단행본으로 출간될 만큼 상업적 효과가 큰 소설이었다. 『자유부인』이 하권 부분이 연재될 때 상권부터 출간되었으며, 『유혹의 강』도 연재가 끝나기도 전에 상권이 출간되고, 영화 제작에 들어가 소설 하권에는 영화장면이 삽화를 대신해서 실릴 정도였다.

정비석의 신문소설은 신문이 여론을 대표하는 담론 공동체로서 기사를 구성하는 것과 보조를 맞추어서 당대적 사건을 서사화한다. 당대의 새로운 가치관이 작용하는 삶의 방식을 '문화'와 '의식'으로 재현함으로써 신문과 더불어 인기 있는 읽을거리가 된 것이다. 즉 일반적으로 신문소설이나 대중지의 소설이 택하는 통속성의 방식과는 다르다고 할 정도로 "찔레꽃 류"의 통속소설의 문법을 벗어나있다.[48] 돈과 성을 향한 욕망을 속물적인 방식 그대로 폭로하고 인정하는 연애 서사와 돈의 논리에 충실한 자본주의적 질서에 맞추어 행동하는 사람들, 그리고 부정부패가 만연한 정부와 사회를 비판하고 희화화시키는 해석적 서술 등은 정비석 신문소설의 서사적 장치들이다. 통속소설이 추구하는 삼각관계, 영웅이 되는 고결한 인물의 숭고미, 선악의 대비 속에서 생겨나는 질투와 시기, 영웅성을 완성시키는 우연성 등은 별로 찾아볼 수 없다. 권위적인 남성 주인공에 해당하는 장태연, 원낙영, 윤만호를 비롯하여 가장 낭만적인 이상을 실천하는 인물 강병철조차 여성의 육체 앞에서는 무력하게 자기를 내맡기는 욕망의 존재로 그려진다.[49] 게다가 신문 사회면으로 착각할 정도로 사건이 기사처럼 나열식으로 제시되고는 마무리 없이 지나가는 서술방식을 취한다. 또 주인공의 시선에 포착된 풍경이 사회비평 에세이처럼 논평하듯이 서술된다. 이런 서술방식은 인물의 숭고한 정신에 동화되도록 감정이입시키는 통속소설의 문법과 별로 공통점을 찾을 수 없다.

그러나 정비석의 소설이 모두 이런 특성을 지닌다고 할 수는 없다. 대

---

48 1930년대는 근대문학사에서 신문연재소설의 통속성이 처음으로 문제시되었던 때이다. 순문학과 본격문학의 대립구도가 생겨난 것도 이 때이며, 이태준 같은 작가는 단편소설과 신문연재소설이 다른 문학적 원리를 지닌다고 구분하기도 한다. 그러나 신문연재소설의 통속성은 신문이라는 매체의 상업성 때문이라고 보기는 어렵다. 당시 통속소설의 대표 격으로 알려진 김말봉의 소설은 영웅적 인물의 숭고한 사랑을 중심으로 통속성 논의가 가능하다. 이것은 대중적 감성을 자극하는 하나의 방식일 뿐이다. 1930년대 신문연재소설의 통속성 문제는 서영채의 앞의 글을 참조할 것.

49 이광수나 박계주의 남성인물과 대비되는 소설적 특성이다.

중지나 여성지 같은 잡지에 연재했던 소설은 장편소설이라 하더라도 통속소설적인 면모를 두루 갖추고 있는 경우가 많다. 특히 애정서사 중심의 삼각관계, 선악 인물형의 대비, 남성 주인공의 숭고한 면모 등 통속소설의 일반적인 특성이 두드러진다.[50]

유독 신문소설이 정비석 소설의 어떤 특성을 집약적으로 보여준다. 이는 신문소설에 대한 정비석의 남다른 인식 때문에 신문소설을 특화시키고 있기 때문이다.

> 따라서 어느 신문이나 대동소이한데, 그런대로 독자에게 그날 그날 자기 신문에 대한 색다른 흥미를 주자면 결국은 소설에 의존하지 않을 수 없게 된다. 물론 소설 이외에도 사회 정치평론 시사평론 문화평론 경제평론 등 여러 가지 독점기사가 있을 수 있지만, 그러나 그런 기사를 흥미를 가지고 읽어줄 독자의 수효라는 것을 생각할 때 장편소설이야말로 어느 기사도 비교가 안될 만치 절대다수의 독자를 차지하고 있다는 것은 새삼스러히 말할 필요도 없으리라. 남녀노유(男女老幼)나 계급의 상하를 막론하고 소설을 누구나 흥미를 가지고 읽을 수 있는 기사이므로, 모든 기사 중에서도 연재소설은 전체 독자들의 광장이요, 전체 독자들의 유일한 최대공약수라고 볼 수 있다.
>
> 이상과 같이 신문소설은 기업면에서 상당히 중요시되는 만큼 기업자 측에서 신문소설에 요구하는 조건이 자연히 성립되게 되는데, 신문소설의 특수한 성격의 일면은 그런데서 기인하게 된다. 즉, 환원하면 신문소설은 신문이라는 특수지면에 연재된다는 사실과, 전체 독자가 공통적인 흥미를 가지고 읽게 해야 한다는 사실과, 신문기업주의 요구조건에도 어느 정도로는 응해야 한다는 사실 등등이 있으므로, 그 모든 것이 한데 응결되어 하나의 특수한 문학 '장르'를 이룬 것이 신문소설의 성격이라고 하겠다.[51]

50 『산유화』, 『야래향』 등은 신문소설을 많이 쓰던 시기에 잡지에 연재한 장편소설이다. 이 소설들과 비교해 볼 수 있다.

51 정비석, 「신문소설론－작법과 감상」, 서라벌예대 출판국 편, 『소설연구』, 한국교육문화

> 신문에 연재하는 소설은 '신문제약'을 아니받을 수가 없다. 그러면 '신문제약'이란 무엇을 말하는 것일가. 그 점 구명하자면 무엇보다도 먼저 신문자체의 특수성부터 밝혀야 할 것 같다. 신문이란 말할 것도 없이 경제, 사회, 문화 전반에 걸쳐 국내외에서 그날그날 일어나는 새 소식을 최단시간에 독자에게 일러주는 것을 절대적인 사명으로 하고 있다. 따라서 신문기사는 가장 현대적이요 첨단적인 성격을 띠게 되는데, 그러한 지면에 연재하는 소설인 만큼 신문소설(역사소설)은 별문제이지만 주제를 택하는데 있어서도 현실적이요 첨단적일 필요가 있다. 신문기사는 첨단적 현실적인데 소설 내용만은 구태의연한 내용을 취급하면 여간 능한 솜씨로 엮어나가기 전에는 독자의 감정이나 감각과 동떨어지기가 쉽기 때문이다. 환언하면 꼭 같은 솜씨로 엮어나가는 경우에는 신문과 더불어 첨단적인 것이 훨씬 효과적이라는 말이다.
>
> 작가가 신문 속에서 어떤 이상을 논하려는 것은 작가의 자유다. 그러나 그 이상이라는 것도 현실을 토대로 하고 현실을 예리하게 반영시켜가면서 그 현실 속에서 이상을 설복해나가지 않으면 신문독자에게는 신선감을 주지 못할 것이다. 그런 의미에서 신문소설은 사회의 예리한 반사경일 필요도 있다.[52]

정비석이 신문소설을 많이 쓰던 때에 신문소설에 대해 언급한 글이다. 1946년에 출간한 『소설작법』(신대한도서주식회사)에도 비슷한 내용의 글이 실려 있다. 비슷한 내용이지만 「통속소설고」라는 제목하에 쓰인 글이며, 내용도 통속소설이 주로 신문에 연재된 소설이었다는 것을 중심으로 한 통속소설 일반론이다. 1950년대 정비석이 주로 썼던 신문소설이 통속소설과는 다른 원리를 지닌다는 판단하에 새롭게 신문소설론으로 바꿔서 내용을 구성한 것으로 보인다.

이 글에서 주목할 부분은 신문소설을 "전체독자들의 광장이요, 전체독자들의 유일한 최대 공약수"라고 정의하는 부분이며, 첨단적 현실을

원, 1956, 97쪽(원문 중 한자는 한글로 바꾸었음 — 인용자).

52 위의 책, 98쪽(원문 중 한자는 한글로 바꾸었음 — 인용자).

다루는 신문기사에 맞추어서 신문소설도 첨단적 현실을 전달하는 신선함을 지녀야 하고, 그런 의미에서 "사회의 예리한 반사경(反射鏡)"이어야 한다는 신문소설에 관한 정의이다. 그리고 이런 정의를 바탕으로 신문소설은 "특수한 문학 장르"로 구별될 수 있다고 본다는 점이다.

해방과 더불어 각종 잡지와 신문에 수많은 소설을 썼던 정비석은 신문소설을 작가 혼자만의 창작이 아니요, 독자의 호흡을 염두에 두면서 같이 만들어가는 특수한 문학 장르로 인식하고 있으며, 독자와 같이 구성하는 최첨단 현실을 논하는 광장으로 정의하고 있다. 그렇기 때문에 광장에 참여하는 모든 독자들이 공감대를 형성할 수 있도록 많은 인물이 등장해야 하며, 현실적 사건들을 두루 다루면서 신선함을 잃지 말아야 한다고 말한다. 신문소설이 존재하는 공간으로서 신문의 성격은 신문소설의 내용을 결정하는 일차적 전제 조건인 셈이다. 정비석은 신문소설을 독자들이 모두 참여하는 '공론장'일 뿐만 아니라, 최첨단의 현대적인 생활이 논의되는 가장 현대적인 사실로 채워져야 한다고 말한다. 그리고 독자의 요구에 맞추기 위해 독자의 관심을 따라가다 보면 통속성에 빠질 수도 있지만, 통속성은 경계해야 한다고 하면서 통속소설과 신문소설을 구별하기도 한다.[53]

정비석의 신문소설에 관한 생각은 정비석 신문소설의 특징을 그대로 서술하는 듯이 신문소설과 맞아떨어진다. 신문소설의 장르적 원칙에 충실했던 정비석의 신문소설들은 최첨단의 현대적인 생활사실들을 다룸으로써 "전체 독자들의 광장"의 역할도, "사회적 반사경"의 역할도 하고 있기 때문이다.

그렇지만 이런 역할은 1950년대 신문소설에 국한될 신문소설의 특성

---

53 1950년대 신문소설 작가 중에서 정비석과 함께 김내성도 신문소설의 대중성과 통속성을 구별해야 한다고 강조한 바 있다. 정비석이 신문소설은 독자들이 재미있게 읽을 수 있어야한다는 점이 가장 중요할 수밖에 없다고 강조한 것처럼, 김내성 역시 이 보만 전진하여도 대중들은 따라오지 못하니까 일 보만 전진하여 대중을 이끌어야 한다고 강조한 바 있다(김내성, 「대중문학과 순수문학」, 『경향신문』, 1948.11.9 참조).

이지, 정비석 소설의 특성이라고 보기는 어렵다. 그리고 이 신문소설론은 신문의 성격에 따라 신문소설이 제한된다는 중요한 전제 조건 속에서 효력을 발휘하는 장르적 속성을 확인해준다. 즉 신문소설은 정비석의 것이지만, 정비석이 신문소설의 인식과 같이 가지 않을 수도 있다는 논리가 성립한다. 신문과 정비석이 만난 어떤 지점의 시공간적 구조 속에서만 가능한 신문소설의 의미이다. 결국 신문이 1950년대 정치권력과 사회를 비판하는 야당지의 성격을 유지하지 못할 때 정비석 신문소설의 내용이 달라진다는 의미에서, 정비석의 것이지만 정비석의 것이 아니기도 한 1950년대 신문소설의 성격이다.

이를 증명하듯이 1963년부터 1964년에 걸쳐 『동아일보』에 연재된 『욕망해협』은 『비정의 곡』과 비슷한 서사적 흐름을 유지하고 있지만, 1959년 정비석 소설이 구성하는 다양한 담론 주체들이 충돌하는 "광장"의 역할을 하지 못한다. 노년의 성을 다룸으로써 노년과 성이라는 서로 대립하는 관념들이 충돌하게 한다거나 친밀성을 성과 결합함으로써 노부부의 쓸쓸한 노년의 삶이 사회적으로 소외된 현상을 부각시킬 뿐, 어디에서도 사회적 현안과 만나지 않는다.

정비석은 신문의 사회적 위상과 담론에 맞추어서 자신을 변화시켜간 공론장 창출자로서의 소설가였지만, '신문'이라는 매체에 국한된 성격이었다. 신문은 무대였고, 독자와 함께 무대공연을 만들어가는 '공연상황' 자체가 신문소설이었던 것이다.[54] 따라서 무대를 구성하는 1950년대의 신문의 성격에 걸맞은 담론공간이 없고, 이에 부응해서 상상할 수 있는 독자가 없는 상황에서 1950년대 신문소설과 같은 형식도 내용도 구성될 수 없었던 것이다.

독자와 함께 무대공연을 만드는 것이 바로 신문소설이라는 신문소설에 대한 생각이 정비석 자신의 정체성을 넘어서서 신문소설을 분열

54 정비석, 「신문소설 공죄론－요는 그 무대조건을 선용할 것」, 『동아일보』, 1954.11.28 참조.

적이고 단절적인 방식으로 최첨단의 공론장으로 구성해낼 수 있는 힘이었다. 그리고 이로 인해 『민주어족』의 민주주의 인식이나 모든 소설들이 가부장적 가정윤리로 회귀하는 결말에도 불구하고,[55] 정비석이 다원적 주체를 구성하는 담론을 끊임없이 생산할 수 있었던 것이다.

성을 담론화함으로써 정신과 육체의 주체화를 통해 사랑이 완성된다는 인식을 유포하는 것이나, 미망인을 옥죄는 가부장적 관계에 의문을 제기한다든가 미망인을 육체적 존재로 재현하는 것은, 사회적 문제로 부상한 미망인의 삶을 공적 담론장으로 끌어냈다는 점에서 사회적 약자에 대한 편견을 없애는 일이었을 것이다. 소매치기단의 비참한 생활을 통해 고리를 끊을 수 없을 정도로 심각한 가난의 실상을 공공연하게 다루는 것 역시 독자의 주목을 받았을 것이다. 젠더, 계급, 지역성 등 차별의 구조 속에서 타자화된 자들의 억울한 심사가 제도적, 사회문화적, 정치적 맥락에서 탐색되는 방식으로 최첨단의 현실을 재현한다. 특히 돈과 성을 따라 움직이는 자본주의 사회의 질서를 인정하고, 최대한 인간적 이상을 잃지 않는 방향으로 제도화시키고자 하는 소설의 기획은 자본주의적 원리를 근간으로 하는 '근대'를 총체적으로 사유하게 한다. 생산과 이성으로만 근대를 사유하는 것이 아니라, 소비와 욕망의 자본주의적 속성을 근대로 사유한다는 점에서 인간과 현실을 이해하는 새로운 계기를 제공하기도 한다. 소비와 욕망을 터부시하고 죄악시하는 것이 아니라 사회적 구성물로 인정하는 방식으로 공론화하는 것은 여성과 하층계급을 사회적 주체로 인정하는 것과 같은 의미를 지닐 수 있다.[56] 이

---

55 정비석 소설은 유부녀의 성을 다루지 않는다. 자유부인만이 예외적이었고, 그래서 오선영은 일탈, 불륜으로서 심판받고 처벌받았다. 대부분의 소설에서 처녀와 미망인의 성만을 다룬다.

56 1950년대 후반 대중문화는 다양한 도시 구성원들의 계급적 관계와 그로 인해 생성되는 의식을 자유롭게 근대적인 주체구성과 욕망으로 표현하는 경향이 있었다. 정비석은 이런 분위기 속에서 당대 대중적인 욕망을 재현하는 소설을 쓴 대표적인 작가로 평가되며, 『자유부인』을 영화를 만든 한형모 감독 역시 이런 1950년대 대중문화의 근대적 성격과 관련되어 자유주의적 문화인으로 평가된다.

는 정비석 소설이 근대적 주체 구성과 관련하여 의미를 갖는 부분으로 평가할 수 있다.

그렇다면, 이 근대적 주체 구성의 기획이 민주주의와 연관된다는 논리도 가능할 것이다. 민주적인 가부장을 통해 일사분란하게 생산적 활동을 수행하는 공동체가 구성할 수 있는 사회를 '민주주의'적이라고 생각하는 『민주어족』의 민주주의 인식이 정비석을 파시즘적 기획의 계승자로 평가하게 하지만,[57] 소비와 욕망을 근대적인 것으로 인식하는 정비석은 정비석도 미처 의식하지 못한 정비석의 또 다른 면은 아닐까? 무수한 균열을 내장한 채 단절적인 틈새를 보이면서 흔들리는 텍스트라고 평가할 수밖에 없는 것은[58] 근대를 사유하는 정비석의 분열적 정체성과 연관되는 소설의 다성적 면모인 듯하다. 사회의 구성원을 모두 근대적 주체로 재현하는 서술관점, 누구나 욕망과 성의 주체라는 방식으로 인간을 이해하는 인간관은 생활세계의 민주화를 선취하는 것과 통할 수 있다. 이 주체성 구성의 서술방식이 '신문'이라는 담론장에 모여든 독자들 사이에서 논란을 일으키며 주목하게 하는 공론화의 계기로 평가할 수 있을 것이다.

1950년대라는 사회가 논란의 대상이 되거나, 혼란의 시기로 인식될 수 있는 것은 기존의 관념이나 문화와 새로이 형성되는 근대성의 세목들이 실체를 갖고서 충돌하고 갈등하는 '공론장'이 존재했기 때문이다. 그리고 정비석의 신문소설이 대중적으로 인기를 끌었던 것은 이 충돌과 갈등의 폭이 넓었기 때문이다. 충돌과 갈등의 다양한 담론들은 다양한 주체를 의미한다. 다양한 주체가 자기를 구성할 수 있는 담론공간의 창출은 민주주의의 가장 기본적인 원리이다. 정비석이 소설에서 민주주의를 만병통치약인 듯이 수사적으로 남발하는 이유도 이와 무관하지

57 정종현, 「자유와 민주, 식민지 윤리 감각의 재맥락화」, 권보드래 외, 앞의 책 참조.

58 강진호, 최미진, 김은하의 텍스트 분석은 이 분열적인 면을 주목하고 있지만, 전체 서사적 주제를 변화시키는 것으로는 보지 않는다.

않다. 비아냥거리는 문체 속에서 언급되든, 계몽적인 언술로 언급이 되든 '민주주의'는 기존의 사회를 유지시키는 원리를 파괴할 수 있는 최고의 힘을 지닌 가치로 소통되었던 것이다.

그러나 정비석이 사용하는 민주주의라는 가치는 실제로 모순적으로 쓰인다. 그렇기 때문에 민주주의는 소설적 장치일 뿐이며, 정비석 소설의 민주주의를 놓고 당대의 민주주의 인식을 가늠할 수는 없다. 그렇지만, 어떠한 방식으로든 다양한 담론 주체들이 갈등하고 충돌하는 논의의 장을 제공하는 것만은 사실이다. 정비석 스스로도 단일하지 않기에 소설의 카니발적 양상은 더욱 두드러진다. 그리고 다양한 담론적 주체를 독자로서 소설 공간에 끌어들인다. 『자유부인』부터 중앙일간지의 소설은 모두 이런 '담론화' 양상을 보여주며, 정비석의 신문소설과 정비석이라는 사회인의 정치의식은 바로 『비정의 곡』이 연재되는 1959년경에 임계점을 보여준다. 그리고 더 이상 진전되지 않는다. 이것은 1950년대 신문소설과 정비석이 만나서 형성한 한 순간의 정체성으로 제한되기 때문이다.

1950년대 정비석은 신문소설에서 생산과 발전뿐만 아니라, 소비와 욕망을 사회적인 것으로 공론화함으로써 근대의 지평을 확장했다. 그러나 1960년대로 넘어가면서 소비와 성을 통제하는 지배이데올로기에 동화되어 간다. 정비석의 소설은 분열적이지도 다원적이지도 않게 되며, 가부장적 관점이 성과 소비를 통제하는 지배담론의 구조 속에서 생산과 발전의 논리를 통해 성을 재전유한다.[59] 성적 주체로서 여성이 사라지면서

---

59 정비석은 1960년대에서 1980년대에 걸치기까지 지속적으로 신문에 소설을 연재한다. 주로 당대물이었으나, 1963년부터 『학원』에 『소년 삼국지』를 연재한 이후로는 역사물을 연재한다. 우연인지 1970년대부터 금융자본의 이익에 집중해서 살 수밖에 없는 중년 남성 독자들이 즐겨보는 '경제신문'에 연재한다. 당연히 역사물이라 하더라도 매체의 성격, 즉 독자의 성격에 맞추어 역사적 사실을 재구성할 수밖에 없을 것이고, 남성들의 독서물인 전쟁서사를 근간으로 하는 삼국지와 손자병법은 남성들의 처세술과 생존전략, 성공담을 위해 재편될 수밖에 없다. 성을 중심으로 한 신문 사회면 기사를 서사로 재현하는 1950년대 신문소설이 세태 비판적이고 정치비판적인 담론장을 형성하게 하는 조건이었다면, 197

정비석 소설의 다원적 관점은 억압되고 사라져간다. 그저 소수의 의견이었기에 없어져버리는 '마이너리티 리포트'가 된 셈이다. 『민주어족』의 길로만 가는 정비석은 1950년대 신문소설에서 보여주었던 최첨단의 생활세계를 다룸으로써 '광장'의 역할을 하는 신문소설을 더 이상 쓰지 못한다. 그리고 자기가 무슨 말을 했는지도 기억하지 못한다. 그것은 반국가, 반정부, 반사회의 담론을 생산했던 1950년대 신문이라는 무대와 독자들이 없이는 불가능한 정비석이었기 때문이다.

4. 맺음말

정비석은 1950년대에 가장 호화롭게 작가 생활을 했다. 스스로 말하듯이 "적어도 대한천지에서는 글자나 배운 사람치고 내 이름을 모르는 사람이 없을 만치 유명해"[60]졌던 때가 『자유부인』을 쓰고 신문소설의 작가로 활동하던 때이다. 이렇게 유명해진 이유는 신문소설을 통해 사회적인 논란거리를 제공하면서 대중적 담론장의 중심에 있었기 때문이다. '신문소설론'을 따로 쓸 정도로 신문이라는 매체에 연재되는 형식의 소설을 특화시켜 그에 걸맞은 소설을 고민하고 창작했던 정비석은, 그 고민에 값하는 신문독자의 호응 속에서 화려하게 신문소설의 시대를 주도했던 것이다.

0~80년대 성장제일주의 사회에서 경제신문의 성격은 성공을 위한 처세에 집중하는 남성중심적 영웅서사를 가능케 한 배경적 조건이 된다. 『명기열전』이나 『손자병법』은 더 이상 다양한 주체가 자기를 몰입시키는 서사적 담론장으로 역할하지 않는다. 가부장적 발전주의의 한 경로로 정착했음을 보여주는 경제제일주의, 생산주의를 표방하는 이 시기 정비석 소설의 이데올로기적 성격은 매체의 성격과 관련해서 더 검토되어야 할 것이다.

60 각주 2를 참고.

중앙일간지에 소설을 연재하기 시작한 『자유부인』에서부터 반정부적 대응으로 폐간될 시기의 『경향신문』에 연재하다가 중단된 『비정의 곡』에 이르기까지 정비석의 신문소설은 신문이라는 매체의 사회비판적 성격에 맞추어서 세태비판적인 담론을 구성한다. 전작 장편소설들이 의도하는 전체적인 서사적 흐름을 고려하기보다는, 단편적인 세태 반영과 비판의 서사를 단막극의 형식으로 이어가는 구성이 압도적이다. 이 각각의 이야기들은 다양한 주체가 다양한 사회적 상황을 매개하면서 사회 곳곳을 비추는 방식으로 다양한 담론주체를 생산하고 사회비판적 발언을 남발한다.

정비석은 신문소설이 신문이라는 무대와 독자라는 관객과 함께 호흡하면서 이루어가는 시공간적 구조의 '무대공연'과 같다고 인식했다. 다양한 인물의 상황 속에서 인물을 주체적으로 그려냄으로써 첨단적인 현실을 신문 사회면과 보조를 맞추어 미시사적 사실로서 재현해야한다고 생각했던 것이다.

이렇듯 당대적인 첨단의 현실을 인물의 내적 상황으로 그려내고 있기에, 신문소설은 다양한 삶의 관점들이 서로 충돌하고 날 것 그대로 폭로되는 갈등의 장이 된다. 돈과 성을 따라 움직이는 욕망이 삶을 새롭게 변화시키고 재편하는 과정은 그 자체로 한 편의 파노라마나 스펙터클이 되어 새로운 자본주의적 삶을 동경하는 독자들을 현혹시키고 빠져들게 하면서 논란거리를 만들어낸다. 신문의 독자들은 사회면 기사를 보며 세태를 파악하고, 정비석 신문소설을 보며 그 세태를 양산하는 욕망의 기원을 탐색하고 논의한다. 그리고 새로운 현실과 어떤 방식으로든 접합하고 있는 다양한 독자(대중)들은 신문소설을 매개로 공론장을 구성하는 것이다. 작가에게 항의하는 항의문이나 독자투고, 독자의 격려문, 비판기사 등의 다양한 형식으로 공론장을 문서의 형식으로 구체화하기도 하고, 여러 방식의 풍문으로 도시의 대중문화로 집약시키기도 한다. 삶의 다양한 면면들을 그 속에서 생활하는 주체의 입장에서 다원적으로 배치하는 방식으로 보여주기에 다원적 관점이 충돌하는 논의의 '장'으로 역할한다.

물론 이 논란은 정비석 신문소설이 제기하는 사회비판적이고 반정부적이며 풍속사적인 사건들과 세태에 관한 것이다. 신문소설은 그 내용만큼이나 공개적으로 다양한 사회적 현안들을 논의하는 구조로서 담론장의 역할을 한다. 텍스트의 서사적 의미를 넘어서서 당대적 문화사의 맥락에서 재구되는 정비석 신문소설의 의미실현 구조는 바로 이 담론적 충돌 양상을 통해 해명할 수 있을 것이다. '공론장'은 이와 관련된 개념이다.

그러나 신문소설의 공론장의 구조는 실체를 갖는 것은 아니다. 그저 무정형의 추론으로 상상되는 독자들의 존재형식이다. 그러나 떠돌아다니는 독자(대중)는 이 공론장의 담론효과를 통해 실체화되기도 한다. 정비석의 소설이 공공연한 논란을 거쳐 공론장으로 역할한다면, 이 논의의 장 자체가 독자대중의 실체일 수 있는 것이다. 대중은 끊임없이 움직이는 것이고, 정의되는 것이 아니라 만들어지는 것이라는 점을 전제한다면,[61] 정비석 소설은 공론장적 구조로서 대중을 실체화한 것으로 평가할 수 있다. 그리고 다양한 관점의 사회비판적 주체를 구성하는 논의 구조를 통해 '민주주의'적 소통의 사회적 형식을 시도하는 것으로 평가할 수 있다.

정비석은 스스로 여러 지면에서 '민주주의론'을 언급한 바 있지만, 소설에서 언급된 민주주의는 오히려 민주주의를 오해하는 흔적으로 평가될 것들이다. 정비석 소설을 놓고 타진하는 민주주의는 정비석 스스로 언급하는 것을 두고 하는 말은 아니다. 소설의 구조, 즉 소설의 다원적 담론구조로 독자들이 모여들게 하는 공론장적 성격을 민주주의적 소통의 사회적 형식으로 평가할 수 있다.

이런 정비석 신문소설의 사회사적 의미는 1950년대 신문 매체의 사회

61 김연종, 「대중문화—대중의 문화」, 『문화, 일상, 대중』, 한나래, 1996, 185~186쪽 참조.

사적 구조 속에서만 논의될 수 있다. 1950년대 신문이라는 무대와 독자라는 조건이 어우러질 때만이 가능한 의미이기 때문이다. 이 무대가 없이는 정비석 신문소설이 이런 서사를 구성하지 못한다. 결국 1950년대 신문의 사회적 성격이 변하자 정비석 신문소설은 더 이상 1950년대 신문소설과 같은 '공론장'적 의미를 지니지 못했던 것이다. 그리고 정비석도 1950년대 신문소설이 구현한 사회사적 성과를 기억하지 못한다. 게다가 1960년 4·19로 표출된 대중의 꿈과 욕망의 다차원적 의미가 5·16을 통해 경제제일주의를 중심으로 재편되어가면서,[62] 정비석 소설의 공론장적 구조 속에서부터 표출된 대중의 일상과 욕망은 경제주의에 장악되어간다. 『소설 삼국지』를 계기로 경제주의적 성공신화와 처세술에 경도되기 시작한 정비석은 지배의 회로에 포섭되면서 1950년대 신문소설에서 활발하게 개진했던 계급, 젠더, 지역을 망라한 근대적 주체를 재현하지 못한다. 신문소설을 공론장이 되게할 정도로 활발하게 제기되었던 자본주의적 삶의 문제들은 단일한 주체를 중심으로 획일화되고, 다양한 주체의 담론은 '마이너리티 리포트'로 억압되고, 사라져간다. 정비석 신문소설의 사회적 의미를 1950년대로 제한하는 이유이다.

지금까지 살펴보았듯이, 정비석 신문소설은 1950년대 사회와 긴밀히 연관된 담론적 특성을 지닌다. 1950년대가 다양한 담론을 통해 다원적 주체구성의 기획이 가능했다면, 정비석 신문소설의 담론장에서부터 논의를 시작할 수 있을 것이다. 1950년대 문화적 활기와 정치를 비판하는 '사회'의 형성은 신문소설의 공론장적 구조에서부터 논의될 수 있을 것이며, 정비석 소설의 문학사적 의미는 1950년대를 통해 새롭게 정립되어야 할 것이다.

---

62 이상록, 「경제제일주의의 사회적 구성과 '생산적 주체' 만들기」, 『역사문제연구』 25호, 2011.4, 154~155 참조.

정비석 대중문학의 또 다른 지평으로서 역사문학

김병길

1. 전통과 개성의 야누스

화창하게 갠 늦은 여름 어느날 아침. 성천기생 부용(芙蓉)은 남창(南窓)가 서안(書案) 앞에 단정히 앉아 시경(詩經)을 소리없이 읽고 있었다.

나이는 열아홉살. 하얀 한산(韓山) 세모시적삼에 옥색 당항라 치마를 입은 부용은 살결이 상아(象牙) 빛으로 고운데다가 눈에는 검은 윤기마저 감돌고 있어서 얼른 보아도 청초하고 그윽하기 그지 없는 아름다움이었다. 하늘에서 선녀가 하강한 모습이라고나 할까. 어디를 어떻게 뜯어 보아도 천한 티는 손톱만큼도 나타나 보이지 않았다.[1]

1 정비석, 『명기열전(名妓列傳)』, 『조선일보』, 1974.4.26.

정비석의 대표적인 역사소설 『명기열전(名妓列傳)』의 「제1화 성천기 부용(第一話 成川妓 芙蓉)」의 첫 장면은 이렇게 시작된다. 『시경』을 읽는 선녀로 '부용'의 등장을 알리는 이 장면에는 역사소설의 전형적인 수사가 집약되어 있다. 바로 주인공에 대한 과도한 심미화 혹은 영웅화가 그것이다. 역사소설의 해묵은 서사 관행이기도 한 이 형상화 전략의 밑바탕엔 해당 인물이 남다른 외모와 뛰어난 지적 능력의 소유자라는 사실이 암묵적으로 전제되어 있다. 그와 같은 비범한 존재가 광활한 역사의 무대에서 파란만장한 일대기를 펼쳐 보일 때, 독자는 울고 웃을 수 있을 터이다. 아울러 그(녀)가 추앙될 만한 존재로 그려질 때, 그로부터 유용한(실은 특별히 실체랄 게 없는) 역사 지식을 습득하였다는 지적 허영의 포만감을 느끼게 될 것이다.

'재미'와 '교훈'이라는 말로 압축될 이들 요소의 길항이 곧 근대 한국 역사소설 문학의 전통일진대, 정비석의 역사문학은 이에서 한 치도 벗어나 있지 않다. 한편으로 문학적 관습을 엄격히 추수하면서 다른 한편으로 자신만의 독자적인 소설 미학을 정립해간 역사소설가가 정비석이었던 것이다. 특히 그의 역사 관련 글쓰기는 발로 쓴 답사기라 할 만큼 단연 돋보이는 성실성을 보여준다. 따라서 이와 같은 미학적 색채를 감별하는 일이 정비석 역사문학의 맨 얼굴을 응시할 수 있는 관건일 터이나, 그에 앞서 적지 않은 과제가 산재해 있다.

세간의 명성에 비견될 수 없을 정도로 정비석이 거둔 문학적 성과에 관한 논의는 초라하기 그지없다. 대중적으로 가장 환영 받은 작가였던 그가 역설적이게도 연구 대상으로서 푸대접을 면치 못한 것이다. 생전에 작가 정비석이 누린 대중적 인기가 결국 그의 사후 연구자들의 접근을 막은 저주의 주술이 된 것은 아니었나 하는 의구심을 떨치기 어려울 정도이다. 양적인 측면에서 정비석 문학의 본령이라고도 할 수 있을 역사문학에 관한 연구는 사실상 전무하기까지 하다. 그의 역사문학 텍스트들의 서지 및 여러 판본들 간의 차이와 같은 기초적인 사실관계를 밝히는 일이 가장 절실한 연구과제일 수밖에 없는, 아니 연구과제로 상정되어야 할 이유가 여기에 있다. 이와 같은 정지 작업이 이루어지고난 후에야 비로소 정비석 역사문학에 관한 본격적인 논의가 개시될 수 있을 것이다.

2. 갈래와 서지의 계보도

정비석의 역사문학은 크게 세 갈래로 구분된다. 첫 번째는 정비석 역사문학의 주류라 할 수 있는 역사소설 창작으로 『폭군 연산군』(『아리랑』, 1955~1956)[2]이 그 시발이었다. 문단 데뷔 후 근 20년이 지난 시점에서야 역사소설계에 발을 들여놓은 정비석이 이에 힘을 쏟기 시작한 것은 1974년 『조선일보』에 『명기열전』(1974.4.2~1979.2.28)을 연재하면서부터다. 이후 전작장편 『민비』(범우사, 1980)에 이어 『김삿갓 풍류기행』(1985.11.20~1989.7.23)을 『한국경제신문』에 연재하면서 그는 본격적인 역사소설가로서의 입지를 다져갔다.

『폭군 연산군』은 연재가 종료된 직후 단행본 『역사소설 연산군』(정음사, 1956)으로 발간되었다. 이에는 장편 『연산군』 외에도 세 편의 '이조사담(李朝史譚)'이 함께 수록되었다. 정비석의 역사문학계 입문이 역사소설 창작과 사담, 즉 역사담물 쓰기의 병행을 통해 이루어진 것이다. 이 작품은 이후 「폭군 연산의 행장기(行狀記)」라는 제목으로 『한국야담사담전집

---

2 이 작품은 잡지 『아리랑』의 창간호인 1955년 3월호에 첫 회가 연재되어 이듬해인 1956년에 연재가 종료되었다. 『아리랑』의 일부 호가 남아 있지 않아 정확한 연재 종료 시점을 확인하지 못한 상태이나, 1956년 3월호에서 동년 8월호 사이에 종료된 것으로 추정된다. 연재본의 전모가 밝혀지지 않았기에 본고에서는 정음사 판 단행본에 근거하여 논의를 전개하고자 한다.

(韓國野談史譚全集)』(동국문화사, 1960)[3] 제13권에 수록된다. 그리고 한참 뒤 『소설 연산군』(고려원, 1984)으로 재발간된다. 당시는 『손자병법』과 『초한지』 등의 연이은 연재로 역사소설가로서 정비석의 명망이 높을 때였다. 30여 년이 지난 작품이 다시 발간된 사정이 이와 무관하지 않을 터다. 이때 초판에 함께 실렸던 사담들은 빠지고 오롯이 『연산군』만 수록되었다.

대중적 호응과 연재 기간만을 놓고 볼 때 정비석의 역사소설 가운데 단연 수위를 차지하는 작품은 『명기열전』이다. 당시 이 작품이 누린 인기가 어느 정도였는가는 이미 연재 중에 기간의 연재분이 전집 형태로 발간되기 시작했다는 사실에서 단적으로 알 수 있다. 만 5년여에 걸쳐 총 31화 1,507회가 연재된 이 작품은 1977년 이우출판사(二友出版社)에서 전기(前期) 7권이 발간되었다. 연재 마지막 회인 1979년 2월 28일자 연재분에는 전기 7권에 이어 후기 3권이 삼월하순에 완간될 예정임을 알리는 광고가 함께 실렸다. 그러나 후기 3권은 이우출판사에서 출간되지 못했다. 그러던 것이 이태 뒤인 1981년 신정사(信正社)에서 전10권의 단행본 전질로 출간됐다. 출판사만 달라졌을 뿐 두 전집의 판본은 동일했다. 하지만 이 단행본 전질은 신문연재본과 일화들의 배치 순서가 달랐다. 비슷한 분량으로 전10권을 편집하는 가운데 불가피하게 일화들을 재배치했던 것이다. 이후 이 작품은 30여 명의 가장 뛰어난 기생들을 각 도별로 분류하여 편집한 전 6권의 『정비석 명기열전 미인별곡』(고려원, 1989)으로 재발간되었고, 『옛날 옛날에 한 여자―옷을 벗은 황진이』(남향문화사, 1982), 『황진이―정비석의 역사인물소설』 1(열매출판사, 2006)과 같이 특정 인물의 일화만을 뽑아 편집한 단행본으로도 출간되었다.

『명기열전』의 연재가 거둔 대중적 성공에 힘입어 한 해 뒤 역사소설 『민비』가 출간된다.[4] 이 작품은 데뷔 이래 여성문제 탐구에 매달려온

---

3 이 전집의 판본은 『한국대표야담전집』(서정출판사, 1971)으로 개제되어 재발간된다. 그 과정에서 전집의 일련번호가 바뀌는데, 정비석의 작품들은 제10권으로 출간되었다.

정비석 문학의 일 전형을 보여주는 동시에 그와 같은 주제의식을 역사소설 창작으로 시현했다는 점에서 의의가 큰 텍스트이다. 역사적 여성인물에 대한 문학적 탐구라는 점에서 보자면 선행하는 『명기열전』과 계보적 연관성을 또한 갖는다. 그러나 "약소국가이기 때문에 당해야 했던 외세의 침범과 간섭, 국제정세에 어두워 빚어진 실정(失政)과 종교탄압, 민생과 민의를 외면한 권력투쟁, 정권유지를 위한 정보정치, 정권쟁취를 위한 음모와 배신(背信), 이신벌군(以臣伐君)의 비극과 민중의 봉기, 반사회적인 도덕과 타락한 윤리, 여자의 질투가 빚은 갖가지 처절한 비극"[5] 등 해당 인물이 살았던 시대 전반을 다루고 있다는 점에서는 분명 다른 성격의 창작이다. 이 작품 역시 몇 차례 시간적 간격을 두고 재출간됨으로써 지속적으로 대중적 인기를 구가했다.[6] 이 과정에서 부분적인 수정이 이루어졌는데, 특히 장 제목이 눈에 띄게 바뀌었다. 『소설 민비전』(고려원, 1987)을 새롭게 조판하여 『소설 명성황후』(고려원, 1995)로 출간하는 과정에서 '감고당(感古堂)의 서기(瑞氣)'가 '여걸의 탄생'으로, '시위소찬(尸位素餐)의 군신(群臣)'이 '무능한 군신들'로, '공규(空閨)의 원한(怨恨)'이 '고독한 중전' 등으로 개제된 것이다. 아마 독자층을 의식한 수정일진대, 작가의 의사라기보다는 출판사의 요청에 따른 결과로 보인다.

『손자병법』과 『초한지』에 이어 『한국경제신문』에 근 3년여간 연재된 정비석의 마지막 역사소설이 『김삿갓 풍류기행』이다. "기인(奇人)의 해학(諧謔)·풍자(諷刺) 역사현장 답사(踏查) 집필(執筆)"[7]이라는 제목으로 광고되었고, 총 21장 1,131회 분에 걸쳐 연재되었다. 이로써 한 작가가 같은

---

4 『민비』 역시 정비석의 창작 관행과 텍스트 내적인 특질들을 고려해볼 때, 이미 신문 혹은 잡지에 연재되었던 것으로 추정된다. 그 최초 지면을 아직 찾지 못한 탓에 본고에서는 범우사 판 단행본을 논의의 출발점으로 삼는다.

5 정비석, 「이 책을 읽는 분에게」, 『민비』, 범우사, 1980.

6 『소설 민비전』(고려원, 1987), 『소설 명성황후』(고려원, 1995), 『소설 명성황후』(범우사, 2001) 등으로 출간되었다.

7 「내일부터 정비석(鄭飛石)씨 제3탄(彈) 소설(小說) 연재」, 『한국경제신문』, 1985.11.19.

신문에 세 작품을 연속해 연재하는 기록이 수립되었다. 이후 1988, 89년 고려원에서 『정비석 풍류소설 소설 김삿갓』이란 이름으로 제1권 '산중문답(山中問答)', 제2권 '별유천지(別有天地)', 제3권 '관북천리(關北千里)', 제4권 '귀거래사(歸去來辭)', 제5권 '산고수장(山高水長)', 제6권 '금수강산(錦繡江山)'의 단행본 전질이 차례로 출간된다. 이때 각각의 권 명은 연재본 장 제목의 일부를 가져다 썼으며, 새로운 제목들이 추가되면서 보다 세분화된 장들로 편집되었다. 본문은 최초 신문연재 내용 그대로였다.

정비석 역사문학의 두 번째 갈래는 사담(史譚), 사화(史話), 그리고 전(傳) 등을 아우른 이른바 역사담물이다. 지금까지 확인된 바에 따르면 시기상 『飛石文學讀本』(글벗집, 1955)에 수록된 사담 「명기(名妓) 일지매(一枝梅)」과 「흑두재상(黑頭宰相) 홍언필(洪彦弼)」이 가장 앞선다. 같은 해 정비석은 『야담』지에 사담 『이조기인열전(李朝奇人列傳)』을 연재하고 있었다. 『폭군 연산군』을 단행본으로 발간한 『역사소설 연산군』(정음사, 1956)에도 '이조사담', 즉 「김판서(金判書)와 단천관아(端川官娥)」, 「효종대왕(孝宗大王)과 박탁(朴鐸)」, 「변도령(邊道令)과 옥소선(玉簫仙)」이라는 세 편의 사담이 실린 바 있다. 한편 『이조야담사담전집』(동국문화사, 1960)에는 『폭군 연산군』을 개제한 「폭군 연산의 행장기」 외에 「풍류기담(風流奇譚)」, 「세종대왕」, 「황희 정승」, 「활빈당」 등 다양한 그의 역사담물이 수록되었다. 이러한 사실들을 종합해보건대, 정비석의 역사담물 쓰기는 역사소설 창작 훨씬 이전부터 행해졌던 것으로 보이며, 그 작품 수 역시 상당할 것으로 추측된다.

한편 정비석은 사화집 『이조여인사화(李朝女人史話)』(정음사, 1976)를 내놓은 바 있는데, 이에 수록된 총 14편의 텍스트 출처는 모두 야사(野史)로 옛날 여인들의 애정사에 관한 기록이 주를 이루고 있다. 역사적 사실을 정리한 텍스트라기보다는 역사적 소재를 인물 중심으로 흥미롭게 재구성한 역사담물인 것이다. 이로부터 10여년 후 정비석은 『현부열전(賢婦列傳)』(정음사, 1985)이라는 사화집을 같은 출판사에서 발간한다. 총 15편으로 구성된 이 사화집은 제목에서 알 수 있듯이 역사상 뛰어난 부인들과 어머니들에 관한 기록을 담고 있다. 『이조여인사화』가 흥미로운 이면사(裏面史) 중심의 이야기인데 반해, 『현부열전』은 인물의 행적에 더욱 주목한 텍스트라는 점에서 차이가 있다. 그러나 두 텍스트 모두 역사 속 여성들의 삶을 조명하고 있다는 점에서 정비석 문학의 일반적 관심사에서 벗어나 있지 않다.

역사적 인물 중심의 사담 쓰기에 지속적인 관심을 가졌던 정비석은 그 외연을 '퇴계 이황'에게로까지 넓혔다. 그 결과물이 「퇴계일화선(退溪逸話選)」(1976.12~1979.6)과 『퇴계소전(退溪小傳)』(퇴계학연구원, 1978)이다. 「퇴계일화선」은 『퇴계학보(退溪學報)』에 10회에 걸쳐 26화가 연재된 후 총 30개의 일화로 구성된 사화집 『퇴계일화선(退溪逸話選)』(퇴계학연구원, 1980)으로 출간되었다. 그 과정에서 네 개의 일화가 추가되고,[8] 배치 순서와 제목 역시 일부 바뀌었으나 내용은 동일했다. 한편 『퇴계소전』은 퇴계라는 인물의 행적을 연대기 순으로 정리하고 그의 학문 세계에 관한 설명을 덧붙인 일종의 전기였다. 이 텍스트 역시 일화 중심으로 이루어져 있으나, 『퇴계일화선』에 비한다면 공적 기록으로서의 성격이 더 짙다고 말할 수 있다. 『퇴계일화선』이 독자의 흥미를 상대적으로 더 의식한 글쓰기였던 것이다. 예컨대 『퇴계일화선』의 제30화 「단양기(丹陽妓) 두향(杜香)의 아향(雅香)」 일화가 『퇴계소전』에서 빠지게 된 이유가 이와 무관하지 않아 보인다.[9]

정비석 역사문학의 세 번째는 갈래는 기존 중국 역사물을 소설화 한 작품군이다. 『소설 손자병법』(『한국경제신문』, 1981.6.2~1983.2.17)과 『초한지』(『한국경제신문』, 1983.2.18~1985.11.19)가 바로 그 대표작이다. 이들 작품의 연재를 통해 1980년대 한국출판계에 유례없는 역사소설 열풍을 몰고 온 주

8 「퇴계의 독서법」, 「퇴계와 방아타령」, 「소수서원(紹修書院)」, 「단양기(丹陽妓) 두향(杜香)의 아향(雅香)」이라는 제목의 일화가 추가되었다.

9 『퇴계학보』의 연재분에도 이 일화는 빠져 있다.

역으로서 『자유부인』 이후 다시 한 번 그는 대중의 주목을 받게 된다. 정비석은 이전에 이미 한 차례 중국 역사물을 소설화 한 경력이 있었다. 바로 『소년삼국지(少年三國志)』(『학원』, 1963.1~1967.10)다. 이 작품은 중국 고전 소설의 원작을 저본으로 삼은 것이 아니라 요시카와 에이지[吉川英治]가 번안한 일본어판 『삼국지』를 기반으로 이에 창작적 요소를 가미한 것이었다.[10] 제목에서도 알 수 있듯이 이 작품이 겨냥한 주 독자층은 학생이었다. 실제로 학생 대상의 잡지에 연재되었으며, 그런 만큼 쉬우면서도 흥미롭게 읽히도록 쓰였다. 그 인기를 말해주듯 이 작품은 연재 종료와 함께 바로 전5권의 단행본 출간을 보게 된다. 그 제명은 '소년'을 떼어낸 『삼국지』(학원장학회, 1968)였다. 기대독자의 폭을 확대시키기 위한 포석이었을 것이다. 이후 등선문출판사(1976), 일연각(1977), 대현문화사(1978), 고려문화사(1978), 고려원(1985) 등 여러 출판사에서 연이어 출간되었다. 결과적으로 이 텍스트는 『소설 손자병법』 연재의 전사(前史)였다.

『소년삼국지』의 계보를 잇는 『소설 손자병법』을 정비석은 10여 년간에 걸쳐 20여 권의 관련 연구서적을 독파한 후 총 530회에 걸쳐 『한국경제신문』에 연재했다. 그는 '손자병법의 정신'에 초점을 맞춘 이 소설이 국가를 경영하는 정치학의 보감이자 기업 운영의 지침서로 활용될 수 있을 것으로 기대했다.[11] 그 같은 예상에 부응하듯 신문연재 당시부터 선풍적인 인기를 끌었다. 『소설 손자병법』은 『명기열전』의 연재 종료 직후 같은 지면에 연재되었다는 점에서 한편으로 후자의 대중적 성공에 힘입은 바가 크다. 특히 이 작품은 연재 종료 다음 해 전4권(『소설 손자병법』, 고려원, 1984)으로 발간되어 3백만 부 판매라는 베스트셀러 신화를 일궈냈다. 이 전질의 제1~3권은 신문연재분과 내용 및 체제, 그리고 장 제목이 모두 같았다. 연재분에 추가된 제4권 '병법해설'은 정비석이 쓴 머리말,

10 홍상훈, 「양건식(梁建植)의 『삼국연의(三國演義)』 번역에 대하여」, 『한국학연구』 14집, 인하대 한국학연구소, 2005, 71쪽.
11 정비석, 「'소설인생' 마감 … 집필 혼신8년」, 『한국경제신문』, 1989.7.25.

그리고 '손무'와 '손빈'의 『손자병법』에 관한 한무희의 해설을 한데 묶은 일종의 해설서였다. 2000년대 들어 이와 동일한 판본의 『소설 손자병법』(은행나무, 2002)이 출간된 바 있다.

『소설 손자병법』의 연재 종료에 즈음하여 광고되기 시작한 『초한지』는 작자 정비석의 술회에 따르면, 중국 역사 전체를 3부작으로 소설화하기 위해 『삼국지』, 『손자병법』과 함께 반드시 써야 한다는 의무감에서 나온 작품이었다.[12] 말하자면 앞서의 두 작품의 후속작으로 기획된 것이다. 총 9부 850회에 걸쳐 연재된 이래 『초한지』는 연재 기간 중 일부가 『소설 초한지』(고려원, 1984~1985)로 출간되고 연재 종료와 함께 전5권이 완간될 정도로 대중적 인기몰이에 성공했다. 단행본은 신문연재본의 부제를 권 명으로 가져다 썼으며 총 9부로 나뉘어 발간되었다. 그리고 연재 당시 동시 발간된 이 텍스트를 저본으로 한 단행본 전집 『소설 초한지』(범우사, 2003)가 2000년대 들어 재출간되기도 했다.

3. 같은 일화, 다른 이야기 틀의 상호텍스트성

정비석의 역사문학은 역사적 소재라는 공약수를 매개로 상호텍스트성을 형성하며 전개되는 양상을 보인다. 정비석이 본격적으로 역사문학에 발을 들여 놓은 순간부터 이러한 단초가 발견된다. 『역사소설 연산군』(정음사, 1956)은 일종의 작품집으로 이에는 장편 『연산군』과 함께 단편소설에 가까운 세 편의 글이 함께 수록되었다. 정비석은 이들 텍스트를 '이조사담'로 명명했다. 소설로서의 체제를 갖추었다고 보기에는 미

12 정비석, 「작가후기」, 『소설 김삿갓』 제6권 금수강산, 고려원, 1989.

흡했기에 붙인 양식명인지, 장형의 서사물이 아닌 관계로 역사소설이라 명명하기 어렵다는 판단에서였는지 그 정확한 이유는 알 수 없다. 역사소설과 함께 엮었다는 사실에 근거하건대, 이를 역사소설의 맹아적 형태로 간주했던 것만은 분명해 보인다. 흥미로운 점은 이 가운데 「김판서(金判書)와 단천관아(端川官娥)」의 내용이 후일 『명기열전』의 제13화 「단천기 항아(端川妓 姮娥)」로 소설화된다는 사실이다. 「변도령(邊道令)과 옥소선(玉簫仙)」의 경우도 『명기열전』의 제31화 「종장 잔화군상(殘花群像)」 중 「평양기 옥소선(平壤妓 玉簫仙)」 편과 그 소재가 같다.

한편 사화집 『李朝女人史話』 경우 제1화 「노진판서(盧禛判書)의 애처(愛妻)」는 『명기열전』의 제13화 「단천기 항아」와, 제6화 「인조반정(仁祖反正)과 동정월(洞庭月)」은 『명기열전』의 제26화 「평양기 동정월(平壤妓 洞庭月)」과, 제13화 「재가열녀(再嫁烈女)」는 『명기열전』의 제8화 「곡산기 매화(谷山妓 梅花)」와 모티프가 동일하다. 『이조여인사화』의 발간 시점과 『명기열전』의 연재 시기가 겹치는 것을 감안할 때, 같은 모티프를 활용한 양 텍스트가 각기 '사화'와 '역사소설'로 양식을 달리하여 쓰였다는 것을 알 수 있다.

이처럼 동일한 모티프의 서사적 변주는 『역사소설 연산군』에 수록된 「김판서(金判書)와 단천관아(端川官娥)」, 『명기열전』의 제13화 「단천기 항아」, 그리고 『이조여인사화』의 제1화 「노진판서의 애처」 간의 비교에서 그 상호텍스트성이 여실히 드러난다.

① 숙종(肅宗)때의 사람 김우항(金宇杭)은, 오십이 지나서는 병조판사(兵曹判書)의 벼슬까지 지냈지만, 그도 젊었을 때에는 누구보다 못하지 않게 불우한 시절이 있었다. 김판서는 워낙 대갓집 자제로 태어났는지라, 어려서부터 사서삼경과 병서에 능통하여 학문이 도저하기로 말하면 누구에게나 뒤질바가 없었으나, 그것도 역시 시운이 불리한 탓이었는지 과거(科擧)를 보면 번번히 낙방(落榜)을 하였다.[13]

② 조선왕조 제십구대 임금이었던 숙종(肅宗)초. 서울 남산골에는 김우항(金宇杭)이라는 가난한 선비한사람이 살고 있었다. 김우항은 청송부마 김홍경(青松駙馬 金洪慶)의 후손이어서 문벌은 당당하지만 부모를 일찍 여의고 학문에 정진하느라고 가사를 돌보지 않아 찢어지게 가난하였다.

게다가 운수가 불길하여 학문의 실력은 대단한데도 불구하고 과거를 보면 언제나낙방이었다. 그리하여 나이 40이 가깝도록 포의한사(布衣寒士)로 군색하게 지내는 수밖에 없었다.[14]

③ 이조 선조(宣祖) 때에 노 진(盧禛)이라는 명신(名臣)이 있었다. 아호를 옥계(玉溪)라고 부르는 노 진은 30세가 다 되어 장원급제하여, 나중에는 병조판서(兵曹判書)와 이조판서까지 지내면서 국가에 많은 치적을 남긴 공신이었다.

그러나 그가 이처럼 입신양명(立身揚名)을 하게 된 그늘에는 가련한 한 여인의 숨은 공로가 있었으니, 그 사연은 다음과 같다.[15]

발표 시기가 다른 위의 세 텍스트의 서두는 인용문에서 보듯이 대체로 유사한 양상을 보인다. 사료에 근거하여 주인공에 대한 기본정보를 제공한다는 점에서 크게 다르지 않은 것이다. 하지만 그 이면에는 작지 않은 차이가 존재한다. 「김판서(金判書)와 단천관아(端川官娥)」의 경우 인용문 ①에서처럼 제목에 제시된 주인공 '김판서(金判書)'라는 인물에 관한 소개로 글을 열고 있다. 역사적 인물에 관해 구성된 이야기로서 '사담(史譚)'의 일 전형을 보여주고 있는 셈이다. 이에 비해 『명기열전』 「단천기항아」 편의 한 대목인 ②의 경우 상대적으로 동일인물에 관한 정보가 좀 더 소상히 서술된다. 그러나 엄밀히 말해 ②는 작품의 서두가 아니다. 인용문 ② 앞에 주인공 '항아'라는 존재의 행적에 관한 사료, 그리고 그

13 정비석, 「김판서(金判書)와 단천관아(端川官娥)」, 『역사소설 연산군』, 정음사, 1956, 274쪽.
14 정비석, 『명기열전』, 『조선일보』, 1975.12.7.
15 정비석, 「노진판서의 애처」, 『이조여인사화』, 정음사, 1976, 9쪽.

같은 이름을 자신이 붙이게 된 내력을 설명하는 장이 설정되어 있기 때문이다. 본격적인 이야기 전개에 앞서 제시된 일종의 메타적 서술인 셈이다. 액자구성에 해당하는 이 같은 도입부는 정비석의 역사소설에서 흔히 발견되는 서사적 얼개이다. 한편 앞의 두 텍스트와 모티프는 유사하나 인물 및 내용 면에서 현저한 변개가 행해진 '노진판서의 애처'의 경우 인용문 ③에서 보듯이 이면사로서의 면모가 두드러진다. 이 같은 지향은 옛날 여인들의 애정 기록을 통해 그네들의 내면생활의 일단을 소개하고자 한 집필 동기[16]에 부합하는 것으로서 소설과는 다른 '사화'의 양식적 특질을 드러낸다.

사화와 소설 간의 담화적 차이는 역시 동일 모티프의 두 텍스트, 『퇴계일화선』의 제30화 「단양기 두향의 아향」과 『명기열전』의 제21화 「단양기 두향」 간의 비교에서도 뚜렷이 드러난다. 제목만을 두고 본다면 응당 전자의 초점인물은 '퇴계'이고, 후자의 초점인물은 '두향'이 될 것이다. 전자가 대화체를 생략한 상태에서 회고적 문체로 '퇴계'의 행적을 역사가의 시선으로 소략히 기술하고 있다면, 후자는 사건 중심의 전개를 통해 '두향'이라는 인물을 입체적으로 재현해내는 데 주안점을 두고 있다. 따라서 후자의 경우 상상적 재구에 가까운 텍스트이다. 이러한 허구적 측면을 보족하듯 정비석은 『명기열전』의 여느 편에서처럼 해당 인물의 실존성을 강조하기 위해 그녀의 무덤을 찾아가는 일련의 여정을 도입부로 삼는다. 이 같은 서사구조는 흔히 단편적인 일화의 소개에 그치게 마련인 사화 혹은 사담과 분명 다른 담화적 특질을 보여준다. 역사에 관한 메타적 글쓰기로서 역사소설만의 차별화된 면모가 과시되고 있는 것이다.

같은 소재를 매개로 한 텍스트 간의 교섭 양상은 소설 작품들 사이에서도 자주 눈에 띈다. 그 대표적인 예로 『김삿갓 풍류기행』에 나오는 '내

---

16 위의 책, 4쪽.

기말' 일화를 들 수 있다. 홀로 산중을 걷던 마나님과 처음 만난 그녀에게 몸을 요구하는 중놈 사이의 시비를 해학적으로 담아낸 이 일화는 이미 『명기열전』에 등장한 바 있다. 제12화 「영흥기 소춘풍(永興妓 笑春風)」편 탁발승과 소춘풍 간의 '말내기'가 그것이다. 『김삿갓 풍류기행』에서 이는 익명으로 처리되어 재활용된다. 『김삿갓 풍류기행』에 소개된 기생 '이화'의 이야기 역시 『명기열전』에서 끌어온 일화이다. 평안감사로 부임해온 관리들이 이화라는 기생에 혹하여 정사를 보살피지 않자 임금이 호조참판 허민을 암행어사로 파견하게 된다. 허민이 자기를 죽이러 내려오는 것을 미리 알게 된 이화는 주모로 변장해 허민과 하룻밤을 보내며 자신의 팔뚝에 이름을 새겨 달라함으로써 위기를 모면하게 된다. 이 일화는 『명기열전』 제2화 「장성기 노화(長城妓 蘆花)」 편을 각색한 것으로 그 과정에서 등장인물의 이름이 '노화'에서 '이화'로, '노계명'에서 '허민'으로 바뀌고 이야기가 압축된 것이다. 한편 『명기열전』 제28화 「홍원기 홍랑(洪原妓 洪娘)」 편 기생 홍랑과 고죽 최경창 사이의 애정비화는 분량만이 줄어 든 채로 『김삿갓 풍류기행』에 재차 등장한다. 이외에도 『김삿갓 풍류기행』은 '황진이'와 같이 익히 알려진 여러 인물들의 일화를 『명기열전』에서 빌어 와 변주시켜 소개하고 있다.

4. '교훈'이라는 이름의 당의정

정비석의 역사소설 창작 동기는 표면상 과거에 대한 성찰로부터 현재에 유용한 교훈을 이끌어내는 데 있었다. 첫 번째 역사소설 『폭군 연산군』에 대해 정비석은 후일 "역사는 언제나 공정한 최선의 충고자인 동시에, 냉철한 최후의 심판자이기도 하다. 그러기에 나는 연산군(燕山君)

의 어지러웠던 행적을 일일이 파헤쳐 많은 사람들에게 알려 줌으로써, 금후에는 그와 같이 불행한 시대가 다시는 오지 않게 하려고 이 소설을 쓰게 되었던 것이다"[17]라고 회상한다. 역시 단행본 전작소설로 발표한 『민비』의 머리말에서도 "우리는 이 자취를 더듬어보면서, 조선왕조가 패망한 원인을 추적하고, 그것이 오늘 우리들에게 어떤 교훈을 주고 있는가를 독자들과 함께 찾아보고자 나는 이 작품을 썼다"[18]는 식의 유사한 논리를 표명한 바 있다.

이처럼 정비석은 자신의 역사소설 창작을 일종의 역사 기술의 대체적 글쓰기로 규정한다. 신문에 연재한 역사소설 창작에서도 이 같은 의식이 견지되나, 문제는 그것이 신문사의 기대지평과 달랐다는 것이다. 『명기열전』의 연재에 대해 신문편집자는 "잊혀가거나 왜곡되어 있는 기생(妓生)을 통해 옛 왕조(王朝)의 사회사(社會史)와 정치사(政治史)를 흥미 있게 그려주"길 기대한다. 이에 대해 정비석은 "나날이 소멸되어가는 과거 명기(名妓)들의 진면목을 소개함으로써 한국적인 풍류의 일면을 더듬어 볼까 한다"[19]라는 창작의 방향을 제시했다. 연재를 기획한 신문사가 대중성에 초점을 맞춘 반면, 작자는 역사적 사실의 발굴내지는 기록에 더 큰 의의를 부여한 것이다. 실제로 작자의 이러한 의식은 "내가 명기열전을 쓰고 있는 의도는, 서럽게 살다가 불쌍하게 죽어간 '명기'라는 이름의 뛰어났던 여성들을 한자리에 모아서 세상에 널리 알려 보자는데 있다"[20]라든지 "기생이라는 이름으로 천대를 받아오면서도 그 설사로운 환경속에서도 '기생도(妓女道)'를 알뜰히 지켜온 그 정신이 아름다왔기 때문이었고, 지금은 이미 없어진 오랜 전통을 소설로나마 후세에까지 남겨보고 싶기 때문이었다"[21]와 같은 편집자적 논평의 서술을 통해 연재 중간 중

---

17 정비석, 「작가의 말」, 『소설 연산군』, 고려원, 1996.

18 정비석, 「이 책을 읽는 분에게」, 『민비』, 범우사, 1980.

19 「새연재소설 명기열전 '잊혀가는 해학－풍자－정취 … · "조선왕조의 풍류"」, 『조선일보』, 1974.3.31.

20 정비석, 『명기열전』, 『조선일보』, 1977.10.7.

간 피력되곤 했다.

『명기열전』에 이은 『김삿갓 풍류기행』에서는 매체와 작가 사이의 위와 같은 기대 편차가 어느 정도 좁혀지는 것을 볼 수 있다. 연재를 요청한 편집자는 "19세기 조선조(朝鮮朝) 계급사회에서 시(詩)를 통한 해학과 풍자로 서민정신을 대변한 기인(奇人) 김(金)삿갓(金炳淵)의 행적을 좇아 역사의 현장을 샅샅이 답사해 가면서 그려나갈 『김(金)삿갓 풍류기행(風流紀行)』은 각박한 현대생활에 활력과 즐거움과 웃음을 선사해 주는 한편 자신과 주변을 돌아보는 뜻 깊은 시간을 마련해 줄 것"[22]이라는 기대감을 표했다. 작자의 출사표 역시 이와 크게 다르지 않았는데, "어느시대의 사람이며, 무엇 때문에 집을 뛰쳐나와 삿갓을 쓰고 유리(流離)의 객(客)으로 종신(終身)했는지에 대해서는 널리 알려져 있지 않은것 같습니다. 그러기에 이 소설에서는 그러한 사실들을 밝혀 나가면서, 그가 방랑생활을 하는 동안에 눈으로 보고, 귀로 듣고, 몸으로 겪었던 가지가지 이야기들을 되도록 흥미롭게 풍류적으로 엮어나가볼 생각"[23]이었다. 신문사가 기인으로서 김삿갓의 흥미로운 행적에 주목하여 독서의 효용성을 선전하고 그에 대한 기대감을 표명한 것과 달리 작자 정비석의 경우 대상 인물의 행적에 대한 사실적인 탐색을 좀 더 강조했다는 점이 차이라면 차이다. 정비석에게 역사소설 창작은 이처럼 단순히 오락적 읽을거리에 그치는 글쓰기가 아니었다. 흥미를 넘어선 그 이상의 가치, 말하자면 역사적 교훈을 주는 글쓰기여야 한다는 의식이 거기엔 내재해 있었다. 『김삿갓 풍류기행』 연재를 마친 직후 정비석이 "나는 이작품(作品)을 쓰게 된데 대해 작가(作家)로서의 커다란 보람을 느낀다"[24]라고 자부할 수 있었던 사정은 이 같은 집필 동기와 결코 무관하지 않다.

---

21 정비석, 「'순애(殉愛)의 고혼(孤魂)' 찾아6년-『명기열전』을 끝내고」, 『조선일보』, 1979.3.1.
22 「내일부터 정비석씨 제3탄 소설(小說) 연재」, 『한국경제신문』, 1985.11.19.
23 정비석, 「작가의 말」, 『한국경제신문』, 1985.11.19.
24 정비석, 「'소설인생'마감 … 집필혼신 8년」, 『한국경제신문』, 1989.7.25.

그런가 하면 역사담물 쓰기에 있어서 정비석은 역사소설에 비해 상대적으로 교훈적 측면을 중시했다. 그는 사화집 『이조여인사화』의 머리말에서 해당 저서에 수록되어 있는 14편의 옛 이야기가 모두 야사(野史)에 나오는 이조(李朝) 여인들의 사화(史話)로서 그네들의 애정 기록을 통해 내면생활의 일단을 소개할 것임을 밝힌다. 10여 년 후에 발간한 사화집 『현부열전』의 집필 동기 역시 이와 유사하거니와, 우리 역사상에 나타난 뛰어난 부인들과 어머니들에 대한 소개[25]에 그 목적을 두고 있는 것을 보게 된다.

전(傳) 양식으로 기술된 『퇴계소전』의 경우도 역사적 인물의 행적이 후대에 환기시키는 의의를 강조한다는 점에서 앞서의 역사담물들과 목적의식이 크게 다르지 않다는 것을 알 수 있다. 퇴계의 수많은 일화를 중심으로 그의 인간성을 부각시켜 나가면서, 그의 학문에 대해서 누구나 알기 쉽도록 소개하는 데 바로 저술의 지향점을 두었던 것이다. 그 동기는 퇴계의 인물과 학문은 누구나가 알고 있어야 할 것임에도 불구하고, 일반적으로 너무도 알려져 있지 않은 것이 유감스러워서였다.[26] 비슷한 내용을 일화 중심으로 풀어 쓴 『퇴계일화선』은 『퇴계소전』 집필 직후 『퇴계학보』에 연재한 글들을 묶은 것으로 소설적 담화 형식에 가까운 면모를 보여준다. "한국 유학계(韓國 儒學界)의 최고봉인 퇴계 이황(退溪 李滉)의 사상과 인품을 쉽게 알아보는 데는 그가 七十평생에 남겨 놓은 허다한 일화를 더듬어 보는 것이 가장 좋은 방법이 아닐까 하는 생각"[27]에서 대중적 전언력을 높이고자 소설의 형식을 빌린 것이다.

한편 역사소설, 사화 및 전 같은 역사담물과 비교할 때, 중국 고전 역사물을 소설화한 일련의 텍스트들에 이르러서는 처세적 교훈과 통속적 재미의 측면이 노골화되는 경향이 나타난다. "『소설(小說) 손자병법(孫子

25 정비석, 『현부열전』, 정음사, 1985, 6쪽.

26 정비석, 『퇴계소전』, 퇴계학연구원, 1978, 5쪽.

27 정비석, 「퇴계일화선(一)」, 『퇴계학보』, 퇴계학연구원, 1976.12, 52쪽.

兵法)』은 동양(東洋)의 고전(古典) 『손자병법(孫子兵法)』의 지략을 통해 기업 경영의 이치와 처세의 원리를 제시해줌으로써 독자여러분을 심취케 할 것입니다"[28]라는 광고를 통해 피력된 신문사의 연재 기획 의도에 작자 역시 적극 부응했음이 후일 정비석의 다음과 같은 회고에서 확인된다.

> 나는 『孫子兵法』이라는 이 소설 속에서, 그 당시에 할거(割據)했던 수많은 영웅호걸들을 총동원시켜가면서, 그들 사이에 일어났던 무궁무진한 권모술수와 파란만장했던 수많은 전쟁들을 다채롭게 엮어 나가느라고 노력해 보았다. 날이 갈수록 치열해가는 경쟁 속에서 살아가야 하는 현대인들에게 이 책이 다소나마 도움이 될 수 있다면 그처럼 다행한 일은 없겠다.[29]

『소설 손자병법』이 거둔 흥행에 고무된 신문사 측의 요청에 의해 바로 뒤이어 연재된 『초한지』는 재미의 요소가 훨씬 강조된 텍스트이다. 심지어 작자 정비석이 직접 나서 "역발산 기개세(力拔山 氣蓋世)의 괴수(魁帥) 항우(項羽)와 인후관용(仁厚寬容)의 덕장(德將) 유방(劉邦)과의 건곤일척(乾坤一擲)의 초한(楚漢)쟁패전은 5천 년 중국(中國)역사중에서도 풍운과 파란이 가장 중첩했던 인생활극의 극치였"다는 시대 배경에 관한 설명과 함께 "이 소설에는 개성이 강렬한 지사와 열사들도 무수히 등장하여 작중(作中)의 사건들을 흥미진진하게 전개시켜 주기도 합니다"[30]라는 해설까지 덧붙임으로써 독자 대중의 관심을 격앙된 목소리로 한껏 불러일으키기까지 했다.

정비석의 역사문학 집필 의도는 이렇듯 외견상 다양했다. 그것은 일차적으로 해당 글쓰기의 갈래, 즉 소설인가 역사담물인가에 따른 차이에서 기인한 것이었다. 단행본이었는가 연재물이었는가에 따른 차이

28 「새연재 소설 손자병법」, 『한국경제신문』, 1981.5.29.

29 정비석, 「작가의 말」, 『소설 손자병법』 1, 고려원, 1984.

30 정비석, 「작가의 말」, 『한국경제신문』, 1983.2.16.

역시 컸다. 무엇보다도 발표 지면의 성격, 즉 매체의 규정성이 그 같은 차이를 낳은 지배적인 요인이었다. 『소설 손자병법』에서 시작하여 『초한지』, 『김삿갓 풍류기행』으로 이어진 일련의 연재가 경제신문 지상에서 이루어졌다는 사실이 이를 방증한다. 그러나 다른 한편으로 그 이면을 자세히 들여다보건대, 대외적으로 표방된 상이한 창작동기와는 별개의 공약수가 이들 역사문학 전반을 가로지르고 있다. 역사적 사실이라는 정보 혹은 지식, 그리고 그로부터 마땅히 얻어야 할 교훈을 견인하는 '재미'에 대한 고려가 바로 그것이다. 결과적으로 소설이란 읽혀야 하며 그러기 위해서는 재미있어야 한다는 그의 원칙이 50대 이후부터 쓰기 시작한 역사물에도 계속 이어져 『명기열전』, 『민비』 등의 인기작을 낳았고, 급기야 베스트셀러 『손자병법』을 탄생시킨 셈이다.[31] 이러한 맥락에서 정비석의 역사문학은 명목상 '당의정론'에 입각한 글쓰기였다고 말할 수 있을 것이다.

5. 성 · 역사 · 통속의 삼분지계 미학

과거에 대한 상상적 재구를 통해 선조적 시간 질서를 거스르는 방식이 곧 역사문학의 미학이라 한다면, 정비석의 다기한 역사문학은 온전히 그에 부합했던 글쓰기라 할 수 있다. 무엇보다도 공적 역사에 가려진 이면사를 다루는 데 주력했다는 점에서 그러하다. 정비석 역사문학의 실체는 멜로드라마적인 역사 재생 방식이 유발시키는 재미의 추구였거니와, 이때 역사 지식 혹은 교훈은 독자의 흥미를 한층 돋우는 촉

31 박성희, 「정비석의 작품세계」, 『한국경제신문』, 1989.7.25.

매제로 기능했다. 이러한 특징은 특히 성과 풍류에 관한 무수한 이야기, 일세를 풍미한 영웅들의 후일담, 재기 넘치는 복수담 등이 주요한 이야기 자원으로 등장하는 그의 역사소설 작품들에서 두드러지게 나타난다. 선정적인 이들 일화로 역사의 마디마디를 매듭지어 가는 정비석의 서사 전략은 대중 지향적이었던 바, 그 배후에 자리하고 있는 통속적인 성 담론으로 인해 단연 그 효과는 배가되었다. 정비석은 누구보다도 이러한 서사문법의 대중성을 앞서 자각하여 의식적인 층위에서 구사했던 작가였다. 역설적이게도 정비석의 다음과 같은 고백을 거슬러 읽어야 할 이유가 여기에 있다.

> 소풍풍의 이야기를 쓰기 위해 고리타분한 책을 뒤적이고 있던 어느날 아침, 무척 막역하게 지내는 친구한테서 느닷없이 전화가 걸려왔다. 명기열전을 쓰느라고 애를 쓰는 모양이므로 점심을 사줄테니 지금 곧 시내로 나오라는 사연의 전화였었다. (…중략…)
>
> "자네가 왜 그런 질문을 하는지 알아듣겠네. 기생얘기치고는 암내가 너무도 부족하다는 말이지? 이왕 기생얘기를 쓰려거든 살냄새가 폭폭 풍겨서 그야말로 보양제가 될수있는 이야기를 써달라는 말이겠지?"
>
> "우리같은 늙은 독자들이 요구하는 점을 자네도 노상 모르지는 않네 그려."
>
> "실천력이 부족하니까 이제는 남의 이야기를 눈요기나 해보자는 말이구먼? 그러나 명기열전을 음담위주로 쓸 수는 없는 일이 아닌가."
>
> "하기야 자네 입장으로서는 그렇기도 하겠지. 그러나 아무리 고상한 음식에도 양념은 반드시 필요한 법이네. 하물며 기생얘기에서 살냄새가 풍기지 않아서야 맛이 제대로 날 수 없는 일이 아닌가."[32]

위 인용문은 실제 『명기열전』 연재분의 일부로 향후 연재 방향을 놓

32 정비석, 『명기열전』, 『조선일보』, 1975.9.17.

고 고심하던 정비석이 친구로부터 독자의 요구를 전해 듣는 장면이다. 노골적인 성적 묘사를 기대하는 친구에게 정비석은 사실에 근거하여 명기들의 이야기를 쓰는 글이 음담 위주가 되어서는 곤란하다고 말한다. 그러나 이러한 답변과 달리 정비석은 『명기열전』를 비롯하여 숱한 역사소설 작품들에서 과감하다 못해 노골적이기까지 한 성적 묘사로써 갖가지 음담패설을 소재로 적극 끌어들였다. 정비석의 이 이율배반적인 행보는 그의 풍류관과 무관하지 않으며, 이와 관련하여 그의 내공은 만만치 않은 것이었다.

『명기열전』의 「서설」과 「妓生의 歷史」에서 정비석은 멋을 풍류와 직통하는 생활예술로 정의한다. 그리고 풍류 전통의 핵심으로 기생의 역사를 꼽거니와, 그가 이에서 주목한 내용의 상당 부분은 이른바 '살 냄새 풍기는 이야기'에 다름 아니다. 실제로 『명기열전』의 주인공들은 대개 성적으로 미화된 여성이며, 이들의 파란곡절 남성편력사는 어김없이 풍류의 역사로 재현되었다. 이는 비단 『명기열전』에 등장하는 기생들에만 국한되지 않는다. 『폭군 연산군』, 『민비』, 그리고 『김삿갓 풍류기행』 등에서 조명 받는 여성들 역시 성적 유희의 존재로 묘사되고 있기는 마찬가지다. 역사로부터 호출된 여성들이 멋과 풍류라는 낭만적 담론에 도취된 남성적 시선에서 하나같이 성 담론의 볼모로 포획되고 있는 것이다. 그러한 맥락에서 정비석의 역사문학, 특히 역사소설은 대단히 통속적인 남성중심의 서사라는 것을 알 수 있다. 성(性)·역사·통속의 삼분지계(三分之計)라는 정비석 역사소설 창작 문법이 성공적인 흥행 성적을 거둔 데에는 이러한 내막이 숨어 있었던 것이다.

정비석 역사소설의 삼분지계가 균형을 잃지 않은 데는 신문이라는 연재지면의 덕도 컸다. 신문연재소설은 태생적으로 일관되고 치밀한 서사적 구성을 보장받기 어려운 한계 속에 놓여 있다. 매체의 특성상 하루분의 연재만으로도 완결성을 갖추어야 하기 때문이다. 오랜 기간 역사소설이 신문연재소설로서 편집자와 독자 모두에게 환영받은 데에는 그와 같은 요건에 역사소설이 적임자였기 때문이다. 따라서 단편적인 일화들의 여열에 불과하다는 비난이 특정 텍스트에 쏟아졌다면, 아이러니하게도 그것은 신문연재소설로서 해당 역사소설이 본연의 책무를 다한 것이라는 평가로 볼 수 있다. 사건보다는 주로 인물에 초점을 맞춘 정비석의 작품들 역시 역사소설 일반의 이 경향에서 예외가 아니다. 일례로 중심인물의 행적에 얽힌 일화들은 물론이거니와 서사의 본류에서 벗어난 다수의 곁가지 이야기들로 읽는 재미, 곧 대중성을 담보해낸 사실을 들 수 있다.

통시적 측면에서 볼 때 정비석의 역사문학, 특히 역사소설 작품들에는 1920년대 후반 이래 번성한 신문연재 역사소설 일반의 특질을 전형적으로 대변하는 미학이 담겨 있다. 재미를 위해 동원된 여러 서사기법들도 그러하려니와 이를 보족하기 위한 차원에서 허구보다는 기록적 사실을 중시한 창작 태도 역시 앞선 역사소설 문학과의 계보적 연관성을 여실히 드러낸다. 무엇보다도 신문 지면을 통해 독자와 대면함으로써 전파력을 극대화시킨 사실이 그 부인할 수 없는 결정적 물증이다. 이렇듯 전대의 문학적 전통에서 학습한 (혹은 계승한) 자산이라 할 매체, 소재, 서사기법 간 균형을 통해 정비석은 역사소설계에서 이광수 이래 최고의 흥행성적을 일궈낼 수 있었다. 그리고 이 삼분지계의 미학은 정비석 역사문학의 고유색으로 현재까지 빛을 발하고 있다.

* 정비석 역사문학 작품 연보

작품명		최초 연재지 (단행본 출판사)	연재 기간 (출간 시기)	비고
역사소설	『暴君 燕山君』	아리랑	1955.3～1956.?.	『歷史小說 燕山君』(正音社, 1956) '暴君 燕山의 行狀記'로 개제 『韓國野談史譚全集』(東國文化社, 1960) 제13권에 수록 『韓國代表野談全集』(書正出版社, 1971) 제10권 수록 『小說 燕山君』(고려원, 1984)
	『名妓列傳』	조선일보	1974.4.2～1979.2.28.	1977년 二友出版社에서 前期 7권 출간 1981년 信正社에서 전10권 출간 『鄭飛石名妓列傳 美人別曲』(고려원, 1989) 『옛날 옛날에 한 女子-옷을 벗은 黃眞伊』(南鄕文化社, 1982) 『황진이-정비석의 역사인물소설』 1(열매출판사, 2006)
	『閔妃』	범우사	1980	『小說 閔妃傳』(고려원, 1987) 『소설 명성황후』(고려원, 1995) 『소설 명성황후』(범우사, 2001)
	『金삿갓 風流紀行』	한국경제신문	1985.11.20～1989.7.23.	『鄭飛石風流小說 小說 김삿갓』(고려원, 1988～1989)
역사담물	「명기 일지매(名妓 一枝梅)」 「흑두재상(黑頭宰相) 홍언필(洪彦弼)」	글벗집	1955	『飛石文學讀本』에 수록
	『李朝奇人列傳』	野談	1955	
	「김판서(金判書)와 단천관아(端川官娥)」 「효종대왕(孝宗大王)과 박탁(朴鐸)」 「변도령(邊道令)과 옥소선(玉簫仙)」	正音社	1956	『歷史小說 燕山君』에 수록
	『韓國野談史譚全集』 제13권	東國文化社	1960	『韓國代表野談全集』(書正出版社, 1971) 제10권으로 재발간
	『李朝女人史話』	正音社	1976	
	「退溪逸話選」	退溪學報	1976.12～1979.6	『退溪逸話選』(退溪學研究院, 1980)
	『退溪小傳』	退溪學研究院	1978	
	『賢婦列傳』	正音社	1985	
중국 역사물	『少年三國志』	學園	1963.1～1967.10.	『三國志』(學園奬學會, 1968) 凱旋門出版社(1976), 일연각(1977), 大賢文化史(1978), 고려문화사(1978), 고려원(1985) 등에서 출간
	『小說 孫子兵法』	한국경제신문	1981.6.2～1983.2.17.	『小說 孫子兵法』(고려원, 1984) 『소설 손자병법』(은행나무, 2002)
	『楚漢誌』	한국경제신문	1983.2.18～1985.11.19.	『小說 楚漢誌』(고려원, 1984～1985) 『小說 초한지』(범우사, 2003)

정비석 소설의 영화화와 그 시대성

이길성

1. 영화원작으로서 정비석 소설의 특성

1) 1950년대 작가로서 정비석

정비석은 1950년대에 한국영화산업이 가장 주목했던 소설가였다. 그의 소설을 각색한 영화 〈자유부인〉은 해방 이후 최고의 흥행작이었던 〈춘향전〉의 뒤를 이어 흥행기록을 갱신했고 한국영화계에 일명 '현대극'의 붐을 일으킨 기폭제가 되었다. 〈자유부인〉의 성공이 아니었더라도 그의 소설은 당시 최고의 인기를 얻고 있었으며 이러한 대중적 인지도는 영화를 위한 원작소설로서 제작자들의 관심을 끌었다. 그 결과 정비석은 한국영화 제작편수가 급증했던 1950년대 후반기에 가장 많은 소설이 영화로 각색된 작가가 되었고 그 대부분의 작품이 흥행에서도 성공을 했다. 이러한 과정을 통해 정비석은 김내성과 더불어 신문연재가 끝나기도 전에 영화화의 제의를 받는 인기 작가가 되었다.[1]

정비석의 작품이 영화화된 것은 주로 해방 이후 발표한 장편소설이다.[2] 특히 1950년대 신문소설을 중심으로 다양한 매체에 발표한 연애·세태소설[3]이 주 대상이었다. 정비석은 해방 이후부터 왕성하게 작품을 발표했는데, 1939년 『금단의 유역』으로 시작한 그의 장편소설은 1972년 『여수』에 이르기까지 37편으로 확인되며 그 이상일 가능성도 있다.[4] 그의 소설에서 영화화된 작품은 모두 16편 정도인데, 반복 제작되는 경우도 있어 영화화된 총 작품 편수는 22편이고 그중 사극을 제외하면 20편이 멜로드라마 계열의 작품들이다.[5] 그중 『자유부인』이 속편까지 총 5회, 『산유화』가 1957년과 1966년 2회, 『성황당』이 1939년과 1980년에 2회 제작되었다(자세한 사항은 189쪽 표 〈정비석 원작소설과 영화화 작품 목록〉 참조). 정비석과 더불어 가장 인기 있는 작가였던 김내성의 경우 영화화된 소설이 총 8편, 총 15편 여의 영화가 제작된 것에 비한다면 영화화된 정비석의 작품 편수는 주목할 만하다. 더구나 김내성의 작품은 『청춘극

---

1 예를 들어 『유혹의 강』이나 『사랑의 십자가』는 신문과 잡지의 연재가 끝나기도 전에 영화화 제의를 받고 원작이 발표된 바로 그해 영화로 만들어졌다. 심지어 『유혹의 강』은 단행본 하권이 나오기 전에 영화화가 되어서 단행본 하권에는 영화장면이 삽화로 실렸다.

2 영화화된 소설 중에는 1942년 발표한 『청춘의 윤리』도 포함되어있지만 대체적으로 해방 이후 특히 1950년대 집필한 장편소설이 영화화되었다.

3 여기서 다루는 소설들은 역사극이나 〈성황당〉 같은 문예영화를 제외한다는 의미에서 이영미의 논의를 따라 연애·세태소설이라고 지칭했다. 이 책에 실린 이영미, 「정비석 장편 연애·세태소설의 세계인식과 그 시대적 의미」, 10쪽 주1 참조.

4 위의 글, 10쪽.

5 한국영화데이타베이스(KMDb)에 따르면, 영화화된 정비석 원작은 17편이다. 여기서 문제가 되는 작품이 〈금단의 문〉인데, KMDb에는 정비석 원작으로 되어있지만 당시 신문자료나 광고에는 조남사 원작의 동명의 드라마를 각색한 것으로 되어있다. 소설과 영화의 내용비교와 당시 자료를 통해서 보았을 때 두 작품은 다른 것으로 보여서 여기서는 제외시켰다. 또한, 1957년의 〈자유부인(속)〉이 정비석으로 검색했을 때 제외되어 있다. 그러므로 여기서 22편은 KMDb의 목록 중 〈금단의 문〉을 제외하고 〈자유부인(속)〉을 넣은 수치이다.

장』이 1959년, 1967년, 1974년에, 『애인』이 1956년, 1967년, 1982년에 각각 3번씩 영화화되었고, 『실락원의 별』 상하 편을 제외하면, 그 외의 작품은 추리소설이거나 청소년소설이다.[6] 즉 멜로드라마라고 분류할 수 있는 작품은 9편 정도인데 그것은 『인생화보』를 포함해서 원작은 4편인 것이며 특히 1955년에서 1961년까지 제작된 멜로드라마 영화는 5편이다. 반면 정비석 소설은 같은 시기 11편의 영화가 제작되었다. 1950년대 가장 많은 사랑을 받았던 두 작가였지만 정비석의 경우 다양한 작품이 주목을 받아서 6년 사이에 11편이 대량 제작된 반면, 김내성은 몇 작품이 반복적으로 장기간 영화화되었다는 특징을 가지고 있다.[7] 또한, 정비석의 경우 반복해서 제작된 작품은 〈자유부인〉을 제외하면 〈산유화〉의 경우가 유일하다고 볼 수 있다.[8] 『자유부인』만이 1990년대까지 5번 정도 영화화되었는데[9] 1956년 오리지널 작품과 1957년 속편을 제외한 나

---

6 예외로 보이는 영화는 〈인생화보〉와 〈지상에서 맺지못할 사랑〉 정도인데, 후자는 추리소설 『사상의 장미』를 각색한 것이지만 포스터와 신문을 통해 보면 멜로드라마적 요소를 많이 가미한 것으로 추정된다. 『인생화보』 역시 추리적 요소가 강한 멜로드라마적인 소설이다. 이에 대해서는 이영미, 「추리와 연애, 과학과 윤리－김내성의 작품세계」, 이영미 외, 『김내성 연구』(소명출판, 2011) 참조.

7 1950년대에서 1960년대 초까지는 이 5편 외에 추리영화 〈마인〉, 〈지상에서 맺지못할 사랑〉, 〈진주탑〉이 제작되었다.

8 「성황당」이 1939년과 1980년에 2번 영화화되었으나 1980년 판인 〈뻐꾸기도 밤에 우는가〉의 에로물로서의 특성을 고려하면 정비석 소설에 대한 관심이라고 보기 힘든 부분이 있다. 1939년 제작한 〈성황당〉은 시기적 차이와 더불어 멜로드라마를 중심으로 살펴보려는 이 글의 성격과 맞지 않아 개작의 문제에서 제외시켰다. 그러므로 〈자유부인〉의 특이성을 제외하면 1960년 후반기 소설 각색 영화들이 유행했던 시기 만들어진 〈산유화〉 외에 정비석 소설이 반복해서 제작되는 경향은 드물다고 볼 수 있다. 문예물이 성행했던 1980년대까지 한국영화계가 주목했던 작가군에서도 이광수, 정비석, 김내성은 독보적 위치를 차지하지만, 〈뻐꾸기도 밤에 우는가〉(「성황당」)와 〈자유부인〉을 예외로 논다면 정비석 소설의 경우 1960년대 이후 주목을 받지 못하는 데 비해, 두 작가의 소설은 최근까지도 반복해서 드라마나 영화로 만들어지고 있다. 이광수는 문예영화적인 측면에서 원작소설로서의 인기를 유지하고 있으며, 김내성의 경우 정비석보다 시대적 특이성을 덜 겪는 경우라고 볼 수 있다.

9 이러한 〈자유부인〉의 반복된 제작은 원작소설의 유명세와 더불어 1956년 작품의 영화적 흥행력이 만들어낸 신화이기도 하지만, 헨리크 입센의 〈인형의 집〉처럼 한국의 여성문제에

머지 영화들은 소설의 명성에 걸맞지 않게 흥행도 성공하지 못했고 평론가들의 혹평을 받았다. 그러나 어떤 측면에서 보면 이러한 실패는 정비석이 1950년대 작가라는 현상을 보여주고 있는 부분이기도 하다. 정비석이 그려내는 소설은 다양한 인간 군상과 재빠르게 변화하는 사회 풍경 그리고 영화 전면에 배치되어서 그 모든 것을 매개해주는 연애 사건 등을 통해 1950년대를 가장 적확하게 보여주었다. 이러한 특징은 당대의 관객들에게는 매혹적이지만 그 이후 세대에게는 그만큼의 흥미를 끌지 못한 것으로 보인다. 그와 비교하면 연애 자체에 집중하여 연애와 사랑의 윤리적 문제를 파헤치면서 캐릭터의 내면에 집중했던 김내성의 경우는 이후 관객에게도 흥미로운 서사로 남은 것으로 보인다.

이처럼 정비석의 소설은 당대적이다. 1950년대 사회를 그리는 세태풍자의 분위기와 애정서사가 서로 긴장감을 형성하도록 구성되어서 대중적으로 흡인력 있는 서사구조를 이루고 있다. 그러나 연애·세태소설이라는 명칭에 걸맞게 정비석의 소설들에는 주인공 남녀의 사랑문제가 전면에 심각하게 등장하지 않는다. 전쟁미망인, 활달한 직장여성, 지적인 아프레걸 등 1950년대 사회적인 관심사였던 인물들이 등장해서 사회적으로 민감한 문제들과 연애서사들이 잘 맞물려 연결되어 있다. 이들 외에도 사업가, 국회의원, 브로커들, 건실한 직장인, 유한마담, 납북미망인, 젊은 사무직 여성 등 여러 계층의 인물들이 등장하는 다양한 에피소드를 통해서 당시 대중들이 느끼는 현대적 감각을 재현해내고 있다.

이 글에서 특히 주목하고 있는 (영화) 작품들인 〈자유부인〉, 〈여성의 적〉, 〈여성전선〉, 〈유혹의 강〉은 1950년대 후반기에 제작된 정비석 원작의 영화들로 위에서 언급한 세태풍자나 사회의 신풍속도가 가장 집약적으로 드러나는 작품들이다. 이 영화들은 1950년대 집필된 소설에 기반을 두고 있으며 소설 발표와 영화 제작 사이의 시간 간격이 길지 않은

대한 대표성을 띠는 소설로서 자리 잡은 문화적 현상의 결과로 보인다. 최근 2010년과 2012년에는 변혁 감독의 연출로 시네마틱퍼포먼스 형식으로 다시 무대에서 공연된 바 있다.

작품들이기도 하다. 1950년대에 정비석은 "엄청난 대중적 호응을 받으며 소설을 썼고, 『자유부인』 필화사건 등에서 확인되듯 당대사회와의 상호교섭이 매우 활발하고 강렬"[10]한 작가였다. 이 시기에 집필된 소설을 영화화한 작품들은 작가의 활기와 사회의식이 영화적 분위기에 그대로 살아있는, 즉 한국영화의 새로운 흐름을 형성하는데 중요한 역할을 한 작품들이다. 그러나 정비석 소설을 영화화한 작품들이 모두 이러한 시대성을 내포하고 있는 것은 아니다. 대부분의 작품들은 각색을 통해 당시의 인기 장르였던 멜로드라마의 전형적인 서사구조로 변형되거나 혹은 상업적 흥행에 적합한 작품이 선택되었다. 〈산유화〉나 〈낭만열차〉, 〈청춘의 윤리〉, 〈그 밤이 다시 오면〉 등과 같은 영화들은 당시 유행했던 멜로드라마의 전형적 관습을 보여준다. 또한, 〈번지없는 주막〉이나 〈산호의 문〉 같은 경우는 원작의 신파적 정서가 그대로 영화로 이어지면서 비평가들의 혹평을 받았다. 전형적인 멜로드라마 / 신파적 영화로 분류할 수 있는 이 범주의 작품들은 당대의 영화 서사의 통속적 경향을 보여줄 뿐 아니라 이 소설들이 연재되었던 신문이나 잡지의 종류 및 독자들의 성향도 보여준다. 이것은 이러한 분류의 문제는 특정 독자와 관객들의 연결지점으로 고찰될 수 있을 것이다.

2) 정비석의 소설이 포괄하는 다양한 소재와 독자층

위에서 고찰한 것처럼 정비석이 영화의 원작자로서 가장 주목받았던 시기는 1950년대 후반기였는데, 이 시기는 한국영화계가 산업적으로 성장하고 있었으며 폭발적인 작품수의 증가로 다양한 매체의 성공한 서사물들을 흡수하고 있을 때였다. 전술한 바처럼 1955년 〈춘향전〉의 성공

---

10 이영미, 「정비석 장편연애 · 세태소설의 세계인식과 그 시대적 의미」, 12쪽.

으로 대중에게 익숙한 시대극 영화가 제작되고 있던 한국영화계에 〈자유부인〉은 일명 '현대적인 서사'에 대한 관심을 일으켰고 영화매체가 가진 산업적 가능성을 재확인하는 계기가 되었다. 이 시기에 있어 그의 소설이 영화 원작으로 주목받은 것에는 정비석의 작품이 가지는 몇 가지 특징들이 있다. 그의 소설은 다양한 소재와 인물형을 등장시켜서 작품에 따라 통속적인 측면의 수위를 달리하고 있다. 『자유부인』이나 『유혹의 강』처럼 유한마담 혹은 전쟁미망인이라는 사회적으로 민감한 소재를 정확하게 시사하는 작품이 있는가하면 『산유화』처럼 소녀적 감성의 작품도 있고 『번지없는 주막』처럼 신파적인 분위기의 서사도 존재한다. 이러한 소설의 층위들은 그가 보여주는 대중성의 폭넓은 스펙트럼으로 인한 것이며 영화로 각색한 이후에도 가장 논쟁이 되었던 작품에서 통속적인 멜로드라마까지 다양한 관객층을 매혹시키는 동인이 되었다. 두 번째는 연애와 세태묘사의 절묘한 결합을 통해 만들어지는 흡인력 있는 서사구조를 들 수 있다. 전술한 것처럼 정비석 소설은 연애 자체보다는 세태풍자나 사회적 풍경을 드러내기 위해 연애사건이 존재한다고 할 수 있다. 그것은 순수한 감성으로서의 연애가 아니라 경제관념에 기반을 둔 애정 교환의 성격으로서의 연애라는 인식의 변화를 적나라하게 그려낸다는 점[11]에서 여타 작가의 연애소설에 비해 독특한 위치를 차지한다. 세 번째는 여성 주인공들의 모호성과 양가성이 만들어내는 사회적 메타포로서 의미들이다. 이 두 번째와 세 번째의 특성은 〈자유부인〉에서 〈유혹의 강〉까지 주요한 멜로드라마들이 화제로 삼았던 바로 그 논점들이며 이후 3장과 4장에서 구체적으로 논의가 될 것이다. 여기서는 우선 2장 논의에 주요 기반이 될 첫 번째 문제를 보자.

우선 영화로 각색된 작품 수에 있어서 정비석은 다른 작가에 비해 독보적인데, 이처럼 많은 작품들이 영화화된 것에는 워낙 다작 작가인 이

11 이에 대해서는 이 책에 실린 이선미, 「공론장과 '마이너리티 리포트'」, 99~101쪽 참조.

유도 있겠지만 그보다도 당시 한국영화계에 멜로드라마가 주요한 흐름으로 자리 잡았고, 정비석의 대부분의 소설은 바로 그러한 장르와 가장 밀접한 서사구조를 가지고 있다는 점을 주시할 필요가 있다. 역설적으로 생각하면, 정비석 소설을 기반으로 한 〈자유부인〉이 멜로드라마의 시작을 알렸으며, 그의 소설 속 여성 캐릭터와 서사구조는 멜로드라마의 당대적 성격의 형성에 지대한 영향을 미쳤다고도 볼 수 있다. 이 시기 각색된 작품의 경향을 살펴보면 제작된 순서대로 1950년대 후반기는 〈자유부인〉, 〈여성의 적〉, 〈속 자유부인〉, 〈여성전선〉, 〈산유화〉, 〈유혹의 강〉, 〈그 밤이 다시오면〉, 〈사랑의 십자가〉, 〈낭만열차〉 등이 있고, 1960년의 〈슬픈 목가〉와 〈청춘의 윤리〉, 1961년의 〈번지없는 주막〉 등이 있다. 그리고 1960년대 중반 문예영화의 붐으로 다시금 소설의 각색이 인기를 얻었는데 그 때 〈산유화〉와 〈산호의 문〉이 제작되었다. 또한, 1960년대 말 〈미워도 다시 한번〉으로 인한 멜로드라마의 인기가 다시 고조되었고 이러한 영향력하에서 1969년 〈자유부인〉, 〈고원〉이 만들어졌다. 〈산유화〉를 제외한 1956년부터 1958년까지의 순서대로 제작된 다섯 작품은 가장 적확하게 당대 세태풍조와 사회적 문제를 연애서사와 결합시켜 진지하게 표현하였던 반면, 이후의 〈그 밤이 다시오면〉부터 〈낭만열차〉까지는 1958년부터 시작된 새로운 멜로드라마 경향에 힘입어 만들어진 것으로 1930년대 인기를 얻었던 악극에서 전이한 신파적 서사 혹은 전형적인 멜로드라마의 유행에 맞춰서 개작된 작품들이며 좀 더 순종적이고 전통에 얽매인 여성들이 등장하는 영화들이다. 〈산유화〉의 경우는 이례적으로 순정형 사랑을 그려낸 작품인데 이에 대해서는 후술할 것이다. 1960년대의 두 작품인 〈슬픈 목가〉와 〈청춘의 윤리〉의 경우 전자는 김기영의 초기 작품으로 〈초설〉과 〈황혼열차〉 등을 잇는 리얼리즘적이고 계몽적 서사를 구사하려고 시도했지만 작품 면이나 흥행 면에서 그다지 성공하지 못했고, 후자의 경우 1942년에 발간된 원작을 당대 전형적인 멜로드라마 서사로 변형시켜서 인기배우인 최은희

-김진규 커플의 시너지 효과에 편승하려는 작품이다. 역시 별다른 주목을 받지 못했다. 이러한 멜로드라마 외에도 전형적인 신파적 영화로 〈번지없는 주막〉과 〈산호의 문〉 등이 있다.

이 같은 작품의 경향에서 볼 수 있듯이 정비석 소설의 스펙트럼은 매우 넓다. 이러한 광폭 행보는 그가 가진 신문소설 혹은 대중소설에 대한 작가의 인식에 기반을 두었다고 볼 수 있다. 이영미는 최근 정비석에 관한 연구에서 이러한 지점에 대한 흥미로운 논의를 제시하였다. 그 논의에 따르면, 정비석은 작품을 연재하는 잡지나 신문의 주 독자층을 고려해서 작품 성향을 결정하고 있다. 그렇기에 그의 소설은 도시의 교육받은 성인 남성층이 주 독자층인 중앙일간지에 실리는 작품과 그렇지 않은 작품들로 크게 대별될 수 있다.[12]

> 강한 신파성을 드러내는 『애련기』는 다소 문화자본이 낮다고 보이는 『실업조선』의 독자들을 겨냥한 작품이고, 일간지 연재에서 세련된 대도시의 아프레걸 인물형을 발전시키고 있던 시기에 오락적인 대중지 『신태양』에 연재한 『번지없는 주막』에서는 항구 술집에서의 애욕 싸움과 성애 묘사에 치중하며 대중가요 가사를 자주 인용하는 등 쉽고 익숙한 재미를 노리고 있으며 (…중략…) 여성지 연재 첫 작품인 『산유화』는 그의 다른 작품과 달리 지고지순한 사랑을 하는 순정적 인물을 크게 부각시키고 김소월의 시를 계속 인용하여 서정적 분위기를 강화하여 『여원』의 고학력 여성 독자의 취향에 대한 적극적 고려를 보여(주는데) (…중략…) 지방 일간지에 연재한 『여성의 적』은 (…중략…) 지방 일간지의 독자들이 사회문제에 대한 관심이 더 적은 독자들로 상정하고 있음을 짐작할 수 있다.[13]

여기서 분류된 신문잡지의 특성을 고려한 작품의 경향은 소설이 영화화되는 과정에서 영화제작의 의도와 공통적인 부분이 많다. 현대여성을

12 이영미, 앞의 글, 28~30쪽 참조.

13 위의 글, 29~30쪽.

주인공으로 한 일련의 작품이 중앙지 신문소설로서 당대적 풍경을 묘사하는 것에 주안점을 둔다면, 〈번지없는 주막〉은 '문화자본이 낮다고 보이는' 관객을 대상으로 '쉽고 익숙한 재미'로서 신파적 감성을 자아내고 있으며, 〈산유화〉는 '고학력 여성독자의 취향을 고려'해서 김소월 시를 주조로 하여 서정적인 분위기와 애련한 감상을 전달하고 있다. 이처럼 소설이 겨냥한 독자들은 당시 멜로드라마의 관객층과 연동해 생각해볼 수 있는데, 신파적 경향의 작품인 〈번지없는 주막〉이 겨냥한 여성 관객들과 〈산유화〉가 소구하는 것으로 보이는 중산층 여성관객층은 위에서 언급한 소설이 겨냥한 독자층과 많은 공통분모를 가지고 있다고 추측할 수 있다. 반면에 중앙일간지에 연재된 대다수 정비석의 연애・세태 소설은 "여론주도 능력이 큰 종합일간지의 독자들"이 대상이었고, 그 소설들의 인기는 "당시 정비석이 1950년대 대도시, 중산층, 중등학력 이상의 남성들의 관심사와 욕망, 그 변화의 한복판에 위치해 있었음을 말해주는 것"인데 이 독자들은 "한국사회의 세태와 풍속에 대한 여론과 감각"을 가장 예민하게 드러낸 계층이었다.[14] 이처럼 다양한 잡지와 신문에서 각층의 독자들을 상정하고 집필된 많은 소설들은 영화화의 과정에서 세분화되는 관객층을 겨냥한 제작의도에 맞춰서 선택될 수 있었던 것이다. 이것은 김내성, 박계주, 장덕조 등 당시 선호되었던 작가들의 작품들보다 더 수적으로의 우월성이나 다양성의 측면에서 정비석의 소설이 가지고 있던 장점이라고 할 것이다.

이 글은 정비석 소설에 내포된 시대적 감각을 표출한 세태풍자적 측면과 독자 / 관객의 매혹을 유도하는 통속성이 접목되는 지점을 살펴보기 위해서 우선 정비석 소설의 영화화 경향들과 소설을 영화로 전환시키는 매체 변이의 과정을 살펴보려고 한다. 그리고 특히 1950년대를 중

14 위의 글, 30쪽.

심으로 여성을 전면에 내세운 소설을 각색한 영화가 가지는 현대적 소재와 시대가 가진 표상성의 문제를 중점적으로 고찰하고자 한다. 이 글은 연구의 집중을 위해서 시기와 장르를 협소화시켰는데, 1960년대 이후의 작품과 역사소설을 각색한 작품들은 연구에서 제외시켰다. 해당 영화들은 위의 분석틀과는 다소 상이한 연구방법이 필요하기 때문이다.

이 글이 원천적으로 많은 한계를 안고 시작할 수밖에 없는데, 여기서 주목하는 영화들 중 〈자유부인〉을 제외한 4편은 현재 영상이나 시나리오가 남아있지 않기 때문이다. 또한, 정비석 원작의 영화는 현재 영상이 보존되어 있는 영화가 거의 없다. 그러므로 각색 과정에서의 변이나 영화매체로의 변화과정에 대한 구체적인 양상을 논의하는 것은 쉽지 않다. 이를 보충할 수 있는 것이 당시 신문평론과 광고, 저널의 기사 등인데 물론 이 자료들 또한, 영화화 과정에 대한 정보보다는 수용과정에 대한 자료로 더 적합하다는 한계를 가지고 있다. 그러므로 대상영화에 대한 논의는 주로 원작소설에 기반을 두고 사회문화적인 담론의 측면에 집중할 것이다.

2. 소설의 각색에서 서사구조의 변화

—시대성의 배제와 연애구조의 강화

1) 정비석 소설과 영화 각색의 두 경향

이미 언급한 것처럼 정비석 소설을 각색하는 작품의 특성은 크게 두 경향으로 구분될 수 있다. 우선 소설이 가진 시대적 특성과 당시 영화계의 신진인력이 만나 현대적 감각의 화제작을 만드는 경우이다. 〈자유부인〉을 필두로 1950년대 후반기에 제작된 〈여성의 적〉, 〈여성전선〉, 〈유혹의 강〉 등이 이 범주에 해당하는 작품들이다. 또한 이 작품들은 주로 감독들의 초기작들인데, 〈자유부인〉의 경우 한형모 감독의 초기작이며, 〈여성의 적〉은 김한일 감독의 데뷔작이고, 〈여성전선〉 역시 김기영 감독이 만든 네 번째 상업영화이다.[15] 〈유혹의 강〉은 시나리오 작가 출신의 유두연의 감독 데뷔작이다. 이 작품들이 각 감독들의 데뷔작 혹은 초기작이라는 것은 단순히 제작시기의 문제가 아니라 1950년대 후반기의 한국영화계의 변화와 새로운 멜로드라마적인 흐름이 형성되는 것과 밀접하게 관련되어 있다. 이 점은 이후에 다시 논의될 것이며 여기서는 여기 해당하는 작품은 각색 과정에서 거의 서사구조와 캐릭터의 변화가 없다는 점만을 주목한다. 그 과정을 확인할 수 있는 유일한 작품인 〈자유부인〉의 경우 주인공 오선영을 둘러싼 전반적인 배경과 인물의 성격 등은 거의 소설과 흡사하며 주변 인물들 역시 소설에서 바로 걸어 나온 것처럼 유사하다. 그러나 장편 소설을 2시간의 영화로 전환하는 과정에서 축소되거나 변화하는 부분이 있다. 예를 들어 크게는 박은미가 등장하는 부분이 대폭 축소되었다. 〈여성전선〉이나 〈여성의 적〉, 〈유혹의 강〉도 여기서 많이 벗어나지 않는다.

두 번째의 경우는 당시 유행하던 장르 영화에 대한 편승으로 제작된 경우이다. 이러한 경향은 세부적으로 다시 나눠질 수 있는데 첫째는 전형적인 멜로드라마를 제작하기 위한 경우, 그리고 둘째는 신파적 경향의 작품을 만들기 위해 선택된 경우이다. 전형적인 멜로드라마로 〈산유화〉와 〈그 밤이 다시오면〉, 〈사랑의 십자가〉, 〈낭만열차〉, 〈청춘의 윤리〉, 〈고원〉 등을, 신파적 경향으로 〈번지없는 주막〉과 〈산호의 문〉 등을 분류할 수 있다.[16] 이 작품들 대부분의 경우 시나리오가 남아있어서

15 김기영 감독은 이후 일곱 번째 작품으로 〈슬픈 목가〉를 제작하기도 하였다.

16 이 작품들을 분류방식은 해당 감독들의 작품경향과 당시 평론들을 토대로 구분되어진 것

각색을 통한 제작의도를 상대적으로 용이하게 파악할 수 있다. 이 영화들은 원작소설을 충실하게 각색하기 보다는 당시의 멜로드라마의 전형적인 틀에 따라서 서사구조, 캐릭터, 연애관계가 변형되었다. 그러나 〈사랑의 십자가〉나 〈산유화〉처럼 소설이 집필된 시기와 영화로 제작된 시기의 간격이 멀지 않는 경우에는 서사구조나 캐릭터가 거의 소설과 유사하다. 다만 보다 극적인 상황을 강조하기 위해서 주인공들의 연애를 방해하는 아프레걸의 역할을 확대하여 두 연인들의 불행을 강조하거나 마지막 해피엔딩으로 가는 과정을 위해 사건을 축소하는 정도이다.

각색의 과정에서 특히 주목할 만한 작품들은 소설이 영화로 만들어질 때까지의 간격이 긴 경우이다. 1942년 집필되고 1960년에 제작된 〈청춘의 윤리〉, 1947년 소설인 『장미의 계절』이 1958년에 제명을 바뀌어 제작된 〈그 밤이 다시오면〉, 그리고 1946년 발간되고 1969년 제작된 〈고원〉이 대표적인 경우이다. 이러한 시대배경을 변화시킨 작품은 원작이 가지고 있던 사회적 논평이나 세태를 바라보는 작가의 시선이 사라진다. 일제시기가 배경인 『청춘의 윤리』는 1950년대 말로 시기를 변경하면서 원작이 가지고 있는 친일적 성격이 모두 삭제되었으며 군국주의적 윤리관을 기저에 깔고 있었던 연인들의 결합을 1950년대 후반기의 전형적인 연애서사로 변모시켰다. 또한 1946년에 집필된 『고원』 역시 일제시기를 배경으로 독립운동을 위해 만주로 간 남녀주인공의 굴곡진 삶이 펼쳐지지만 영화에서는 한국전쟁을 둘러싸고 일어나는 엇갈린 남녀들의 운명으로 바뀌어 있다. 이 과정에서 시대적 배경이 완전히 달라졌기 때문에 소설에서 주요하게 시대적 상황을 드러내는 인물들은 거의 성격이 전환되거나 캐릭터 자체가 소거된다. 『장미의 계절』에서 사회주의자

이다. 예를 들면 〈번지없는 주막〉과 〈산호의 문〉의 경우 동시기 평론에서도 "신파적"이라는 혹평 받거나 영화감독이 신파영화를 주로 만들었던 강찬우나 엄심호라는 것으로 이들 영화의 성격을 추정할 수 있다. 또한 이것은 이 영화의 원작소설의 성격에서도 유추해낼 수 있다.

처럼 보이는 노인수는 영화에서는 가난하고 의욕 없는 청년으로 바뀐다. 그러므로 노인수가 월북하는 소설의 전개와 달리 영화는 마지막에 노인수와 주인공의 재결합을 암시하는 장면으로 끝난다. 이처럼 이러한 경향의 각색들은 소설들의 시대성을 모두 제거하고 그 속에 직조된 연애서사의 얼개만 추출해서 1950년대의 전형적인 멜로드라마로 변모시킨다. 이를 좀 더 자세히 살펴보자.

2) 〈청춘의 윤리〉의 경우—시대성의 배제와 전형적인 삼각관계의 구조

특히 시대 배경을 달리해서 각색된 소설들 중 일제시기가 배경인 『청춘의 윤리』, 『고원』은 각각 1960년, 1969년에 영화로 제작되었는데 〈청춘의 윤리〉는 시대배경을 개봉시기와 유사한 1950년대 말 정도로 설정되었으며, 〈고원〉 역시 한국전쟁과 그 이후로 전환되었다. 해방기를 배경으로 한 『장미의 계절』은 〈그 밤이 다시 오면〉으로 제목이 변경되면서 시기를 정확하게 규정하지 않으나 여러 정황을 통해서 1950년대 후반기임을 짐작할 수 있다. 그러므로 원작이 가진 해방기의 정치사회적 분위기는 완전히 배제되었고, 영화는 주인공인 두 자매를 중심으로 한 애정비련담으로 전환한다. 또한 〈그 밤이 다시 오면〉은 사회비판적인 시선을 가진 노인수를 평범한 회사원으로 바꾼다. 안미영은 노인수를 공산주의 사상을 추종하는 인물로 보는데 공산주의자와 자유주의자를 결합시키지 않는 정비석의 특징상 소설에서 주인공 경채와 인수는 결합할 수 없다고 설명한다.[17] 소설에서 노인수는 유경채에게 애정을 미끼로 공금 횡령을 하게 만들고 모리배 짓을 하다가 경찰에 적발된 후 자진 월북하여 작품에서 사라진다. 그러나 원작과 달리 영화는 해방기의 분위

---

17 안미영, 「정비석 대중소설에 나타난 '윤리' 고찰—『청춘의 윤리』, 『애정무한』, 『민주어족』, 『에덴은 아직 멀다』를 중심으로」, 『개신어문연구』 21호, 개신어문학회, 2004, 440쪽.

기가 완전히 배제된 채 두 자매의 비극적 파멸과정에 중점을 두고 있다. 예를 들면 해방기 계몽활동을 위해 출판사를 경영하며 이후 경채와 결혼하는 중요한 역할이었던 출판사 사장 강시중은 영화에서 거의 비중이 없어지며, 한태세 역시 경은의 비련을 강조하기 위한 비중이 약한 조연에 국한된다. 이처럼 영화는 해방기 민감한 정치적 문제를 삭제한 자리에 병든 아내가 있는 남자를 사랑하는 경은과 혼전 임신한 후 세상의 매서운 비난에 홀로 맞서는 경채의 불행한 인생역정이 자리 잡는다.

이처럼 시대적 배경이 사라진 영화들은 멜로드라마의 관습적인 구도를 위해서 소설에서 주요한 연애서사만을 강조한다. 대표적인 작품 중의 하나인 1942년에 집필된 『청춘의 윤리』는 '황국신민으로서 철저하게 청춘을 희생시킨다'는 군국주의적 윤리를 피력하는 전형적인 친일소설이다.[18] 그러나 영화 〈청춘의 윤리〉는 시대배경을 영화가 제작된 1960년에서 멀지않은 시기로 설정하였다. 그러므로 황국신민으로서 나라를 위해서 몸을 바치려는 장현주의 성애원 봉사의 목적은 실연 후 실의에 빠진 여성의 도피 행각으로 대치된다.[19] 그러므로 현주와 성호의 사랑에 대한 소극적 반응은 원작과 의미가 달라진다. 현주는 실패한 이전 연애 상처가 남긴 후유증으로 선뜻 애정을 받아들이지 못하고, 주성호의 경우는 현주의 소극적 행동과 라이벌 남성에 대한 열등감 등으로 적극적으로 현주에게 다가가지 못한다. 성애원의 소유자인 부유한 집안의 영득과 영옥이 합세한 4각 관계의 애정담으로 완전히 변모된 〈청춘의 윤리〉는 당시 유행하던 멜로드라마의 모든 소재들이 복합적으로 얽힌 드라마가 된다.

이 영화는 가난한 산모들과 그의 아이를 돌보는 성애원을 중심으로 전개된다. 실연의 후유증으로 요양을 하던 현주는 친한 후배 영옥의 권

---

18 위의 글, 434쪽.

19 이러한 각색의 변화는 영상자료원에 남아있는 오리지널 시나리오를 참조한 것이다. 그러므로 실제 개봉된 영화와 다소 다를 수 있지만 당시의 비평문이나 영화소개 기사를 참조할 때 전체적인 구조는 거의 변화가 없는 것으로 보인다.

유로 성애원에서 일을 하게 된다. 그리고 부족한 의료인력을 보충하고자 요양원에서 알게 된 의사 성호를 성애원으로 끌어들인다. 한편 성애원 원장인 영득은 현주를 사랑하게 되어서 적극적으로 구애를 한다. 그는 이전에 연인이었던 공장직원이었던 정희가 갑자기 사라진 상처를 가지고 있다. 영옥 역시 친절하고 다정다감한 성호에게 호의를 느낀다. 이러한 네 사람의 관계는 이중적 삼각관계를 형성한다. 우선 현주를 중심으로 한 영득-현주-성호이며 자신의 감정에 소극적인 현주나 성호와 달리 적극적이며 성애원의 주인인 재력가 영득의 존재는 둘의 사랑에 치명적인 위협이 된다. 또 성호를 중심으로 볼 때 영옥-성호-현주의 구도가 성립되는데 전형적인 상류층 아프레걸인 영옥은 적극적인 구애로 성호의 마음을 흔든다. 여기에 덧붙여 영화는 영득과 영옥의 모친인 인숙의 역할을 확대한다. 원작에서 인숙의 주요 역할은 아들 영득의 애인인 공장직원 정희를 설득해서 둘을 헤어지게 하고 새로 등장한 현주와 영득과의 관계를 적극적으로 지원하는 것으로 국한된다. 그러나 영화에서 인숙은 전형적인 아프레걸 유형의 부유층 여성이다. 사치가 심하고 성격이 괴팍한 인숙은 정희와 영득을 갈라놓았을 뿐 아니라 그 표독스러운 성격으로 인해 남편이 집을 나가게 만든다. 인숙의 남편 최충원은 가출 후 주옥주라는 여인과 동거하는데 그 여인의 남편인 만근은 바로 이전에 현주와 연애를 하면서 그녀를 속이고 사기를 친 전-애인이다. 결국 영화는 그동안 계속 서로 연모했던 현주와 주성호가 결혼하며, 영득은 정희를 만나 다시 맺어지게 되고 충원은 집으로 돌아온다. 과거를 가진 불행한 여인과 그를 계속 지켜보며 사랑을 키우다가 결국 결혼을 하게 되는 현주와 주호, 신분의 차이로 인한 부모의 반대 때문에 헤어졌던 영득과 정희의 재결합, 사치스럽고 제멋대로인 성격의 아내 때문에 외도를 했지만 결국 다시 돌아와서 가정을 지키는 충원과 인숙의 반성으로 결말짓는 등 이 영화는 당시의 멜로드라마, 홈드라마의 주요한 테마들이 모두 포함되어 있다. 원작에서 영득과 현주의 결혼, 성호와 영옥의 결합은 "애정을 쫓기보다는 당시 체제가 요구하는 직업과 책임을 완수하는데 젊음을 바치는"[20] 그들의 가치관에 기인한다. 당연히 그 체제는 일본 군국주의이고, 모든 애정과 결혼과 출산에 대해서 인물들은 국가(=일본)를 위한 희생과 헌신의 과정으로 받아들인다. 영화는 이러한 기본적 논리가 당연히 배제되었다. 원작에서 갈등과 해결을 설명하는 핵심적 윤리관이 소거된 채 단지 성격이나 애정문제만으로 극적 갈등을 설명하는 극 구조는 작품의 흡인력을 떨어뜨렸다. 현주와 성호 그리고 영득과 정희를 결합시키기 위해 각각 연애의 방해물이었던 아프레걸 영옥과 인숙의 악행과 참회를 삽입했지만 연애의 장애를 개인의 성격으로 돌리는 것은 이미 진부해진 서사였다.

3) 『고원』의 경우 – 멜로드라마 삼각구도의 변화

〈고원〉은 역시 영화와 시나리오가 남아있어서 원작과 영화의 차이점을 살펴볼 수 있는 흥미로운 작품이다. 소설 『고원』은 해방 후에 집필된 일제시기에 대한 후일담 소설이다. 독립운동으로 투옥생활을 했던 권오권은 석방 이후 친구 현오에 집에 머문다. 그와 현오의 사촌여동생 영주는 처음 본 순간부터 서로 호감을 가지지만, 현오의 부인 채옥 역시 오권을 사랑하고 둘 사이를 시기한다. 우여곡절 속에서 오권은 독립운동을 하기위해 만주로 떠나고 한순간 동정심으로 인한 잘못된 선택으로 인해 채옥과 부부로 살면서 영주를 그리워한다. 소설 내내 오권은 평생 사랑하는 사람을 그리워하고 동정의 감정 이상이 아닌 여성과 부부관계를 유지하게 된다. 결국 아내에 대한 의무감으로 임종까지 충실히 지킨 오권은 아내의 유언대로 조선으로 돌아가려고 한다. 그 사이에 만주에서 사

20 안미영, 앞의 글, 433쪽.

랑하는 영주를 만나지만 둘은 서로에 대한 욕망을 억누르고 헤어진다.

이혜령은 원작소설이 가진 집필의도를 "식민지라는 삶의 조건을 비일상적이고 일탈적인 상황, 즉 삶이 불가능한 상황으로만 간주한다면 거기서의 삶이란 죄"일 수 있는가에 대한 작가의 질문이자 은연중에 친일행각에 대한 면죄부를 정당화하려는 시도를 내포하고 있다고 설명하면서 두 여성과의 관계는 생활-채옥-육체-(만주)와 조국애-영주-정신-(조선)으로 연결될 수 있는데, 채옥과 연결된 만주라는 공간은 주어진 삶의 조건으로서 일상적 삶의 터전으로서 조선을 의미하며, 영주는 오염되어서는 안 되는 이데아로서의 조선을 표상하고 나날의 일상에 몰두하여 살았다하더라도 이데아로서 조선을 가슴에 간직하고 있다면 그것은 도피가 아니라는 것, 이데아로서 조선을 가슴에 간직하고 있었는지는 겉으로 드러나는 삶으로만 판단해서는 안 된다는 것[21]을 의미하고 있다고 주장한다. 정비석 역시 이러한 결론에 대해 "인간 본래의 약점인 육신적 욕구를 극복하고 한층 높은 단계로 지양하려는 정신의 절규"라고 설명한다.[22] 이영미 역시 이러한 특이한 설정을 통해 본 그의 비극적 삶이 "일세 말의 떳떳치 못한 삶에 대한 상징으로 읽힌다는 점"[23]에서 연애·세태소설로 일관되는 그의 작품이력에서 이색적인 위치를 차지한다고 설명한다.

그러나 영화는 일제시기 배경을 한국전쟁 시기로 전환시키고 만주를 제주도로 변경함으로써 주된 갈등을 오권과 채옥과 영주의 삼각관계로 집약시킨다. 영화는 주인공 오권이 친구 현우의 집에 머물게 되고, 우연히 마주친 현우의 사촌여동생 영주와 다시 만나게 되면서 시작된다. 같은 집에 기거하게 된 두 사람 사이에는 사랑이 싹튼다. 그러나 불륜을 저

21 이혜령, 「'해방기' 식민기억의 한 양상과 젠더」, 『여성문학연구』 19호, 한국여성문학회, 2008, 256~258쪽.

22 정비석, 『고원』, 백민문화사, 1946, 239쪽(위의 글, 252쪽에서 재인용).

23 이영미, 앞의 글, 19쪽.

지르는 남편에게 실망하여 점차 오권을 사랑하게 된 현우의 아내 채옥으로 인해 영주와 오권의 관계는 불안해진다. 한국전쟁이 일어나고 오권은 피난길에 오른다. 부역을 하는 남편에 대한 혐오감과 오권에 대한 사랑으로 채옥은 계속 오권을 쫓아온다. 동정심으로 오권은 채옥과 제주도에 사는 친구 집으로 피난을 가서 부부로 행세하면서 살게 된다. 전쟁이 끝났지만 제주도에서 계속 지내게 된 오권은 자신에게 헌신하는 채옥을 버리지 못한다. 그러나 영주를 잊지 못해서 충동적으로 서울에 가곤 한다. 결국 과로와 괴로움으로 병을 얻은 채옥은 오권에게 서울로 갈 것을 권유하며 숨을 거둔다. 오권은 장례식장에 참석한 영주와 재회하지만 하룻밤을 뜬 눈으로 지새운 두 사람은 영원한 이별을 고하며 헤어진다.

이처럼 1969년에 개봉된 〈고원〉은 복잡한 정치상황이나 다층적인 작가의 의도가 삭제되고 〈미워도 다시 한번〉식의 두 여인과 한 남자의 갈등구조라는 당시의 전형적인 멜로드라마적 비극으로 변모한다. 즉 오권과 채옥이 원치 않았던 그리고 어쩔 수 없는 결혼으로 인한 결합인 반면 영주와 오권은 순수한 사랑을 나누는 관계를 보여준다. 이전까지 멜로드라마에서 삼각관계를 이루는 한 축의 여성은 아프레걸인 부호의 딸이거나 술집여성으로 주인공들의 사랑을 방해하기 위해 거짓말을 일삼거나 재력을 동원하여 악행을 저지른다. 그녀는 주인공들의 헌신적인 사랑을 돋보이게 할 조연이며 둘의 연애를 방해하면서 극적 긴장을 만드는 존재였다. 이러한 인물의 성격에 의한 선-악 구도의 삼각관계는 점차 식상해졌고 〈미워도 다시 한번〉의 성공은 바로 이러한 구도가 변화하고 있음을 성공적으로 입증했다. 물론 이 영화 이전부터 전형적인 삼각관계 구도에서 벗어나기 위한 다양한 시도들이 있었다. 가정을 지키는 정숙하고 착한 부인과 악행을 저지르는 불륜녀의 구도 이후 착하고 인정 많은 불륜녀와 악녀적인 부인의 조합을 보여주기도 했다. 1964년 작 〈아빠 안녕〉은 나쁜 본처의 대표적인 영화인데, 피해자인 여대생의 어쩔수 없는 죽음으로 결말을 맺는다. 유사한 구도처럼 보이지만 〈미워도 다시 한번〉의 경우 두 여성은 모두 남성에 의한 피해자가 된다. 이전의 안전하고 동정적인 위치에서 벗어나 주인공 남성[24]은 불행을 불러일으킨 악인이 되었고 그에 의해 불행에 빠진 두 여인은 제도라는 틀의 희생양으로 부각된다.

〈고원〉의 이성구 감독은 이러한 변화된 삼각관계 구도에 더욱더 사랑의 희생과 절제의 구도적인 의미를 부각시킨다. 현우와 헤어진 원인을 남편의 외도와 부역으로 설정하면서 오권에 대한 채옥의 사랑은 정당성을 획득한다. 더구나 제주도에서 채옥의 헌신적인 사랑은 오권이 채옥을 떠나지 못하는 결정적인 이유로 영화 내에서 설득력을 가진다. 오권 역시 전쟁이라는 극한 상황에서의 어쩔 수 없는 선택이었다는 면죄부를 준다. 가정이라는 견고한 틀과 헌신적인 채옥이라는 인물은 오권과 영주의 진정한 사랑이 희생되는 이야기 전개에 타당성을 부여한다. 〈고원〉은 헌신적이지만 집착적인 채옥과 지고지순하게 한 남자를 바라보는 영주를 대비시키며 누구의 잘못도 아닌 전쟁의 문제로 엇나간 사랑을 설명한다. 그러나 원작소설에 내포된 상징성이 제거되면서 이 영화는 채옥이 죽은 후 두 사람의 금욕적인 태도를 지나치게 관념적으로 풀어나간다. 〈미워도 다시 한번〉은 모두다 악인은 아니지만 불행의 책임소재가 남성의 무책임함에 있다는 점을 분명히 드러냈다. 그러나 〈고원〉은 선-악의 이분법적 단순구도를 넘어서려는 노력을 하지만 또다시 남성의 무력함을 무기로 책임을 회피함으로써 멜로드라마적 관습과 소설의 상황을 모호하게 혼합시켰다. 이 작품은 이러한 단점으로 인해서 동시기 관객에게 호응 받지 못하고 평범한 범작으로 그쳤다.

---

24 이전 영화에서는 악녀적인 역할을 하는 삼각관계의 한 축으로 인해 남성의 불륜을 어쩔 수 없는 결과로 설명하는 측면이 있다. 〈하녀〉의 경우 하녀의 유혹에 의한 동식의 외도, 〈아빠 안녕〉에서는 독하고 매정한 아내로 인한 도피처로서 다른 여성과의 사랑을 설명하는 서사구조가 그렇다.

이처럼 원작소설을 영화가 제작된 시기에 유행한 전형적인 멜로드라마 서사구조로 변환시키는 것은 이 유형의 작품들에서 가장 일반적으로 발생하는 각색 과정이다. 시대적 배경을 바꾸지 않아도 영화가 제작되는 시기의 멜로드라마 경향에 따라 변화되는 경우도 있다. 1966년 〈산유화〉는 1958년 〈산유화〉와 달리 비극적인 측면이 강조되었다. 이것은 1960년대 후반기의 멜로드라마의 신파적 취향의 전조를 보여준다. 1966년 작품은 여옥이 힘들게 결혼허락을 받아서 명환에게 가지만 이미 그는 이루어질 수 없는 사랑 때문에 비관하여 자살한 후이다. 여옥 역시 그를 따라서 자살을 한다. 이러한 영화들은 원작의 특이한 설정이나 작가의 개인적 흔적이 지워진 채 당대의 전형적인 상업영화로서의 고려가 우선시되었다.

3. 영화화에 있어 매체 전이의 문제

—화자의 문제와 주인공의 시점

1) 매체 전이의 문제—현대적 감각의 공유

소설을 영화로 재구성하는 매체변이의 과정은 소설이라는 문자적 사유를 영상과 사운드로 구성되는 영화적 사유로 전환하는 작업이다. 여기서 가장 큰 문제는 소설의 논리성을 영상적 논리로 전유하는 작업이다. 1950년대 후반기는 한국영화에 있어 상업영화의 미학적 관습도 아직 안정적으로 정착하지 않았을 때였기 때문에 소설의 미학을 영화적으로 전환하는 작업은 쉽지 않았을 것이다. 그 시기 영화의 대다수가 소설이나 연극, 악극을 각색한 것이었는데, 이러한 작품에 대해 평론가들이 가장 우려한 점은 원작의 구조를 문자 그대로 답습하거나 독자적인 영화 미학을 창조하는데 실패하는 것이었다. 당시 문예물로서 제작된 〈꿈〉, 〈무영탑〉, 〈백치아다다〉, 〈물레방아〉 등은 진지한 시도로 주목받았지만 소설의 내포한 "내면적 추구"를 어떻게 영상화해야하는가에 대한 깊은 고민이 부재하다는 비판을 받았다.[25] 반면 정비석 소설에 대한 각색은 대부분 현대성의 템포를 살린 상업영화의 수작이라는 평가를 받았는데 장편소설을 각색할 때 가장 문제가 되었던 압축화의 문제도 무난하다는 평가를 받았다.[26]

〈자유부인〉의 경우처럼 장편소설을 2시간 남짓한 영화로 각색하기 위해서 생략할 부분을 정하여 감독의 의도에 맞도록 사건을 재배열하고 영상화하는 과정은 한편으로는 원작이 가진 주제의식을 어떻게 해석할 것인가의 문제와 연결된다. 〈자유부인〉에서 〈유혹의 강〉으로 이어지는 현대적 멜로드라마의 경우는 〈청춘의 윤리〉나 〈고원〉에서 보이는 것과 같은 시대 배경의 수정이나 그에 의한 인물의 재설정 등의 개작은 필요치 않다. 오히려 영화는 원작이 가진 동시대적 감수성을 어떻게 빠른 템포로 살려낼 것인가가 가장 관건이었다고 할 수 있다. 전술한 바와 같이 〈자유부인〉은 오선영을 중심으로 전개되기 때문에 오선영 주변인물은 거의 소설과 유사한 비중으로 등장하고 있지만, 장 교수와 미스 박을 둘러싼 인물과 에피소드는 많은 부분이 생략되었다. 그 외 영화에서도 인물들의 성격이나 행위가 급격하게 변모하는 등의 변화는 없다고 보이지만 시나리오나 영화작품이 현재 남아있지 않기 때문에 단언하기는 힘들다. 하지만 신문기사나 영화소개란을 통해서 추측할 수 있는 것은 이 작

---

25 유두연, 「대중은 현명하다 / 한국영화의 위기(2)」, 『경향신문』, 1956.7.19, 4면.

26 이진섭, 「[해방 20년] 영화 ⑥ 「면세」의 순풍 … / 현대작가 원작의 영화화 「붐」」, 『대한일보』, 1965.7.5, 5면; 김규대, 「[발전의 소지] 개척 / 영화 〈여성전선〉에서」, 『조선일보』, 1957.3.9, 4면; 「[새영화] 미망인들의 이야기 / 〈유혹의 강〉」, 『경향신문』, 1958.11.11, 4면 참조.

품들 역시 인물구도와 주요한 사건들에 있어 심각한 변형은 거의 없다는 것이다. 다만 〈유혹의 강〉의 경우 보다 삼각 관계적 멜로드라마를 강조하기 위해 주인공 미망인과 연애감정을 공유하는 의사 윤만호의 가정을 소설보다 부각시키고 있으며, 딸 역에 엄앵란 같은 스타가 캐스팅되었다는 점, 광고에 자주 윤만호의 가정을 찍은 사진이 사용되고, 결말에 윤만호가 외국으로 떠나는 것으로 설정하는 것으로 각색되었다. 이러한 변화는 윤만호의 외도에 의한 가정의 균열을 강조하는 것으로 볼 수 있다. 〈여성의 적〉 역시 권동철의 엽색 행각은 그대로 전개되지만 종결부에서 미스 박이 죽고 권동철이 참회하는 것으로 끝난다. 마지막에 대천에서 만난 미스 박이 임신을 하고 건강이 극도로 나빠졌는데도 권동철은 아랑곳하지 않고 백설희에게 관심을 둔다. 백설희에게 애정을 고백하려는 순간 홀에 나타나는 미스 신은 미스 박의 불행에 냉담한 권동철의 모습에 발악을 하게 되고 홀은 아수라장이 된다. 이 사이 백설희는 유유히 그곳을 빠져나가고 병원으로 되돌아온 미스 신은 미스 박이 죽은 것을 알게 된다. 권동철은 비를 맞으며 자신의 잘못을 뉘우친다.[27] 소설과 달리 영화는 자신의 엽색행각 때문에 한 여성이 죽게 되자 통렬하게 반성하는 주인공의 자책 장면이 추가되었다. 결국 두 작품은 모두 각색의 변화지점에서 남성의 여성에 대한 폭력적인 면모를 부각시키고 있는데 그것이 가정 내부적으로는 가족의 파괴로, 외부 여인들에게는 죽음이나 처벌 등으로 외현된다. 그러나 이후 영화들이 여성 처벌의 정당성을 강조하는 반면 이 작품들의 분위기를 보면 남성의 횡포를 더욱 강조하고 있다고 볼 수 있다. 〈유혹의 강〉의 포스터가 흰 옷을 입은 이민자의 쓸쓸함을 부각시킨다든지, 〈여성의 적〉 마지막 부분에 홀에 나타난 미스 신의 일갈을 매우 통쾌한 복수로 그려내고 있는 것이다. 이러한 여성의 처벌이나 단죄보다 남성들의 문제를 더 부각시키는 점은 정비석과 이

27 이상의 줄거리는 잡지나 신문에 실린 영화소개의 내용을 종합한 것이다.

작품을 만든 젊은 감독들의 차이로 볼 수 있다. 정비석이 남성들의 호색적인 성윤리를 도덕적으로나 사회적으로나 그다지 문제가 없다고 보는 반면[28] 당시 멜로드라마의 신진 감독들은 여성의 지위나 상황을 보다 호의적인 시선으로 그려내려는 시도를 하고 있다는 점이다.

그러나 이 작품들은 이러한 각색의 변화와 더불어 새로운 테크닉으로 원작의 분위기와 현대적 감각을 살린 점에 주목할 필요가 있다. 1950년대 후반기의 다수의 영화는 사극이나 현대극이나 공히 보이는 느린 템포와 연속편집의 비안정적 체계, 전체적 극의 통일성이 부족한 점 등이 테크닉의 낙후성과 함께 한국영화의 고질적인 문제로 거론되고 있으나 이 영화들은 그러한 문제점들이 일정 정도 해결되어서 현대극다운 면모를 보여준다고 호평을 받고 있다. 즉 이 젊은 감독들은 자신들이 가지는 문제의식을 영화미학적 방식을 통해서 전유하려는 사고를 펼치고 있었다. 이러한 감독들의 논점은 여성에 대한 다양한 문제를 어떤 시선으로 전개시키는가에도 주요한 방점이 놓여있었다.

2) 정비석 소설의 재전유–화자의 문제

여기서 특히 주목하는 것은 특히 신진 감독들이 영화화 과정을 통해 원작소설을 영화적으로 재해석하는 과정이다. 〈자유부인〉의 경우 이 특성은 소설의 화자가 소거되고 그 입장을 영화적으로 전유하는 과정에서 두드러진다. 『자유부인』은 특히 화자의 개입과 간섭이 다른 소설들보다도 강하게 두드러진다. 소설에 깊게 개입해서 매번 의견을 개진하는 『자유부인』의 화자인 작가의 존재로 인해 진선영은 '자유부인은 연애소설

28 『여성의 적』에서 권동철이 유능한 사업가이며 종결부까지 그다지 처벌받지 않는다는 점 그리고 대부분 남성들의 연애를 긍정적으로 그리고 있다는 것은 정비석이 가진 남성중심의 사고방식을 일면 드러낸다.

이라기보다는 세태소설 더 정확하게는 계몽소설로 보는 것이 온당하다' 고 주장한다. "작가의 의도가 시정세태의 객관적 묘사보다는 자신의 도덕적 의도를 설파하는데 모아져 있는 까닭에 (…중략…) 대중문학의 하위 장르로서 '계몽소설'로 보는 것"이다.[29] 계몽소설로 분류하려는 논의가 보여주는 것처럼 정비석은 소설에서 오선영의 모든 행위와 사건의 진행상황에 대해 설명하면서 선영의 무모하고 음흉한 의도를 지속적으로 비난하고 독자의 동의를 구하기 위해 그녀의 부도덕을 질타한다.

그러나 영화에는 이러한 역할을 하는 해설자가 부재하다. 소설의 화자는 오선영의 비윤리적인 속마음을 파헤치고 독자를 위해 사건의 진행 및 그 동기를 설명해주지만 화자가 부재한 영화는 관객에게 오선영의 생각과 행위를 어떤 방식으로 설명하고 있는가에 대해 살펴볼 필요가 있다. 이 영화에서 오선영의 행위를 평가하는 일차적인 기준은 작품에 드러난 오선영의 행위이다. 젊은 대학생에게 댄스를 배우고 키스를 하고 유부남과 데이트를 즐기는 그의 행위는 당시의 사회관습으로 볼 때 비윤리적인 행위임이 틀림없다. 그러나 화자의 개입이 부재함으로 인해 오선영이 취하는 행동에 대한 세세한 해석은 관객 자신의 평가에 맡길 수밖에 없다. 이것이 소설과 영화가 가지는 차이이며, 아마 당시 남성관객과 여성관객들의 가진 차이가 생성되는 지점이자 여성관객 내에서도 엇갈릴 수 있는 평가지점을 만드는 부분일 것이다.[30]

화자의 부재는 인물들의 행동과 생각에 대한 논평도 제거되면서 동시에 사건 전개에 곁들여지는 설명도 삭제된다. 〈자유부인〉은 영화전개상 시간의 제한성이나 여타 이유로 소설의 사건이 영화 내에서는 다른 사건으로 대체되거나 혹은 다른 방식으로 전개되기도 한다. 그러므로

---

29 진선영, 「대중소설의 이데올로기와 미학 ― 정비석의 『자유부인』을 중심으로」, 『구보학보』 4호, 구보학회, 2008, 277쪽.

30 변별적인 관객의 반응에 대해서는 다음의 글을 참조할 수 있다(변재란, 「한국 영화사에서 여성 관객의 영화 관람 경험 연구 ― 1950년대 중반에서 1960년대 초반을 중심으로」, 중앙대 박사논문, 2000).

소설에 익숙한 관객들도 원작에 없는 사건에 대해서는 소설과 달리 설명이 없기 때문에 각자의 이해에 의존할 수밖에 없다. 예를 들면 한태식과의 동침 직전에 본부인에게 뺨을 맞고 집으로 돌아가는 장면은 사건 대체의 좋은 예이다. 소설에서는 이 일이 있은 후 가정에서 나와서 갖은 고생 끝에 반성을 하며 남편의 참된 진가를 알아가는 과정이 길게 서술되어 있다. 그러나 영화는 단지 호텔에서 나와 '고엽'을 배경음악으로 거리를 걸으며 집으로 가는 과정으로 축소되어있다. 이 때문에 원작자는 매우 아쉬워하면서 작자의 의도를 잘 살리지 못한 장면으로 설명하고 있기도 하다.[31] 이러한 변형으로 인해 〈자유부인〉의 결말 장면은 다소 모호하다. 집에 도착한 선영에게 장 교수는 문을 열어주지 않은 채 훈계를 한다. 다시 집을 떠나려는 선영을 붙잡은 것은 어린 아들이며 선영과 아들이 서로 붙잡고 울 때 장 교수는 떨어져서 애매한 태도로 서있다. 이 장면에 대해 장 교수가 선영을 용서했다고 해석하기는 모호한 지점이 발생한다. 영화는 소설과 다르게 관객들에게 결말에 대해 많은 의혹을 남긴 채 끝을 맺는다. 과연 오선영이 참회를 했는지 장 교수는 아내를 용서할 수 있는지에 대해 관객들은 각자의 가치관에 따라 극의 결말을 추측할 수밖에 없다.

또한, 〈자유부인〉에 대한 다수의 평론이 격찬 일색이지만 몇몇 비평문에서 오선영의 취업의 의도와 부부간의 불화, 그리고 거침없는 불륜행위가 전개되는 것에 대해 논리성이 결여되었음을 지적하면서 여주인공 캐릭터가 "공중에 떠있다"고 비판하는 것[32]은 소설에서 작자인 화자가 설명하는 부분이 영화에서 배제되었기 때문이기도 하다.[33] 즉 극단

---

31 정비석, 「원작과 영화 / 〈자유부인〉에 대체로 만족」, 『한국일보』, 1956.6.14, 4면.

32 유두연, 「상반기 영화작품의 단평 / 한국영화의 위기(4)」, 『경향신문』, 1956.7.23, 4면; 황영빈, 「"에누리 없다"는 평을 평함 / 이씨가 본 〈자유부인〉에 대하여」, 『한국일보』, 1956.6.15, 4면. 이 비평문은 동일간지 1956년 6월 7일에 실린 이봉래의 글(이봉래, 「근래의 쾌작 / 영화 〈자유부인〉」, 『한국일보』, 1956.6.7, 4면)에 대한 비판문이다. 이봉래 글에 대해서 주11에 해당하는 본문을 참조.

적인 성격을 가진 인물 그리고 그 인물이 벌이는 비현실적으로 보이는 사건들에 대해 영화는 소설처럼 설명할 수 없다.[34] 예를 들어 소설에서 화자는 철저하게 초기부터 오선영을 허영에 들뜬 악의적인 여성으로 그리고 있으며 양품점에 취직하려는 선영의 의도는 교수의 박봉으로 향유할 수 없는 사치를 즐길 수 있는 기회를 잡으려는 것으로 설명한다. 그러나 영화는 이러한 설명이 부재한 동시에 영화의 전개도 역시 본능적으로 악의에 찬 여주인공을 설정하려는 의도를 가지고 있지 않은 것으로 보인다.[35] 영화는 소설과는 다르게 착실한 주부였던 오선영이 외출을 하고 동창모임에 나가면서 점차 변화하기 시작하는 것으로 묘사하려고 기획되었음을 추측할 수 있다. 첫 장면의 한복 차림에 다림질을 하면서 아들의 공부를 봐주고 있는 오선영의 모습은 전형적인 가정주부의 모습이다. 세 가족이 한 방에 있다가 잠시 후 장 교수는 자신의 서재로 가는데 이 장면은 자녀의 교육이나 가정의 일상에 무관심하고 학문의 세계 외에 모르는 장 교수와 그에 대해 섭섭해 하는 선영을 묘사한다. 결국 서재에 쫓아온 선영은 가계를 꾸려나가기에 월급으로는 부족하다고 말하면서 양품점에 대해 운을 띄운다. 이러한 장 교수의 초기 설정과 더불어 소설 종결부의 '한글파동'에 의연히 대처하는 장 교수의 활약상이 영화에서는 삭제되었기 때문에 장 교수는 무능력한 혹은 자기본위적 성격의 지식인처럼 그려져 있다. 다음 장면에서 선영은 추운 겨울 손빨래를 하다가 외출하는 장 교수를 배웅한다. 못마땅한 듯 식모아이를 시키지 왜 손수 빨래를 하느냐며 장 교수가 안쓰러움이 담겨있는 충고를 하고 결

---

33 이 독해의 어려움에 일조하는 것은 처음으로 연기에 도전하는 여주인공의 미숙한 연기이다. 김정림의 표정이나 어투는 어떤 것도 설명해주지 않는다.

34 그러나 화자의 설명에도 불구하고 소설에서 여주인공의 심경이나 행동을 납득할 수 없는 경우도 있다. 하지만, 소설이 가지는 이러한 구성상의 문제는 이 글의 논구하고자 하는 범위를 넘어선다.

35 이러한 독해가 당대의 평론에서도 읽혀지는데, 한 기사는 "충실한 대학교수의 주부였던 오선영"이라는 표현을 쓰고 있다(황영빈, 「"에누리 없다"는 평을 평함 / 이씨가 본 〈자유부인〉에 대하여」, 『한국일보』, 1956.6.15, 4면).

국 취직을 승낙하는 장면의 전개는 성실한 가정주부의 모습으로 초기의 선영을 그리는 의도가 담겨져 있을 뿐 아니라 이미 식모가 존재함으로 소설의 초기 장면과 다른 구도를 만든다. 원래 소설에서는 취직을 위한 계획의 일환으로 미리 치밀하게 식모를 구하는 내용이 영화에서는 원래부터 식모가 있는 가정으로 묘사됨으로써 취직과 사회생활을 위해서 음모를 꾸미고 나중에 남편에게 통보하는 등의 원작에서의 교활하고 계획적인 오선영의 면모가 많이 축소되어 있다.

화자의 명시적 부재와 더불어 영화에서 오선영을 바라보는 새로운 관점은 오선영의 관점에서 해석될 수 있는 다양한 장면을 삽입함으로 형성될 수 있다. 여타 서사물도 그러하지만 영화 역시 주인공의 시점에 의해서 주요 사건들이 전개된다. 그러므로 관객은 주인공들이 감각하고 이해하는 방식과 동일화하기 쉬운 위치에 있다. 〈자유부인〉에서 가장 주목할 시각적 특성은 '자유'라는 감각을 만들어내는 기술력이다. 이 작품은 크레인의 사용을 통해 이전의 공간적 제약에서 벗어나 유려한 이동성을 표현한다. 집에 나서 거리를 활보하는 선영의 심리적 자유감은 이전 영화에서 볼 수 없는 공간적 이동의 원활함으로 표현된다. 또한, 사교모임에서 그녀의 시야에 들어오는 동창의 화려한 옷차림과 보석장신구를 부럽게 쳐다보는 선영의 시선은 유연한 팬과 틸트로 강조된다. 선영의 시선을 대변하는 이러한 카메라의 움직임은 아직은 선영이 동참할 수 없는 거리감 있는 풍경을 묘사하는 장치이다. 그러나 점차 양품점에 취직하고 사치스러운 상류 사회의 일면을 접하면서 선영은 그 사회에 편입되기를 욕망한다. 그리고 그것을 실현하기 위한 첫 단계로서 선영은 댄스를 배우기 시작한다. 이제 선영은 춘호의 하숙방으로 스스럼없이 가서 댄스를 배우고 춘호와의 애정행각에 익숙해진다. 그럼에도 불구하고 선영이 본격적으로 '자유부인'이 되는 과정은 다시 한 번 시선의 문제와 겹쳐지면서 전개된다.

춘호의 권유로 댄스홀에 가게 된 선영을 묘사하는 이 장면은 클로즈

업한 악사의 얼굴로 시작한다. 카메라를 클로즈업에서 뒤로 점차 물러서 미디엄 숏, 풀숏 그리고 사람들이 춤을 추는 화려한 댄스홀의 전경을 보여주는 롱숏으로 이동한다. 해방 이후 처음 사용된 크레인이라는 기술적 진전이 가장 화려하게 구사된 이 부분은 가장 매혹적이며 모호한 의미망을 형성하는 장면이다. 위에서 설명한 것처럼 악단 연주자의 클로즈업에서 시작된 장면은 오선영이 자리에 착석할 때까지 주인공들의 움직임을 유연하게 따라간다. 그리고 잠시 후 영화에서 가장 선정적인 장면으로 뽑힐 수 있는 무희의 독무가 이어진다. 영화는 지나칠 정도로 오랫동안 댄서의 독무장면을 잡고 있는 데, 이 독무는 키스 장면만큼이나 한국영화에서 가장 충격적이고 감각적인 장면이다. 독무장면은 그것을 바라보는 오선영의 시선과 교차된다. 만약 이 장면이 춘호 혹은 댄스홀 내부의 남성들의 시선과 교차편집이 되었다면 선정적인 무용과 그것을 욕망의 시선으로 바라보는 남성들이라는 관습적인 독해를 하도록 만들었을 것이다. 그러나 이 영화는 댄서의 선정적인 독무를 선영의 시선과 일차적으로 교차함으로써 그 독무가 가진 이국성과 충격이 선영이 댄스홀에 들어오면서부터 가지는 새로운 세계에 대한 매혹과 동경의 감성과 중첩되도록 만든다.

선영은 댄스홀에서 유일하게 한복을 입은 여성이다. 반면 민소매의 원피스나 깊게 패인 드레스 차림의 여성손님들, 반라의 무희가 입은 선정적인 의상은 어떤 측면에서 어색하면서도 동시에 익숙하다. 이제까지 이러한 옷차림의 여성들, 맥주가 놓인 테이블들, 넓은 홀과 악단, 춤추는 여성들의 움직임 그리고 무희의 독무는 외국영화에서만 볼 수 있는 풍경이었다. 선정적인 의상과 외설적(?)인 춤을 추는 외국 무희들의 모습은 1930년대 레뷰영화를 통해 충격적으로 소개되었고 그 이후에는 미국영화를 통해서 지속적으로 소개되었다. 그러나 그 자리를 한국여성이 대치한 모습을 보는 것은 또 다른 의미의 새로움이다. 1956년 개봉작인 이 영화는 이후에도 결코 쉽지 않았던 장면을 노골적으로 보여주면서 동시기에 펼쳐진 근대에 대한 복합적 감성을 과감하게 가로지른다.[36] 서구적인 이질적 풍경에 진입한 한복차림의 오선영은 주위의 두리번거리며 어색해하다가 곧 무희에게 시선을 빼앗긴다. 서구적인 볼거리의 댄스홀을 관망하는 오선영의 시선은 매혹과 선망으로 가득 차 있다. 오선영은 양품점을 다니면서 내내 상류층의 사치와 향락에 매혹되었고 그 세계에 스스럼없이 뛰어들기 위해서 춘호의 댄스홀에 가자는 요청에 두말없이 수락한 후이다. 소설에는 자세히 설명되지 않는 이 장면은 다양한 해석의 의미망을 이면에 깔고 오선영의 시선에 관객의 시선을 중첩시킨다. 소설이라면 강경하게 화자의 질타가 이어졌을 이러한 장면은 오선영의 대사마저 생략함으로써 관객에게 매우 다층적인 해독의 여지를 준다. 오선영의 심리상태에 대한 설명이 부재함으로써 관객은 그 무희를 보면서 느낀 자신의 감성을 그대로 오선영의 감성으로 대입할 수 있게 된다. 이러한 해석 가능성은 이 작품을 원작의 계몽성이나 윤주의 죽음으로 표상되는 여성에 대한 처벌의 강화라는 보수적인 측면을 넘어서 의미를 확장할 수 있게 해준다. 사치와 방종, 혼란한 사회의 주범으로 몰린 여성의 욕망은 시선의 중첩, 즉 무희의 선정적인 독무에서 섹슈얼리티가 아닌 매혹적인 서구문화를 느끼는 오선영의 시선과, 오선영의 시선이라는 알리바이를 통해 무희를 보는 여성관객의 시선의 중첩을 통해 죄의식을 느끼지 않고 비현실적이기까지 한 쾌락의 전시를 감상하고 있다.

---

36 주창규는 이 장면에 대해 남성관객의 절시증적 쾌락의 시선과 달리 오선영의 매개된 시선으로 바라보는 여성관객은 불안정하고 위험하게 흔들리게 된다고 설명한다. 절제된 군무와 달리 이탈한 탈규율적 신체움직임을 보여주는 독무는 역동적 경험과 더불어 여성관객에게 노란 피부의 무희에게 씌워져 있는 하얀 가면 뒤 이면을 볼 수 있게 해준다. 탈-식민지의 여성용 영화에서 여성에게 덧씌워진 하얀 가면 뒤에는 근대성의 아포리아, 서구문명의 계몽으로서 근대성의 어두운 면 즉 젠더화된 하층민의 힘든 현실과 고통스러운 역사가 보인다. 그러므로 충무로의 여성관객은 이 무희를 통해서 영화관 밖에서 백인여성의 옷을 입고 춤을 추고 있는 노란 여성 즉 양공주를 연상한다고 주장한다(주창규, 「'노란 피부, 하얀'가면' 무도회'로서 〈자유 부인〉의 충무로 여성 관객성에 관한 분석」, 『영화연구』 21호, 한국영화학회, 2003, 191~192쪽). 여기서는 각색의 문제로 관심을 집중시키기 위해서 영화의 서사구조 내에서 이 장면이 작동하는 측면만을 해석하는 데 치중할 것이다.

4. 정비석 소설의 여성인물들–아프레걸이 보여주는 시대성

1950년대 후반기는 멜로드라마의 관습이 자리잡아가는 시기였다. 특히 1956년과 1957년에 등장한 멜로드라마는 일명 '아프레걸'이라고 불리는 여성주인공들이 전면에 대두되었다. 이영일은 이 시기의 특징에 대해 아프레걸을 중심으로 "어느 시기보다 건실한 윤리와 신선한 작품의 도가 깔려있는" 작품이 제작되었으며 "시대풍조를 예리하게 반영한다든지 전혀 새로운 정서기반 위에서 남녀관계나 가정의 윤리, 부부관계를 그리는" 새로운 시도를 하고 있었다고 논평한다.[37] 이영일이 이에 해당하는 영화로 〈자유부인〉을 위시해서 〈애인〉, 〈애원의 고백〉, 〈실락원의 별〉, 〈처와 애인〉, 〈나는 너를 싫어한다〉, 〈오해마세요〉, 〈여성전선〉, 〈산유화〉, 〈황혼열차〉 등을 들고 있다.

정비석 소설에 바탕을 둔 작품의 아프레걸들은 여타 영화들의 인물들이 퇴폐적이거나 경박하고 물질적인 측면을 추구하는 것으로 묘사되는 것과 달리 다양한 여성들의 모습을 묘사한다. 〈자유부인〉을 제외하면 그 영화의 여주인공으로 설정된 여성은 도덕적으로 긍정적이며 현대적인 진취성도 갖춘 주인공과 현대적이라고 볼 수 없지만 역시 긍정적 도덕성과 사고방식을 가진 조연 역할의 여성들이 거의 쌍을 이루어 등장한다. 「여성의 적」의 백설희와 김혜순, 「여성전선」의 한보영과 윤옥란, 「유혹의 강」의 최선애와 김진옥, 「슬픈 목가」의 이선옥이 그들이다. 물론 이 소설에서도 유한마담이나 정조관념이 희박한 미망인, 사치스러운 아프레걸이 등장하지만 대부분의 작품에서 윤리적으로 건전한 여성이 전면에 나서서 자신의 인생을 개척하려는 노력을 한다는 점에서 이 영화들은 건강한 대중성을 획득한다.

---

37 이영일, 『한국영화전사』(개정증보판), 소도, 2004, 254쪽.

이처럼 영화화된 정비석 소설의 여주인공들은 도덕적이고 긍정적이라고 할 수 있지만 반면에 자유분방하며 논리적으로 설명할 수 없는 양면성을 가지고 있고 당시의 고정관념으로는 이해하기 힘든 부분도 있다.[38] 그들은 '개방적이고 자유주의적으로 생각한다는 점에서 주체성이 강한 여성'들이며 성적인 측면에서도 '기존의 도덕관념을 따르지 않고 스스로 판단하고 선택하며 피해자 담론에 젖어들지 않는다.'[39] 이러한 여성이 전면화되는 소설과 여주인공을 살펴보면 1951년『여성전선』의 윤옥란에서 시작한다고 볼 수 있는데, 그 이후 1954년『자유부인』의 박은미, 1955년『민주어족』의 강영란, 그리고 같은 해『여성의 적』의 백설희 등이 이 계보에 속하는 여성들이다. 특히 백설희의 경우 이 계보의 마지막에 있는 인물답게 가장 자의식적이고 논리적이며 진보적인 가치관을 가지고 있다. 소설의 시작부터 한강에서 수영을 하고 있는 장면으로 등장하는 백설희는 미공보관 타이피스트로, 애인 한승조와 자유로운 연애를 하고 있다. 애인이 있으면서 권동철에게 애인의 취직부탁을 위해 일시적인 데이트를 마다하지 않고 권동철의 음흉한 접근을 때론 직설적인 거절로 때론 교묘하게 피해간다. 소설 마지막에 거리낌 없이 동거를 결심하는 백설희는 역시 그녀만큼 자유분방하고 독립적인 성격의 한승조와 더불어 당대의 가장 개방적인 현대적 인물로 재현된다. 그러나, 당시의 윤리관이나 성의식을 생각해보면 이 두 사람의 사고방식은 비현실적으로까지 보인다. 이러한 백설희와 한승조의 성격과 연애 방식에 대해 이선미는 이들은 '미국문명의 시각 경험이 어떤 삶을 상상하게 한다

---

38 이러한 측면은 윤리성 혹은 여성 주체성에 대한 이해방식에 있어서 1950년대와 현재 사이의 시간적 간극에 의해 독해가 달라지는 지점으로 인해 발생하는 것이 아니다. 일례로 김내성의 〈실락원의 별〉의 고영림은 백설희나 윤옥란보다 좀 더 이해하기 쉬운 인물형인데 그녀의 행동과 논리에 일관성이 있기 때문이다. 이러한 인물형의 등장은 정비석과 김내성의 스타일의 차이이기도 하고, 정비석의 소설방식의 특징이라고 볼 수 있다.

39 이선미, 「"헵번스타일", 욕망, 교양의 사회, 미국영화와 신문소설」, 『현대문학의 연구』 47호, 한국문학연구학회, 2012, 240쪽.

면 바로 이 여성들의 삶일 수도 있다고 확인하게 하는 인물'이라고 평하면서 이들의 삶의 방식이 '미국문명의 시각 경험이 한국적으로 재현된 근대적인 삶의 방식'을 표현한 것으로 '서사로서(의) 리얼리티'는 있지만 '현실의 인물로서가 아니라 판타지적으로 당대적 공감을 일으키'며 그 비현실성으로 인해 '이런 인물의 출현은 오래 지속되지 못한다'고 설명한다.[40] 백설희에 대한 이러한 설정은 정비석이 소설을 기술하는 방식에 있어서도 매우 특이한 위치를 차지한다. 이것은 백설희가 등장하는 소설의 부분과 악의적인 아프레걸이 등장하는 소설과 비교했을 때 확연하게 드러난다. 〈자유부인〉에서 화자는 오선영의 행동과 그가 벌이는 애정행각 장면마다 통렬한 비난이나 변화하는 세태에 대한 개탄을 하면서 개입한다. 그러나 윤옥란이나 백설희의 행위에 대해서 화자는 대부분 그녀에게 동의하거나 긍정적인 의견을 덧붙인다. 물론 그녀들의 행위가 오선영처럼 비도덕적이거나 성적인 방종이 아니기 때문이기도 하다. 하지만 백설희와 한승조가 요릿집에서 보여주는 거침없는 애정표현은 당시의 성윤리로서는 용납하기 힘든 측면이 있는데도 소설은 화자의 설명이나 논평이 거의 없이 상황묘사와 전개로 일관한다. 이것은 한승조가 우연히 만난 권동철의 아내 김혜순과 중국집에서 식사 후 키스를 하는 장면도 마찬가지인데, 소설은 김혜순의 입장에서 기술되기 때문에 한승조의 감정이나 동기를 설명하지 않는다. 물론 화자의 개입도 없다. 윤옥란이나 강영란의 경우 이러한 애정행각이나 당대로는 용납하기 힘든 동거 같은 행위까지 나아가지 않기 때문에 대부분 소설에서 화자는 주인공의 사고방식을 긍정적으로 설명하거나 평가한다. 하지만 백설희에 이르면 이러한 도덕적 잣대나 평가가 잠시 배제되고 상황묘사로만 전개되는 순간들이 있다. 이선미의 설명을 빌려 오면, 마치 한국관객이 미국영화에 등장하는 애정장면을 '미국'이기 때문에 논외로 판단유보를 하는 것

---

40 위의 글, 240~241쪽.

처럼 정비석이 백설희라는 인물에게 부여한 윤리적 기준은 상대적인 측면이 있다.

정비석의 소설에는 이처럼 도덕적인 잣대나 평가에 있어 모든 인물을 일관성 있게 묘사하지 않는 측면이 있다. 『자유부인』에서 박은미는 소설 중에서 가장 도덕적이고 지성적인 여성이지만 약혼자의 점수조작을 위해 장 교수에게 부정한 청탁을 한다. 『여성전선』의 윤옥란 역시 자신의 인생과 삶에 대한 진지한 고민을 하고 여성 스스로의 "노예근성"과 "남성들의 횡포"에 맞서는 전선을 형성해야한다고 주장하지만 남편감으로 "아내의 존재 같은 것은 다소 무시당해도 좋으니까 적어도 자신의 신념을 가지고 세상을 살아나가려는 그런 씩씩한 남성"을 이상적으로 생각한다. 그리고 독립적인 여성으로 살아가야한다고 주장하면서 자신을 좋아하는 남성의 감정을 이용해서 돈을 빌리거나 두 남자를 동시에 만나는 것에 아무런 도덕적 모순을 느끼지 못한다. 전술한 『여성의 적』의 백설희 역시 마찬가지이다.

이러한 모순적이며 모호한 여주인공들의 사고방식은 그들 이면에 있는 작가의 존재를 의식할 수밖에 없다. 일관성을 결여한 그들의 사고방식과 성윤리는 정비석과 그의 소설을 선호하는 독자층의 사고방식이 여주인공들이 가진 급진적 윤리성을 완전히 포용할 수 없기 때문에 발생한다고 할 수 있다. 그러나 이 점을 다른 측면에서 보자면, 바로 그러한 모순된 점이 정비석의 소설이 대중성을 획득하는 지점이다. 논리적인 정당성이 있는 것처럼 가장한 이 이중적 속내의 교묘함은 사실은 당대의 기성세대가 가진 심성을 그대로 표현한다. 윤옥란이나 백설희 같은 여성이 가지는 서구적인 사고방식과 생활감성은 제도적으로나 논리적으로 인정할 수밖에 없지만 현실적인 삶에서 감정적으로 포용될 수 없는 문제였다. 이 혼란스러운 감성은 여성의 지위에 대한 법률적인 진전에도 불구하고 사회문화적 관습으로는 용납되지 않았던 당시의 상황을 반영한다. 주유신의 논의처럼 1950년대 멜로드라마의 전반적인 젠더 이데올로기는 '여성의 해방'보다는 해방된 여성에게 가해지는 '새로운 형식의 규제'를 의미하는 것을 읽어낼 수 있다.[41] 그럼에도 불구하고 '규제'라고만 단정할 수 없는 당시의 여성을 바라보는 시선이 가진 불균형성과 비 일관적 사고는 1950년대라는 시기가 가지는 '혼돈'과 '매혹'을 드러낸다. 여성을 재현하는 데 있어 이러한 당혹감은 영화에 있어서 다양한 방식으로 나타난다.

정비석을 대표로 하는 일련의 소설들을 영화매체로 들여오면서 시대적 흐름에 민감했던 신진 감독들은 소설 속의 새로운 여성상들을 다양한 방식으로 재현하였다. 영화에서 아프레걸은 대략 세 가지 유형으로 나눌 수 있는데, 〈자유부인〉에서 보이는 허영에 들뜬 부박한 여성들과 〈실락원의 별〉로 대표되는 지성적이며 주체적인 사고방식의 여성들 그리고 〈아름다운 악녀〉나 〈전후파〉같은 비도덕적인 극단의 아프레걸을 볼 수 있다. 불과 〈자유부인〉이 등장한 지 2~3년 사이에 첫 번째 유형의 여성들은 악인의 전형적인 인물형이 되었고 주로 선한 주인공의 상대편에서 삼각관계를 이루거나 그 사랑을 방해하는 다양한 조연을 맡는다. 그리고 정비석과 김내성의 소설에 기반을 둔 영화에서 보이는 두 번째 유형은 1956년부터 1958년 정도까지 멜로드라마 주인공을 대표하는 유형이 되었지만 1960년대에 들어서면 발랄한 여대생의 모습으로 그 영역이 축소되었다. 이 여대생 이미지는 1960년대 인기를 끌었던 홈드라마 내에서 위치할 긍정적인 딸 역할에 필요한 캐릭터였고, 본래의 이미지가 가졌던 진보성과 자신감, 그리고 윤리적 모호성 등은 사라졌다. 정비석의 소설이 백설희 같은 아프레걸에게서 일정 부분 성적 윤리, 도덕적 가치에 대한 판단을 유예시켰다면 영화에서 이러한 방식으로 그 판단중지를 했던 여성형은 〈전후파〉나 〈아름다운 악녀〉에서 등장하는 주인공들이다. 전후의 세태를 극단적인 인물을 통해 보여주는 이 작품들

41 주유신, 「한국영화와 근대성 – 〈자유부인〉에서 〈안개〉까지」, 주유신 외, 『한국영화와 근대성』, 소도, 2001, 29쪽.

에 이르면 영화는 도덕적 단죄를 잠시 멈추고 그들이 보여주는 새로움에 대해 당혹감을 감추지 못한다. 특히 〈아름다운 악녀〉의 경우 당시 비평을 보면 여주인공을 부도덕적인 것을 넘어서 무도덕적인 인물로 설명하는데, 다른 몇몇 평론에서도 이 인물에게 어떤 윤리적 평가를 내리는 것에 대해 망설이면서 추상적인 사회현상으로 보아야한다는 결론을 내린다. 당시 대중들이 보편적으로 동의할 수 있는 도덕적 수준에서의 아프레걸의 행위나 부도덕성은 쉽게 소설이나 영화에서 재현되고 비판되지만 이 경계를 넘어서는 일련의 여주인공들은 관습적인 재현 범위를 넘어서 모호한 표현을 통해서 기존 가치로의 평가를 회피한다.

또한, 이 시기 영화들은 정비석 소설에 등장하는 여성들을 관객들이 선호할 수 있는 서사 내로 포용하려고 시도한다. 앞서 언급한 것처럼 정비석 소설에 등장하는 아프레걸의 모호성을 영화는 상대적으로 축소시키고 보다 대중이 공감할 수 있는 서사에 집중하려고 시도한다. 〈여성전선〉의 경우 윤옥란과 더불어 한보영의 이야기를 강조하는데, 윤옥란과 세 명의 남성을 중심으로 한 연애 서사는 경쾌하게 풀어간다면, 현준식과 한보영, 그리고 방탕한 현준식의 아내 이경미의 관계는 보다 비극적으로 처리한다. 현준식이 출장 간 사이 불륜의 늪에 빠진 부인 이경미는 아들의 죽음도 모른 채 집에 돌아오지 않는다. 귀국한 현준식은 더이상 부인의 행동을 참지 않고 딸을 데리고 한보영에게로 가버린다. 윤옥란과 거의 비슷한 위치로 한보영을 전면에 등장시킨 이 영화는 방탕한 부인을 버리고 옛사랑에게 가기까지의 과정을 더 설득력 있게 보여주기 위해서 소설에 없는 아들의 죽음을 넣었다. 이러한 두 사람의 재혼은 당대의 미망인 서사의 한 경향을 보여주고 있다. 1950년대 후반기 주요한 멜로드라마의 흐름으로 등장한 것이 미망인을 다룬 작품들이다. 이러한 연애는 한편으로는 이루어지지 못하는 비극적 서사(〈동심초〉)이거나 다른 한편으로는 〈별은 창 넘어로〉나 〈다시 피는 꽃〉 등 결국 결혼에 성공하는 긍정적인 작품들을 통해 미망인의 재혼에 대해 새로운 윤리적 관점을 드러내고 있다. 1960년대 영화들이 〈또순이〉나 〈왈순아지매〉처럼 씩씩한 생활인으로서의 여성이나 〈사랑방손님과 어머니〉 혹은 〈열녀문〉처럼 전통적인 비극적인 여성을 전면에 내세우며, 여성들의 다양한 위치와 시선을 특정 인물형으로 축소시킨다. 반면 1950년대 후반기 다양한 여성형의 등장은 관객들의 선호도에 맞춰서 변형되기는 하지만 그 도발성과 모호성을 적극적으로 그리고 있다는 점에서 그 시대가 은밀하게 드러낸 여성에 대한 진전된 시선을 가늠할 수 있다.

또한, 정비석 소설이 가진 대중성의 한 측면은 이전에 볼 수 없었던 욕망과 섹슈얼리티의 대한 관심과 발현이다. 김내성이 정신적인 사랑을 강조하면서 사랑의 허용범위와 제도와의 불화, 즉 결혼제도의 굴레와 사랑의 자유 사이에서의 갈등을 진지하게 논의하기 위해서 여주인공에게서 섹슈얼리티를 배제시키려고 노력한다면 정비석은 동류작가 중에서 가장 감각적으로 선정성을 노골화시킨다. 결국 〈자유부인〉에서 키스장면이 문제가 되어 논란이 일었던 사건과 〈여성의 적〉에서 선정성이 문제가 되어 제작한 후 1년 뒤에 개봉한 점, 〈유혹의 강〉에서 수많은 미망인을 통해 구현된 에로티시즘의 대한 평론의 주목은 원작이 가지는 선정성의 정도를 설명해준다. 그러나 여기서 정비석의 에로티시즘과 영화화를 통해 문제가 된 선정성에 대해서는 당대의 문화사회적 측면과 더불어 생각할 여지를 남긴다. 한국영화에서 처음으로 키스 장면이 등장한 〈운명의 손〉과 더불어 〈자유부인〉에서 교수부인이 젊은 대학생이나 불륜의 상대와 망설임 없이 성적 쾌락에 빠지는 장면은 당대의 논란을 일으켰다. 찬성하는 사람들은 표현의 자유의 허용도의 문제와 근대화된 의식의 문제로 이 장면을 옹호했고 반대하는 사람들은 가정주부의 지켜야할 도덕성과 아직 한국영화에서 키스 장면은 시기상조라는 의견을 개진했다.[42] 이처럼 정비석 소설에 내재한 선정성의 문제는 한국영화

42 「키스 장면의 시비 / 영화 〈자유부인〉을 계기로 / 찬성론이 지배적」, 『동아일보』, 1956. 6.10, 3면.

에 섹슈얼리티에 대한 새로운 기준점을 제시하면서 금기의 문제에 도전했을 뿐 아니라 대중성이나 선정성으로 보이는 표면의 이면에 있는 표현의 자유에 대한 문제와 기성세대와 신세대의 도덕적 윤리적 충돌을 외화시켰다.

5. 맺음말

"50년대에 쓰인 많은 글에서 확인되는 것은 절망과 비관이 아니라 새로운 세계에 대한 열망과 변화에 대한 나관"[43]이라는 오영숙의 의견은 "매혹과 혼돈"이 중첩되었던 이 시기의 특성을 잘 표현하고 있다. 1950년대의 정비석 소설이 보여주는 수많은 소설의 여주인공들은 (작가가 평가하기에) 정신적으로 건강한 여인이든, 윤리적으로 문제가 있는 '자유부인'이든 슬픔에 찬 미망인들까지도 전후 한국의 혼란스러운 사회 속에서 이전에는 생각하지 못한 '매혹'을 경험하고 있었다. 그러나 많은 남성주체들과 기성세대들은 이러한 변화에 당혹감을 표명했고 그것은 아프레걸이라는 새로운 여성 인물을 통해 그들이 이해할 수 있는 범주로 축소시키고자 했다. 주유신은 이 시기 영화들이 서구문화에 대한 이질감과 공포를 여성에 투사시켜서 그들을 단죄함으로써 그 공포에서 벗어나려고 한다고 주장하면서 그 결과 이 시기 한국영화들 속에서 여성과 관련된 것들은 흥미롭게도 끊임없이 소비주의, 상품물신주의, 과도한 섹슈얼리티, 성적 스펙터클과의 연관 속에서 혹은 그것들의 매개를 통해 재현되며, 그 과정에서 여성의 섹슈얼리티는 한국사회의 전통적인 위계

43 오영숙, 『1950년대, 한국영화와 문화담론』, 소명출판, 2007, 16쪽.

질서를 위협하거나 성차라는 문제 틀을 재구조화하는 힘을 갖기도 하고 당대적 욕망과 불안감을 가장 직접적으로 표현해주는 징후적 기호가 됨으로써 근대화와 서구화가 맞물리면서 빚어내는 문제의 지점들을 환기시키는 가장 강력한 은유이자 상징이 된다고 설명한다.[44]

정비석 소설은 1950년대 후반기 한국영화계가 표출했던 여성재현의 내포적 의미를 구사하기에 가장 적절한 텍스트였다. 아니 더 나가서 정비석 소설을 통해서 한국영화는 아프레걸을 표현하기 시작했고 기존의 이분법적 여성형이 아닌 다양한 여성 인물들을 전시할 수 있었다. 연애소설이라고 지칭하기엔 낭만성이 배제되었지만 아프레걸 여성들이 주인공이기 때문에 세태를 드러내기에 적절한 애정서사가 배치되어있다. 현실풍자적인 그의 작품들은 영화화를 통해서 다층적 차원의 의미를 획득한다. 그 결과 여성의 중심이 된 멜로드라마는 전쟁의 후유증으로 남성이 부재한 공간을 "해방 전 윤리의 굴레에서 벗어나서 적극적으로 스스로의 인생을 주장하는" 여성들로 채우면서 새로운 정서와 윤리적 기반이 필요함을 주장할 수 있었다.[45]

44 주유신, 앞의 책, 14쪽.
45 이영일, 앞의 책, 254쪽.

* 정비석 원작소설과 영화화 작품 목록(연애 · 세태소설을 중심으로)

영화제명	원작명	원작 년도	영화 년도	감독	영상/ 시나리오 유무	연재 매체
성황당	성황당		1939	방한준	없음	단편
여성의 적	여성의 적	1955	1956	김한일	없음	국제신보
자유부인	자유부인	1954	1956	한형모	영상 시나리오	서울신문
여성전선	여성전선	1951	1957	김기영	없음	영남일보
속 자유부인	자유부인	1954	1957	김화랑	없음	서울신문
산유화	산유화	1954	1957	이용민	시나리오	여원
유혹의 강	유혹의 강	1958	1958	유두연	없음	서울신문
그 밤이 다시 오면	장미의 계절	1947	1958	노필	시나리오	중앙신문
사랑의 십자가	사랑의 십자가	1959	1959	유두연	시나리오	아리랑
낭만열차	낭만열차	1957	1959	박상호	시나리오	한국일보
슬픈 목가	슬픈 목가	1957	1960	김기영	시나리오	동아일보
청춘의 윤리	청춘의 윤리	1942	1960	김화랑	시나리오	매일신보
번지없는 주막	번지없는 주막	1952	1961	강찬우	시나리오	신태양
산유화	산유화	1954	1966	박종호	영상 시나리오	여원
산호의 문	산호의 문	1962~1963	1966	엄심호	시나리오	경향신문
자유부인	자유부인	1954	1969	강대진	시나리오	
고원	고원	1946	1969	이성구	영상 시나리오	백민
뻐꾸기도 밤에 우는가	성황당	-	1980	정진우	영상 시나리오	-
자유부인	자유부인	-	1981	박호태	영상 시나리오	-
자유부인 1990	자유부인	-	1990	박재호	영상 시나리오	-

정비석과 전집의 정전화 논리

최애순

1. 정비석의 애매한 위치－「성황당」과 『자유부인』 사이

정비석은 문학사에서 「성황당」과 『자유부인』의 작가로 평가된다.[1]

1 연구자들의 정비석 연구는 『자유부인』과 「성황당」에 집중되어 있다. 『자유부인』을 다룬 논문은 다음과 같다. 강진호, 「전후 세태와 소설의 존재방식－정비석의 『자유부인』을 중심으로」, 『현대문학이론연구』 13호, 현대문학이론학회, 2000; 김지연, 「정비석 소설 『자유부인』의 인물 연구」, 동아대 석사논문, 2001; 김일영, 「정비석의 신문소설 『자유부인』에 나타난 풍속의 양상」, 『인문과학연구』 4호, 대구가톨릭대 연구소, 2003; 최미진, 「부인명 대중소설에 나타난 여성의식 연구－정비석의 『자유부인』과 전병순의 『현부인』을 중심으로」, 『현대소설연구』 21호, 2004; 이시은, 「전후 국가재건 윤리와 자유의 문제－정비석의 『자유부인』을 중심으로」, 『현대문학의 연구』 26호, 한국문학연구회, 2005; 정은영, 「1950년대 신문소설의 서사방식 연구－정비석의 『자유부인』을 중심으로」, 중앙대 석사논문, 2006; 강찬모, 「정비석 소설 연구－부인명 소설에 나타난 여주인공의 성의 자각 과정 연구」, 『한국문학이론과 비평』 35호, 한국문학이론과 비평학회, 2007; 강상희, 「계몽과 해방의 미시사－정비석의 『자유부인』」, 『이산과 귀향－한국문학의 새 영토』(탄생 100주년

「성황당」을 통해 문학적 가치를 인정받는가 하면, 『자유부인』으로 인해 대중문학가라는 낙인이 찍히기도 하는 이중적 평가 속에 놓인 작가이다. 정비석은 문학사에서 1930년대 후반 「성황당」, 「졸곡제」의 토속적 자연미와 원시적 본연의 세계를 그린 순수문학의 작가로 데뷔하여, 『자유부인』을 쓴 시점으로부터 대중문학작가로 탈선했다는 평가를 받는다. 한 작가가 순수문학과 대중문학 사이를 오가며, 대중문학가이지만 정전에서 살아남았고, 『자유부인』으로 대중적 명성을 얻었지만 후세 사람들에겐 「성황당」이라는 순수문학가로 기억되며, 한국문학사 정전화 과정에서 선택과 배제라는 양날의 칼을 동시에 품고 있는 경우는 드물다. 정비석은 정전의 아이러니한 상황을 고스란히 재현해주는 정전과 비정전의 경계에 서 있는 작가이다. 따라서 정비석은 전집에 내재된 정전화의 논리나 이데올로기를 드러내주는 지표가 될 수 있다.

정비석의 순수문학과 대중문학에 걸쳐 있는 이중적 위치는 당대 비평

문학인 기념문학제 자료집), 교보, 대산문화재단, 2011.4.7. 정비석은 가장 최근까지도 『자유부인』의 작가로 알려져 있다. 얼마 전 탄생 100주년 기념행사에서도 정비석은 『자유부인』의 작가로서 논의되고 있었다.

한쪽에서 『자유부인』의 작가로 논의되고 있는 반면, 다른 한쪽에서 정비석은 「성황당」의 작가로 거론된다. 정비석의 「성황당」 연구는 다음과 같다. 김병욱, 「정비석의 문학―「성황당」을 중심으로」, 『월간문학』, 1971.8; 백철, 「한국단편문학의 40년(三)」, 『한국단편문학전집』 3, 백수사, 1958, 465~478쪽; 이어령, 「성황당고」, 『한국단편문학 100선』, 경미출판사, 1984; 김재남, 「「성황당」에 나타난 작가의식」, 『세종어문연구』 3·4 합병호, 세종어문학회, 1987; 정한숙, 『현대한국문학사』, 고려대 출판부, 1991; 김홍영, 「정비석의 「성황당」 연구」, 1993; 노상래, 「정비석 소설 연구―「성황당」의 욕망구조를 중심으로」, 『현대소설연구』 8호, 현대소설학회, 1998; 안영숙, 「정비석 문학의 에로티시즘 연구―「성황당」과 『자유부인』을 중심으로」, 충남대 석사논문, 1999; 차봉준, 「정비석의 「성황당」에 나타난 생태학적 인식 연구」, 『인문학연구』, 숭실대 인문과학연구소, 2000; 김미영, 「1930년대 후반기 소설에 나타난 생태학적 상상력」, 『비교문학』 35권, 2005; 오양진, 「정비석의 「성황당」과 김동리의 「산화」에 나타난 자연의 의미」, 『한국근대문학연구』 22호, 한국근대문학회, 2010.

정비석의 연구는 이처럼 「성황당」과 『자유부인』에 집중되어 있으며, 이것 이외의 작품들을 분석한 경우는 이미숙, 「정비석 초기소설 연구」(영남대 석사논문, 1996); 김지영, 「정비석 초기연애소설 연구」(부산대 석사논문, 1999); 정종현, 「미국 헤게모니 하 한국문화 재편의 젠더 정치학」(『한국문학연구』 35집, 동국대 한국문학연구소, 2008) 정도가 있을 뿐이다. 학위논문을 제외한 논문으로는 정종현의 것이 유일하다.

가들의 「성황당」에 대한 양분되는 평가에서도 투영된다. 가령, 그는 초기에 "아름다운 자연을 낭만적으로 묘사하면서 인간의 본능을 아름답게 그"리다가 점차 "애욕의 세계로 빠져 들어가서 애정물 작가로 변화하였다"는 평가를 받는다. 후자 경향의 정점을 이루었던 작품은 말할 나위도 없이 당시 퇴폐풍조를 그린 탓에 사회문제로까지 번졌던 『자유부인』이다. 「성황당」과 『자유부인』의 상반된 평가 속에서 「성황당」에서부터 '성적 세계', '에로티시즘'이 발현되었다고 제기하면서, 정비석의 작품세계를 순수문학과 대중문학으로 양분하는 것에서 벗어나 '애욕'이나 '성'이라는 한 축을 중심으로 연속된 작품세계로 파악하려는 견해가 일기도 했다.[2] 그러나 정비석의 에로티시즘이 「성황당」에서부터 축적된 그의 작품의 일관된 경향이라는 견해 속에서도 문학사 기술이나 전집편찬에서 「성황당」과 『자유부인』의 간극은 좁혀지지 않았다. 「성황당」과 『자유부인』의 간극만큼이나 정비석은 문학사에서 독특한 위치를 점유한다. 대중문학 작가이면서 전집에서 살아남은 거의 유일한 작가이며, 그의 작품 대부분이 수많은 장편 연애소설들임에도 불구하고 문학사에서는 초기 작품인 「성황당」만 거론되고 있다. 『자유부인』이 불러일으킨 파장 때문에 문학사에서 대중문학가로 인식되어 그의 작품들이 현재 문학사에서 배제되었다면, 「성황당」은 그럼에도 불구하고 정비석이 문학사에서 살아남도록 하는 데 일조했다. 단 한 편으로 문학사나 정전에서 끝까지 살아남은 작가라 볼 수 있다. 왜 정비석은 「성황당」의 작가로 살아남았을까. 어떻게 문학사 기술이나 전집편찬에서 「성황당」 단 한 편으로 끝까지 밀고 나갈 수 있었을까.

정비석이 「성황당」의 작가로 기억되는 데는 전집의 영향력이 크다. 전집에서 선택한 작품이 「성황당」이었고, 정비석은 「성황당」으로 같은 세대의 작가들이 살아남지 않는 동안 전집에서 끝까지 버틸 수 있었다.

2 안영숙, 「정비석 문학의 에로티시즘 연구 – 「성황당」과 『자유부인』을 중심으로」, 충남대 석사논문, 1999.

정비석은 문학사에서 어떤 작품이 선택되었고 배제되었는지를 가장 극명하게 보여주며, 대중문학이 어떻게 정전화의 과정을 거쳤는지도 잘 보여주는 작가이다. 따라서 본 논문에서는 전집에서 정비석이 어떤 위치를 차지하고 있었는지, 정비석의 어떤 작품들이 선택되고 배제되었는지를 따라가 보며, 전집의 정전화 논리를 살펴보고자 한다.

2. 한국문학전집의 역사와 정비석의 세대들

정비석은 1911년 평북 의주 출생으로 1936년 동아일보 신춘문예에 「졸곡제」가 입선되면서 문단에 등단했다. 이때 같이 등단한 작가가 김동리와 서정주였다. 김동리가 소설 부문에서 당선, 정비석이 입선, 서정주가 시 부문 당선자였던 것이다. 1935, 6년을 전후하여 20대의 나이로 등단한 작가들은 김동리, 정비석, 현덕, 김영수, 최인욱 등을 꼽을 수 있으며, 1939년에 간행된 『문장』, 『인문평론』, 『단층』 등의 동인지를 통하여 나온 신인들로는 황순원, 김이석, 최태응, 임옥인 등이 있다.[3] 정비석은 전집편찬에서 주로 이 시기에 등단한 세대들과 함께 묶였다. 이들 세대들은 주로 1910년대 출생으로 나이도 비슷비슷하다.[4] 그러나 전집에서 누가 선택되

3 백철, 「한국단편문학의 40년(三)」, 『한국단편문학전집』 3, 백수사, 1958년 초판(1965 증보신판), 466쪽.

4 정비석, 1911년 5월 21일 평북 의주 출생~1991년 10월 19일 사망
김동리, 1913년 11월 24일 경북 경주 출생~1995년 6월 17일 사망.
황순원, 1915년 3월 26일 출생~2000년 9월 14일 사망.
최인욱, 1920~1972년 4월 12일. 초기에는 동양적인 토속세계와 서정에 바탕을 둔 작풍. 서라벌 예술대학, 중앙대학 강사, 1957년 자유문학가협회 중앙위원.
최태응, 1917~1998년 8월 9일. 황해도 출생.
김이석, 1914~1964. 평양 출생.

고 배제되었는지는 각 시기마다 조금씩 차이가 난다. 정비석이 들어간 전집들을 시기별로 살펴보면 다음과 같다. 다음의 전집들에서 정비석과 그의 세대들이 어떻게 행보를 달리하는지 따라가 보기로 하겠다.

『한국단편문학전집』 전 5권, 백수사, 1958(1965년 증보신판).

제1권 김동인, 염상섭, 현진건, 전영택, 나도향, 최서해, 주요섭, 박화성

제2권 현진건, 이효석, 채만식, 계용묵, 이무영, 강경애, 박영준, 김유정, 이상

제3권 김동리, 정비석, 최정희, 김정한, 김영수, 황순원, 이봉구, 곽하신, 김이석, 최인욱, 최태응, 임옥인

제4권 안수길, 손소희, 오영수, 유주현, 한무숙, 강신재, 박연희, 장용학, 손창섭, 곽학송

제5권 김광식, 정한숙, 이범선, 전광용, 오유권, 오상원, 박경리, 서기원, 최상규, 선우휘, 송병수, 한말숙, 하근찬

백수사 『한국단편문학전집』은 해방 이후 한국문학사를 새징립하는 데 중요한 역할을 담당했다. 특히 이 전집에 실린 백철의 「한국단편문학의 40년」에서 각각의 작가에 대한 평가는 문학사적으로 중요한 영향력을 행사한다. 이때 백철은 정비석 작품을 향토성, 토속성 문학의 계보로 평가했다. 이후 정비석은 백철의 이 논의에서 크게 벗어나지 않은 채 문학사에서 토속성, 향토성의 계보를 잇는 1930년대 후반의 「성황당」 작가로 남게 된다. 백수사의 『한국단편문학전집』에서 정비석은 3권에 김동리, 황순원, 김정한, 김이석, 최인욱, 최태응 등의 작가와 함께 묶였다. 1960년대 전집에서도 정비석은 이들 작가군과 함께 묶인다. 1968년 정음사의 『신문학 60년 대표작 전집』과 1969년 삼성출판사의 『한국단편

안수길, 1911년 11월 3일~1977년 4월 18일.

백 철, 1908년 3월 18일~1985년 10월 13일. 평북 의주 출생.

임화노선에도 문협정통파에도 문학가동맹에도 가입하지 않은 채 제3노선을 걸었다.

문학대계』를 살펴보면 다음과 같다.

『신문학 60년 대표작 전집』, 정음사, 1968.[5]

2권 이광수, 김동인, 염상섭, 현진건, 최서해, 나도향, 박종화, 전영택, 주요섭, 박화성, 유진오, 이효석, 채만식, 이무영, 김유정, 계용묵, 허윤석, 이상, 이주홍, 김송, 김정한, 김동리, 최정희, 정비석, 김영수, 최인욱, 황순원, 김이석, 이봉구, 최태응, 안수길, 곽하신, 임옥인, 김광주, 박영준, 홍구범, 손소희

『한국단편문학대계』 12권, 한국문인협회 기획, 삼성출판사, 1969.

1 이광수 김동인 박종화 전영택 현진건 나도향 최서해 / 2 염상섭 주요섭 박화성 계용묵 / 3 채만식 조용만 이무영 강경애 백신애 이상 이주홍 장덕조 유진오 이석훈 김말봉 / 4 김유정 김동리 정비석 박영준 김정한 / 5 최정희 허윤석 황순원 이봉구 박계주 곽하신 / 6 안수길 김송 김영수 김이석 최태응 최인욱 김광주 임옥인 / 7 손소희 박용구 한무숙 박연희 유주현 이종식 / 8 김성한 강신재 손창섭 서근배 권선근 장용학 곽학송 / 9 이범선 김광식 전광용 오상원 이호철 정병우 오유권 최일남 박경수 서기원 / 10 박경리 선우휘 추식 하근찬 한말숙 정구창 구혜영 이문희 / 11권 최상규 승지행 박상지 최현식 남정현 김동립 이광숙 권태웅 이병주 박용숙 한남철 이영우 최인훈 강용준 / 12권 김승옥 손장순 백인빈 송상옥 서정인 정을병 박순녀 박상륭 박태순 김성일 김의정 최미나 유현종 홍성원 이청준 김의정 천승세

정음사 『신문학 60년 대표작 전집』에서는 이광수, 김동인에서부터 김동리, 황순원, 김이석, 최태응, 최인욱 등 해방 이전의 작가들이 모두 함께 묶인다. 이에 반해, 삼성출판사에서 간행된 『한국단편문학대계』에

5 정음사 『신문학 60년 대표작 전집』은 정비석이 포함된 2권만 작가목록을 작성하였다. 3권과 4권의 작가 목록은 천정환의 「한국문학전집과 정전화 – 한국문학전집사(초)」(『현대소설연구』, 2008.4, 99쪽)에서 참조할 것.

서 정비석은 김동리, 김유정, 박영준, 김정한과 함께 4권에 묶이며, 황순원은 그 다음 5권에, 그리고 김이석, 최태응, 김광주, 임옥인 등은 6권에 묶인다. 정비석은 김동리와 함께 묶이고, 그와 같은 세대로 대우받았던 김이석, 최태응, 최인욱, 김광주, 임옥인 등과 갈리게 된다. 이 전집에서 김상일은 정비석과 박영준, 김정한을 「토속적인 인간상」으로 묶어서 해제를 달았는데, 그가 이 세 명의 작가를 한 부류로 묶어 설명하기 위해 나름대로 고심한 흔적을 엿볼 수 있다.[6] 이들을 한 권에 분류한 것은 이들 작가들이 공통적 작품 경향으로 묶인다기보다 좀 더 앞선 세대들이라고 판단해서일 가능성이 크다. 김동리와 김유정의 해설을 각각 염무웅[7]과 유종호[8]가 쓰고, 나머지 세 작가를 한데 묶은 것을 보면, 여기서도 같은 권에 들어갔다고 하더라도 김동리나 김유정이 훨씬 중요한 작가로 대우 받았다는 것을 알 수 있다. 그러나 1960년대까지 정비석의 세대들은 전집에서 같이 묶이기도 하고, 비슷한 시기의 작가들로 혹은 비슷한 작품 경향으로 평가되기도 했다. 정비석의 세대들이 서로 갈리는 때는 1970년대 전집에서부터이다. 1970년대는 문학사 기술 및 전집편찬의 수가 대폭 늘면서 한국문학의 정전화가 본격적으로 일어난 시기이기도 하다.[9] 1970년대 들어서자마자 삼중당과 어문각에서 앞 다투어 전집이 간행되기 시작했다. 삼중당의 전집은 12권으로 되어 있는 반면, 어문각의 것은 전 51권으로 구성되어 방대한 분량으로도 주목을 끌었다. 삼중

---

6 "박영준, 김정한, 정비석 이 세 작가 작품을 함께 수록한 이상 하나의 공통된 범주를 설정하여 해설해야 할 필요성을 느낀다. 일반적으로 이 세 작가는 '토속적인 인간상을 부각'했기 때문에, 그러한 가설을 세우는 일이 가능하다고 하겠으나 과연 이 작가들의 작품을 그러한 가성에 의하여 정리할 수 있을까? (…중략…) 그러나 그 정도의 취재는 근대소설상 거의 모든 작가가 다 하고 있는 일이다"(김상일, 「토속적인 인간상」, 『한국단편문학대계』, 삼성출판사, 1969, 442~446쪽, 특히 442쪽 참조).

7 염무웅, 「샤아머니즘의 미학-김동리 편」, 『한국단편문학대계』, 삼성출판사, 1969, 435~441쪽.

8 유종호, 「현대문학 속의 자기발견-김유정 편」, 『한국단편문학대계』, 삼성출판사, 1969, 430~434쪽.

9 「출판대종으로 등장한 한국문학」, 『동아일보』, 1976.7.20.

당의 이 전집은 한국문학의 정전화 기획에 한 계기를 제공하며, 여기 선택된 작가들은 이후의 정전화 과정에서도 살아남게 된다.

『한국대표문학전집』 전12권, 삼중당, 1971. 편집위원 안수길 황순원 등

1 이광수 김동인 / 2 박종화 현진건 / 3 염상섭 채만식 / 4 박화성 최정희 / 5 이무영 김동리 / 6 심훈 황순원 / 7 안수길 박영준 / 8 임옥인 한무숙 손소희 강신재 / 9 유주현 이범선 장용학 전광용 / 10 손창섭 오유권 이호철 박경리 / 11 선우휘 이문희 서기원 최인훈 / 12 대표단편 13인집

『신한국문학전집』 전51권, 현대문학사 기획, 어문각, 1971(1975 완간).[10]

1 이광수 선집 / 2 염상섭 선집 / 3 전영택 주요섭 최학송 강경애 선집 / 4 채만식 선집 / 5 유진오 심훈 선집 / 6 계용묵 김유정 이상 선집 / 7 이효석 선집 / 8 안수길 선집 / 9 김송 김영수 박계주 허윤석 선집 / 10 곽하신 박용구 오영수 한무숙 선집 / 11 강신재 박경리 선집 / 12 중단편선집1 / 13 중단편선집2 / 14 여류작가선집 / 15 시선집1 / 16 시선집2 / 17 희곡선집1 / 18 평론선집1 / 19 아동문학선집1 / 20 수필선집1 / 21 박종화 선집 / 22 현진건 라빈 선집 / 23 이무영 선집 / 24 최정희 선집 / 25 박영준 선집 / 26 김동리 선집 / 27 김광주 김이석 정비석 최태응 선집 / 28 박

10 이 전집의 출간년도는 기존의 연구자들에게 1969년으로 되어 있다. 그래서 주로 1960년대 전집출판사에서 다루어져 왔다. 그러나 1969년에 현대문학사에서 기획하고 1971년부터 간행되기 시작하여 1975년 완간되었다. 3차배본이 1973년 출간되었고, 김광주, 정비석, 김이석, 최태응 선집은 바로 이 시기에 출간되었기 때문에 서지에 1973년으로 되어 있다(「『신한국문학전집』출간」, 『동아일보』, 1973.11.24). "초간본 이후 4년 동안에 걸쳐 전 51권을 펴냈다"고 기사에 실려 있어 1975년 완간으로 유추된다(「『신한국문학전집』, 어문각, 51권 완간」, 『동아일보』, 1975.2.27). 따라서 전집출판 역사에서 1960년대가 아닌 1970년대에서 논의되어야 한다고 판단된다.

현대문학사 주간인 조연현 씨는 "지금까지의 문학전집이 소설 중심인데 비해 이 전집은 시, 평론, 희곡 등을 망라란 종합전집이 될 것"이라고 밝히고 작품 선정에 있어 최대한의 신중과 공정을 기하기 위해 범문단적인 의견을 집약할 방침이라고 말했다. 특히 이 신한국문학전집은 ① 작고작가는 문학사의 맥락을 훑어보는 정도로 그치고 그 대신 현역작가의 수준 높은 작품에 치중하며 ② 대중소설을 제외하고 순수한 문학작품만을 수록하는 특색을 갖게 될 것이라고 한다(「『신한국문학전집』 출간」, 『동아일보』, 1970.2.3).

연희 방기환 유주현 김성한 선집 / 29 김광식 선우휘 손동인 손창섭 / 30 오상원 오유권 이범선 선집 / 31 중단편선집3 / 32 중단편선집4 / 33 중단편선집5 / 34 신예작가선집 / 35 시선집3 / 36 시조선집 / 37 희곡선집2 / 38 평론선집2 / 39 아동문학선집2 / 40 수필선집2 / 41 김동인 선집 / 42 황순원 선집 / 43 김정한 이봉구 이주홍 최인욱 선집 / 44 임옥인 손소희 선집 / 45 이종환 장용학 전광용 정한숙 선집 / 46 중단편선집6 / 47 중단편선집7 / 48 시선집4 / 49 희곡선집3 / 50 평론선집3

『한국대표단편문학전집』 전30권, 정한출판사, 1975.
편집위원 김동리, 안수길, 오영수, 조연현, 최정희
18권 현역작가편 김정한, 정비석, 김송, 김영수, 곽하신, 최태응, 임옥인

중요 작가를 임신한 것으로 보이는 삼중당 『한국대표문학전집』에서 정비석이 빠져 있는 반면, 많은 작가를 포함하여 방대한 분량을 자랑하는 어문각의 『신한국문학전집』에는 정비석이 들어가 있다. 어문각의 『신한국문학전집』을 기점으로 정비석의 세대들은 문학사적으로 갈리게 된다. 김동리, 황순원은 전집에서 주로 한 권 분량을 차지하고 있으며, 다른 작가들과 확연히 다른 대우를 받았다. 이때부터 전집에서 김동리나 황순원을 최인욱, 김이석, 최태응, 정비석과 함께 묶지 않으며, 정비석도 김동리나 황순원과 같은 권에 묶이지 않고 최인욱, 최태응, 김광주, 김정한, 김이석 등과 함께 묶이게 된다. 전집에서 작가의 위치나 중요도 면에서 김동리, 황순원과는 급이 다른 작가 군으로 분류되었던 것이다. 김광주, 김이석, 정비석, 최태응 선집이 간행되던 1973년은 김현·김윤식의 『한국문학사』가 출간된 해이기도 하다. 이들은 『한국문학사』에서 단 한 줄도 언급되지 않았다. 1970년대 문학사 기술에서 이들은 누락되거나 소홀히 다루어지는 작가들에 불과하였다. 이때 문학사 기술에서 누락되었던 정비석은 이후의 문학사에서도 누락되거나 대중문학가로 언급되는 데 그치고 만다. 가령, 김윤식·김우종 등이 편찬한 『한

국현대문학사』(현대문학, 1989)에서도 정비석은 1930~1945년의 소설가 중에서도 '그 밖의 작가들'에서 방인근, 박계주, 김내성, 윤백남 등과 함께 다루어진다.[11] 그렇게 본다면, 정비석은 문학사에서는 누락된 작가이거나 상당히 홀대를 받았다고 볼 수 있다. 문학사에서 정비석은 대중문학가일 뿐이었다. 정비석은 문학사에서 배제되었으면서 전집에서 살아남은 작가인 셈이다. 어떻게 하여 문학사에서 소홀히 다루어진 작가가 전집에서는 선택되었던 것일까.

『삼성판 한국현대문학전집』 전60권, 삼성출판사, 1978.
편집위원 김동리, 이어령, 유주현, 이형기, 김윤식
1 이광수 / 2 이광수 / 3 김동인 / 4 염상섭 / 5 현진건 나도향 / 6 박종화 / 7 주요섭 심훈 최학송 / 8 채만식 / 9 이효석 유진오 / 10 박화성 임옥인 / 11 이무영 박영준 / 12 강경애 김광주 / 13 이상 김유정 / 14 김동리 / 15 황순원 / 16 이주홍, 이봉구, 박연희 / 17 안수길 / 18 손소희 한무숙 / 19 유주현 / 20 강신재 박경리 / 21 김정한 / 22 최정희 / 23 오영수 / 24 손창섭 / 25 정한숙 곽학송 / 26 장용학 선우휘 / 27 김광식 최일남 구영 / 28 이범선 이호철 / 29 전광용 남정현 / 30 오유권 박경수 / 31 오상원 최상규 송병수 / (…중략…) / 51 단편선집 1 정비석 김이석 외 8인 / 52 단편선집 2 전상국 박건상 외 8인 / 시선집 2 희곡선집 2 수필선집 2 평론선집 2

1970년대 후반 삼성출판사에서 간행된 이 전집은 인세, 수록 작가 선정의 의문점, 왜곡된 작품 평가에 이르기까지 문인들의 반발을 샀다.[12]

---

11 "1930년대는 한국문단에는 또 주로 신문연재를 통한 대중소설이 많이 쏟아져 나왔다는 사실이 특기할만한 일이다. / 『마도의 향불』로 이름을 드날린 방인근, 처음에는 「성황당」, 「제신제」 같은 수준 높은 소설을 발표했다가 그 후 대중소설 쪽으로 전향해 6·25 사변 당시 『자유부인』 등을 써 인기를 얻은 정비석과 박계주·김내성·윤백남 등이 이러한 부류의 소설가에 들어간다"(장양수, 「소설경향의 몇 가지 흐름—1930~45년 소설」, 『한국현대문학사』, 현대문학, 1989, 218쪽).

당시 문단에서 인정받고 있는 김성한, 최인훈, 김주영, 윤흥길, 조세희 등이 누락되어 문인들의 반발을 샀지만, 이 전집에서부터 정비석과 같은 세대의 작가들은 전집에서 밀리거나 사라지게 된다. 이때 배제된 작가들은 『현대문학』이나 한국문학가협회원이 아니라 자유문학자협회원이거나 『사상계』에서 활동하며 동인문학상을 받은 문인들이었다. 정비석이 김이석과 함께 단편선집으로 밀려나는가 하면 최인욱이나 최태응 같은 작가들도 이때부터 문학전집에서 사라지게 된다. 1970년대 후반에서 1980년대로 들어오면서 한국문학의 정전화가 다시 한 번 재정비되는 것을 볼 수 있다. 이는 편집위원에 김윤식, 이어령, 유주현, 이형기(한국문학가협회상) 등 김동리 다음 세대들이 들어간 것과도 무관하지 않을 법하다.

『정통한국문학대계』 전72권, 이문각, 1986 40권, 1988 완간.

1 이광수 / 2 김동인 / 3 염상섭 / 4 박종화 / 5 현진건 나도향 / 6 채만식 계용묵 / 7 심훈 이상 / 8 이효석 김유정 / 9 이무영 박영준 / 10 이주홍 김정한 / 11 김동리 / 12 황순원 / 13 최정희 / 14 안수길 / 15 최인욱 박연희 / 16 손소희 한무숙 / 17

---

12 「대표작(代表作) 엄선에 유명(有名) 누락 한국현대문학전집에 문인들 반발」, 『경향신문』, 1979.6.12. S출판사가 기획하고 있는 한국현대문학전집이 인세지불과 수록작가 선정을 둘러싸고 많은 문인들의 반발을 사고 있다. 신문학 70년 기념사업의 하나로 기획 출판되고 있는 이 전집은 모두 60권 3세트로 구성, 5백여 작가의 장・중・단편소설과 시, 희곡, 수필 등 5천여 작품이 수록된 것. 김동리, 이어령, 유주현, 이형기, 김윤식 씨 등 5명의 편집위원이 선정했다는 이 전집은 "문학사적 객관성에 입각, 높이 평가된 작가, 작품만을 엄선, 수록"했음을 밝히고 있다. 그런데 문제는 "육당 최남선으로부터 70년 신예작가에 이르기까지 문학 전 장르에 걸친 대표작만 엄선됐다"는 이 전집에 문학사적으로 반드시 수록됐어야 할 여러 작가들이 소외됐다는 점에 있다. 이들 중에는 「바비도」로 동인문학상을 수상한 김성한 씨를 비롯해서 역시 동인문학상을 받은 「웃음소리」의 작가 최인훈, 그리고 이른바 70년대 작가로 각광을 받아온 김주영 씨 등이 빠진 것이 좋은 본보기다. 뿐만 아니라 최근 일본에서 번역출판 되어 외국에까지 널리 알려진 「장마」의 작가 윤흥길과 「난장이」 연작으로 우리 문단에 회오리를 일으킨 조세희 씨도 이 전집에서 제외됐다. 이뿐만 아니라 이 전집은 펜문학상 수상 문제에서도 물의를 일으켰는데, 제2회 수상자 박연희 씨가 수상을 거부하였기 때문이다. 박연희 씨가 수상을 거부한 이유는 애초 선정되었던 박 모 시인을 제치고 수상할 수가 없었기 때문이었다. 기획광고에서부터 인세 지불 문제에 이르기까지 여러 가지 물의를 일으키며 문인들의 빈축을 샀다.

김성한 선우휘 / 18 장용학 이병주 / 19 오영수 유주현 / 20 손창섭 이범선 / 21 정한숙 정광용 / 22 강신재 박경리 / 23 최일남 이호철 / 24 서기원 최인훈 / 25 하근찬 강용준 / 26 박경수 정을병 / 27 전영택 유진오 김송 / 28 주요섭 최학송 정비석 / 29 김광주 허윤석 최태응 / 30 이봉구 김이석 곽하신 / 31 박용구 김광식 추식 / 32 송난희 이정호 박완서 / 33 곽학송 오상원 오유권 / 34 이석봉 손장순 박순녀 / 35 최상규 이문희 천승세 / 36 송병수 송상옥 최인호 / 37 오학영 김문수 김승옥 / 38 서정인 이청준 이동하 / 39 유승규 홍성원 조선작 / 40 구혜숙 송숙영 서영은

1980년대 어문각의 이 전집은 무려 72권이나 되는데, 작가 선정 편집 배열이 조금 이상하다. 가령, 26권에서 박경수, 정을병까지 이미 1950년대 작가 선정까지 마쳤음에도 불구하고 다시 배제되었던 식민지시기의 작가 전영택, 유진오, 김송으로 거슬러 올라가기 때문이다. 이전의 선택에서 배제되었던 정비석은 이후 선정에서 다시 들어가게 된다. 이때까지도 정비석, 최태응, 김이석, 최인욱, 최태응, 김광주, 김정한 등은 같은 세대 작가들로 분류되며 전집에서 거의 같이 선정되거나 편성되었다. 그러나 정비석만 남고 나머지 작가들이 한국문학의 정전화에서 배제되는 결정적 계기가 된 전집은 동아출판사에서 간행된 『한국소설문학대계』(전100권, 1995)이다. 『한국소설문학대계』는 월북 및 납북 문인들을 문학사적으로 복권, 수록한 최초의 전집이라는 점에서 주목을 받았다. 김윤식과 박완서가 감수를 맡았고, 류보선, 서영채, 권상우가 편집위원을 맡았다. 이 전집은 또 한 차례 문학사에서 정전화의 선택과 배제가 이루어진 전집이라고 할 수 있다. 정비석은 주로 김광주, 최인욱, 최태응, 김이석 등의 작가들과 함께 묶였다. 그러다 1995년 동아출판사의 『한국소설문학대계』에서는 같이 묶이던 작가들이 선택되지 못한 반면, 정비석은 살아남았다. 이것은 정비석이 이후 문학 전집에서 살아남는 결정적 계기가 된다. 이때 1930년대 후반의 작가로 선정된 작가들은 최인욱, 최태응, 김광주, 김정한 등이 아니라 이근영, 김만선, 현덕, 현경준 등의 동

반작가 계열로 지금까지 전집에서는 볼 수 없었던 이름들이다. 김정한만 31권에 최정희와 함께 포함되며, 이때 시기별에 따른 권수 배열로 볼 때 1930년대 후반의 작가가 아닌 1950년대 작가로 분류된다. 반면 정비석은 이무영, 박영준과 같은 농민문학 작가와 함께 1930년대 후반의 토속 작가로 분류된다. 정비석의 세대들로 그와 작품 경향이 비슷했던 작가들 중에서 김동리, 황순원을 제외한다면 결과적으로 정비석만 1930년대 후반의 '토속문학'을 대표하는 작가로 전집에서 살아남았다.

문학사 기술에서는 누락되는 작가이지만(적어도 본격문학사에서 정비석은 대중문학가로 인식되었던 듯하다), 대중의 수요를 고려해야 하는 전집에서는 정비석의 인지도가 상당했다는 것을 드러낸다.[13] 정비석은 문학사와는 별개로 전집에서 살아남은 작가인 셈이다. 2005년 창작과 비평사에서 나온 『20세기 한국소설전집』(편집위원 최원식, 임규찬, 진정서, 배지연)에서 정비석은 계용묵, 김동리, 황순원과 함께 묶였다. 함께 묶인 다른 작가들의 작품이 두 편 이상 들어간 반면 정비석의 작품은 「성황당」 단 한 편이다. 정비석은 「성황당」 단 한 편으로 김동리, 황순원과 같은 급의 작가로 묶인 것이다. 이것은 백철이 『신문학사조사』에서 정비석을 김동리, 황순원과 함께 다룬 것과 무관하지 않다. 동세대 작가들로부터 떨어져 나와 해방 이후 문단의 거목인 김동리, 황순원과 같이 문학사에서 다루어졌으며, 창작과 비평사에서 그의 세대들은 다음 권에서 김이석, 최태응, 최인욱, 김정한, 정한숙, 유진오, 이효석 등이 함께 묶이는 것과 대비해보면, 정비석이 문학사에서 동세대 작가들과 확연히 다른 대우를 받았다는 것을 알 수 있다.

---

13 이호철은 『문단골 사람들』에서 정비석과 1950년대로 한 장을 쓴다. 그만큼 정비석이 『자유부인』을 발표했을 당시의 파장은 어마어마했던 것으로 짐작된다. 당시를 회고하는 사람들에게 1950년대는 『자유부인』의 발표 전과 후로 나뉠 수도 있을 만큼 정비석의 해로 기억될 정도로 대단했던 것으로 보인다. 그만큼 대중들에게 정비석의 인지도도 상당했음을 유추할 수 있다.

3. 전집에서 선택한 정비석의 작품을 통해 본 정전화 논리

한국문학전집 편찬의 과정에서 끝까지 살아남아 김동리, 황순원과 나란히 같은 권에 묶이기까지 한 정비석은 의외로 작품선정에서는 배타적인 대우를 받았다. 단편만 인정받았으며, 장편은 전집이나 심지어 문고본에서도 철저하게 배제되어 왔다. 심지어 삼성출판사에서 간행되었던 장편 위주의 삼성문고본(삼성출판사, 1972)에서도 정비석은 배제되어 있다. 최인욱의 『초적』이나 김이석의 『아름다운 행렬』처럼 같은 세대의 장편들은 포함되어 있음에도 불구하고 정비석은 아예 빠져 있다. 이것은 정비석의 장편은 전집에서 철저하게 외면당했다고 볼 수 있는 대표적 사례가 된다. 정비석의 작품들 중 어떤 것이 전집에서 선택되었고 배제되었는지를 살펴보는 것은 한국문학전집 편찬의 과정에서 어떤 변수와 정전화 논리가 작동했는지를 들여다보는 데 효과적인 방법이 될 수 있다. 일단 그의 작품 중 단편만 전집편찬에서 선택되었다는 것은 그의 장편들이 전집의 정전화 논리에 맞지 않는다는 것이다.

1969년 성음사에서 출간한 『한국장편문학대계』는 전18권으로 구성되어 있으며, 김내성, 김말봉 같은 대중문학가가 포함되어 있다. 15권에는 그와 같은 세대인 김이석의 『난세비화』가 실려 있다. 여기에 정비석은 빠져 있다. "오늘날 각종 매스미디어의 범람이 이른바 대중문화의 도도한 흐름을 이루고 있고 이에 대한 유무형의 저항이 비록 대중문화의 급격한 타락을 제어하게 고려되어야 할 줄 믿습니다. 이러한 현상은 문화적 측면에서도 예외일 수 없어, 순수문학 혹은 본격문학과 통속, 대중문학의 대립적인 개념을 더욱 첨예화시켜가고 있습니다. 우리들은 여기서 문학이 대중문화의 질적 개선에 적극적으로 참여함으로써 전반적인 수준의 향상을 꾀하고, 이에 따르는 독자층의 개발에도 기여해야 할 것이라는 입장을 고수, 전기한 바와 같은 방침을 따르게 된 것입니다"라는 전집 간행사는 대중문학을 포함한 목적이 그것의 질적 타락을 막기 위함이라 역설하고 있다. 따라서 어느 정도까지 전집에서 수용하여 대중독자를 양산할 수 있는지 기준이 모호한 상태에서 그들이 선택한 작품은 적어도 대중문화의 질적 타락을 막고 새로운 독자층을 형성하여 전집의 권위를 유지하면서도 출판에서도 활력을 얻을 수 있다는 판단이 가미된 것으로 보여 진다. 여기에 정비석의 작품이 선택되지 않았다는 것은, 적어도 그의 작품이 역사소설과의 경쟁에서는 논외로 하더라도 김내성의 『청춘극장』이나 김말봉의 『찔레꽃』보다는 전집에 포함되기에 적합하지 않은 작품으로 간주되었다고 짐작된다. 이것은 같은 시기에 현대문학에서 기획한 『신한국문학전집』에서 대중문학을 배제한 순수문학만을 수록한다는 원칙을 내세우게 한다. 정비석의 작품 중 1950, 60년대 대중적 인기도를 얻은 것은 장편 연애소설인데, 전집에서는 그의 수많은 장편소설 중 단 한 편도 선택되지 않았다. 장편으로 100권의 구성에 달하는 『삼성문고』(1972)에서도 정비석의 작품은 선택되지 않았다. 최인욱의 『초적』이 세 권 분량으로 포함된 것에 비하면 정비석의 유명세에 비해 그의 장편은 홀대를 받았다.

전집에서 정비석의 장편이 선택된 경우는 그가 편집위원으로 들어갔을 때뿐이다. 그가 편집위원으로 들어간 경우는 민중서관에서 간행된 『한국문학전집』(1958)과 삼성당에서 간행된 『한국문학전집』(1993)에서이다. 이때 그가 선택한 작품은 『고원』, 『청춘의 윤리』, 『애정무한』, 『장미의 계절』등으로 장편 연애소설 위주이다. 여기에 단편 「성황당」이 끼어 있다. 문제는 그가 편집위원으로 들어갔을 때 선택한 작품이 친일적 색채가 강한 작품이라는 것이다. 어떻게 하여 친일 성향이 노골적으로 드러나는 『청춘의 윤리』 같은 작품이 전집에 포함될 수 있었을까. 당시의 이데올로기와 대립하고 있는 지점은 없는지, 대치되고 있는 부분은 개작과정을 거쳤을 것이라는 판단하에 단행본과 전집에 실린 작품을 서로 비교해 보았다. 그러나 개작을 한 부분은 거의 보이지 않고 친일적인 부분은 그대로 실었다. 나라의 일군으로 전쟁에 나간다는 설정이나, 전쟁에 나갈 일군을 길러내는 보육원의 내용은 아무런 여과장치 없이 그대로 실려 있다. 다만, 대동아전쟁이 전쟁으로 바뀌었고, 총후국민이라는 부분만 삭제되었다. 일제 말의 친일 행적에 대해서는 전집에 실릴 때 개작과정 없이 그대로 실려 있다. 오히려 신경을 써서 개작한 부분은 미국에 대한 부정적 뉘앙스를 풍기는 부분이다.

(가) 성호는 지금까지의 생활을 일체 청산하고, 의사로서의 보다 의의있는 생활, 성준의 부탁대로 **총후국민으로서** 보람있는 생활을 하기 위하여 마츰내 육군 요양원으로 떠나기로 한 것이었다(『청춘의 윤리』, 매일신보사, 1944, 347쪽).

성호는 지금까지의 생활을 일체 청산하고, 의사로서의 보다 의의있는 생활, **청춘으로서** 보람있는 생활을 하기 위하여 마침내 요양원으로 떠나기로 한 것이었다(『한국문학전집』, 민중서관, 1958, 356쪽).

(나) 현주는 장질부사로 앓기전까지 모 미국선교사 부인의 비서(秘書)로 있었지만 앓고 있는 동안에 **대동아전쟁**이 버러저서 인제는 정말 갈곳이 없었다.

"우리집으루 와서 얼마간 휴양하면서 예기를 붇도다 가지구 내말대루 그사업을 맡으라니깐 그래. **서양놈의 종사리** 그만치 해줬음 인제 제 나라를 위해서 일을 좀 해야 잖우?"(『청춘의 윤리』, 매일신보사, 1944, 6쪽)

현주는 장질부사로 앓기 전까지 모 미국 선교사 부인의 비서(秘書)로 있었지만 앓고 있는 동안에 **전쟁**이 벌어져서 인제는 정말 갈 곳이 없었다.

"우리집으로 와 얼마간 휴양하면서 예기를 북돋아 가지구 내 말대루 그 사업을 맡으라니깐. **남의 종살**이 그만치 해 줬음 인제 제 나라를 위해서 일을 좀 해야잖우?"(『한국문학전집』, 민중서관, 1958, 221쪽)

(다) 나날이 후송되어 오는 상이군인(傷痍軍人)들을 볼 때마다, 그들이 **국가**를 위하여 생명을 내걸고 싸왔다는 엄숙한 사실앞에 저는 머리를 수그리며 제 온갖

힘을 다하여 그들의 괴로움을 조금이라도 덜어주려고 애쓰고 있습니다(『청춘의 윤리』, 매일신보사, 1944, 373쪽).

나날이 후송되어 오는 상이군인(傷痍軍人)들을 볼 때마다, 그들이 제 국가나 제 민족을 위하여 생명을 내걸고 싸웠다는 엄숙한 사실 앞에 저는 오직 머리를 수그리며 국가와 민족을 위하여 힘껏 싸울 수 있는 그들의 행복한 처지가 부럽습니다(『한국문학전집』, 민중서관, 1958, 367쪽).

예문 (다)에 이르게 되면 일제 말에 대동아전쟁에 동원되었던 상황은 한국전쟁과 겹쳐지면서 마치 일본이 아닌 한국을 위해 싸우는 듯한 착각에 빠지게 한다. 한국문학전집에서 '한국전쟁'은 과거 친일을 희석시키고 친일문학을 배제하는 논리를 세우지 못하는 데 영향을 끼쳤다. 당시 지배 이데올로기에 맞지 않는 것은 친일문학이 아니라 반미 감정이었던 것이다. 이것은 민중서관이 편찬되던 1958년의 정치・사회적 상황과 이데올로기를 고스란히 보여준다. 전집은 이데올로기를 반영하지만, 시대와 무관한 것은 뒷전으로 밀릴 수도 있다. 따라서 전집에 반영된 이데올로기는 유동적이고 시대가 바뀔 때마다 변화해서 오히려 정전화의 논리를 세울 수 없다는 말과도 같다.

전집에서 주로 선택된 정비석의 작품은 「성황당」, 「졸곡제」, 「제신제」 등 초기 단편이었다. 그러나 정한출판사에서 간행된 『한국대표단편문학전집』은 "후기 15권 현역작가편도 일일이 작가 각 개인에게 자신의 대표작을 자선(自選)토록 하여 집대성했기 때문에 동계의 어느 전집보다도 그 내용에 있어서 월등하게 충실하다고 믿어 의심치 않는다"라고 간행사에서 밝혔듯이, 작가 자신이 스스로 작품을 선정했다. 이때 정비석이 선정한 작품은 「졸곡제」, 「여죄수의 수기」, 「아내의 항의문」이다. 다른 전집에 비해 작품 선정이 이질적이라고 가늠된 것은 그것이 편집위원이 아닌 정비석이 선정한 작품이었기 때문이다. 정비석은 자신이 작품을 선정하는 경우 주로 후일담 형식이나 친일적 성향, 죄의 고백 같은 작품을 택한 경우가 의도적이라고 판단될 만큼 잦았다. 「아내의 항의문」은 '민족 반역자'인 남편과 이혼하려는 여자가 남편에게 쓴 글이다.

> 금순이는 백만 원이라는 돈에 혹해서 연상 웃음만 웃었지마는, 저는 목을 놓아 통곡을 하고 싶었습니다. 사실 눈앞이 캄캄했어요. 모리배의 아내! 듣기만 해도 몸서리쳐지는 그 칭호를 조금도 두렵게 생각지 않는 금순이를 저는 부러워도 하고, 경멸도 했습니다. 오랫동안의 철사에서 해방되어 청천백일의 날로 맞이한 오늘에 무슨 짓을 못해서 하필 모리배입니까? 그 백만 원은 누구의 기름과 누구의 피를 빨아낸 것입니까? 눈 바로 박힌 사람 치고 해방 후에 모리배 노릇 안하는 사람이 어디 있더냐고 하시겠지마는, 그런 때일수록 양심을 양심대로 지켜 나가는 것이 양심이 있는 사람의 참다운 태도가 아닐까 합니다. 그야 속담에도 목구멍이 포도청이랬으니 생활 안정을 무시할 수는 없겠지마는, 나라에 경사 있을 때 설혹 좀 굶는다기로 차마 모리배 노릇이야 어떻게 하신단 말씀입니까?(『한국대표단편문학전집』 18, 정한출판사, 1975, 164쪽)

「아내의 항의문」은 결혼 첫날밤부터 외박을 하여 줄곧 가정사에 무관심한 남편에게 이혼을 선포하는 여인의 편지이다. 늘 가정사에 무관심했고 외박이 잦은 남편에게 아내가 이혼을 결심한 결정적 계기는 어느 날 찾아온 동창생 금순에게서 남편과 금순의 남편이 한 패가 되어 일본인이 남기고 간 집을 사고팔면서 백만 원이 넘는 이익을 챙겼다는 사실을 접하고 난 이후이다. 그러면서 아내는 민족의 반역자, 모리배와는 도저히 같이 살 수 없다고 한다. 정비석이 이처럼 민족의 반역자에 대한 혐오를 드러낸 작품을 쓰는 것 역시 자기변명처럼 보이는데, 그것을 대표작이라고 전집에서 자신이 선정하였다는 사실은 의도적이라고 보인다. 그러나 정비석 자신이 선택한 작품들 사이에서도 일관성이 없다. 앞서 민중서관본에서 친일적 성향이 강한 『청춘의 윤리』와 후일담 형식의 『고원』을 동시에 선택하여, 작품 선정에 있어 친일의 정서는 그의 기준이 아니었나 싶다가도, 후에 다시 「아내의 항의문」 같은 작품을 자신의 대표작으로 선정하였다는 사실은 대중의 반응에 따라 전집에 수록할 작품도 바뀔 수 있다는 것을 증명한다. 또한, 그가 택한 작품은 전적으로 전집의 다른 편집위원들과는 배치되는 것이기도 하다는 점에서, 그의 전집에서의 위치는 문학사의 기준이나 문학적 가치와는 다른 지점으로부터 확보된다는 사실에 무게감이 실린다.

그의 장편이 전집에서 선택되지 않았다는 것은 정전화 과정에서 대중문학을 철저하게 배척하였다는 말과도 같다. 『현대문학』지 창간 15주년 기념으로 기획된 『신한국문학전집』(어문각, 1973)은 "대중소설을 제외한 순수한 문학작품만을 수록한다"는 의도로 편찬되었다. 작품 선정위원에 박종화, 이은상, 김현승, 백철, 유치진, 박두진, 서정주, 윤석중 등 28명으로 구성되었고, 소설 편집위원으로 박영준과 전광용이 들어갔으며, 모든 장르를 총괄하는 종합 편집위원으로 조연현이 참여하였다. 이때 정비석이 들어갔으며 선정된 작품은 「색지풍경」, 「고고」, 「한월」, 「제신제」, 「귀향」, 「운명」, 「비오는 거리」, 「모색(暮色)」이다. 정비석의 작품을 전집에서 선정했을 때 그래도 가장 고려를 한 경우라 볼 수 있다. 「성황당」이 들어가지는 않았지만, 해방 이후의 단편까지를 포함하고 있어 1930년대 후반의 초기 소설들에 국한된 정비석의 입지를 조금이나마 넓혀 주는 계기가 될 수 있다. 이러한 작품 선정에서 정비석은 대중문학이 아닌 '순수문학'의 위치에 놓인다. 정비석 자신은 전집편찬에서 대중문학이라고 하여 폄하된 자신의 장편을 줄곧 포함시켰지만, 전집편찬의 이데올로기에서 그의 장편은 철저히 배제되고 대신 초기 단편 「성황당」이 1930년대 순수문학의 지표로 살아남게 된다.

「성황당」이 발표되었을 당시, 동시대 비평가들은 문체의 신선함이나 토속적 자연세계는 인정하면서도 순이의 목욕장면과 같은 애욕적인 성적 세계에 대해서는 경계했다. 김남천, 백철, 조연현이 「성황당」의 성적 묘사에 대해 "애욕이나 성의 세계로 달릴 중요한 요소가 감축되"[14]었다고 한 것이나 한 가지 이단적인 요소로 여주인공 순이가 개천에서 목욕하는 장면을 중심해서 그린 성적 분위기에 대해 "한 알의 악마의 종자가 싹트기 시작한 것"[15]이라 한 것이나 "한 개의 나체취미"[16]라고 하며 경계의 목소리를 드러낸 것은, 이후 정비석의 세계가 대중문학이나 애정물로 넘어가는 것에 대한 비판의 의미로 받아들여진다. 이것은 문단에서 성을 다루는 것이 거의 금기에 가까웠으며, 정비석의 『자유부인』으로 대표되는 장편 대중문학에 대한 심기가 얼마나 불편했는지를 노골적으로 드러내는 것이었다. 「성황당」의 토속적 자연 세계는 높이 평가하면서도 성적 묘사에 대해서는 불편한 심기를 드러내는 것, 그것이 바로 한국문학 정전화의 논리였다. 그런 정전화 논리 속에서 「성황당」은 애욕물이어서는 안 되며, 철저하게 순수문학을 지향해야 하는 것이다. 문학사 기술이나 전집편찬의 해설에서 「성황당」이 토속성, 향토성을 표방하는 작품으로 규정되는 것은 바로 대중문학을 배제하고 순수문학을 지향하는 이데올로기가 깔려 있기 때문이다.

「성황당」의 정비석은 당대 비평가 백철에 의해 1930년대 후반 김동리, 황순원과 함께 토속적 세계를 그린 작가로 평가된 후, 1971년 김병욱에 의해 다시 한 번 1930년대 후반의 작가로 자리매김된다.

> 1935년을 전후한 한국문단에 하나의 활력을 불어 넣어 준 것은 착실한 신인들의 등장이었다. 그들은 침체되어 있던 문단에 새로운 돌파구를 마련해 주었다. 이러한 움직임이 1939년의 『문장』과 『인문평론』의 등장을 촉진한 밑거름이기도 했다. 이리하여 본격적인 신세대론이 문단의 이슈로 등장해서 많은 논란이 오고 갔다. 소위 신세대들은 문학을 인간 본연의 생명력의 구현에 둔다고 선언하고 있다. 그들은 인간 생명력을 문학의 본질로 파악한 셈이다. (…중략…) / 이

14 김남천, 「신진 소설가의 작품세계」, 『인문평론』, 1940.2, 63쪽.
15 백철, 『신문학사조사』, 신구문화사, 2003, 534쪽.
16 조연현, 「애욕의 문학」, 『백민』, 1948.10, 158쪽.

러한 세대논쟁 중에 비석은 「성황당」을 들고 나왔다. 훌륭한 작품은 이론을 압도한다. 바로 그런 경우가 「성황당」이다. 이 한 편의 단편은 비석이 세대논쟁을 하고 있는 한국문단에 대한 신세대의 무언의 확증 같은 것이었다. 이 점이 바로 단한 편이지만 「성황당」으로 하여금 문학적 가치와 아울러 문학사적으로도 높이 평가받게 한 점이다. / 작품의 배경, 소재, 그리고 문체 등이 주는 신인다운 청신함과 그 주제 또한, 이러한 것을 조화 통일시키고 있다. 전체적으로 충만한 인간본연의 생명력은 예민한 지성인이라면 질식할 것 같은 당시의 분위기를 회생시켜 주는 활력소가 되기에 족한 것이었다.[17]

정비석은 해방 이후 수많은 작품을 썼지만 문학사적으로는 「성황당」 단 한 편으로 1930년대 후반의 원시적 생명력을 그린 토속 작가의 반열에 오른다. 김병욱은 더불어 작품의 배경, 소재, 그리고 문체가 잘 어울려 예술적으로 승화되어 한국 단편의 성좌에서도 오래 살아남을 것이라 단언했다.[18] 전집편찬에서 정비석의 작품 중 「성황당」이 살아남은 논리는 단편 위주의 한국문학사와 순수문학을 지향하는 정전화의 이데올로기를 고스란히 보여준다.

4. 정비석의 대중적 권위와 문단 내의 위치

정비석의 세대들이 전집에서 사라지고 나서도 정비석은 「성황당」 단 한 편으로 끝까지 살아남는다. 전집편찬에서 정비석은 작품 선정에서는 배타적인 대우를 받았지만 작가 선정에서는 꼭 들어가야 할 작가로 분

17 김병욱, 「정비석의 문학」, 『월간문학』, 1971.8, 256쪽. 강조는 필자에 의한 것임.
18 위의 글, 257쪽.

류되었는데, 그 연유는 무엇이었을까. 『자유부인』 작가 정비석의 대중적 권위와 문단 내에서의 위치를 가늠해 볼 수 있다. 문단의 지형도가 그려지고 문단권력이 형성되고 있을 무렵, 정비석의 색깔은 무엇이었을까. 좌익과 우익, 한국문학가협회와 자유문학자협회, 『현대문학』과 『자유문학』, 순수・통속 논쟁, 순수・참여 논쟁, 그 사이에서 정비석은 어느 쪽에 몸을 담갔을까가 궁금하다. 정비석의 문단 내에서의 위치는 사상적 색깔이 애매모호하다. 조선문학가동맹에 가입했다가 백철, 김광균, 장만영, 박영준, 이무영, 박계주 등과 함께 탈퇴하였고, 한국문학가협회에서 예술원 파동으로 자유문학자협회가 갈릴 때, 정비석은 '자유문학자협회원'이었다. 해방 이후 문단 권력의 양대 지형인 백철류와 김동리류로 본다면, 백철 노선에 속해 있는 듯하다가도 어느 순간 김동리 노선에 닿아 있다. 순수・통속 논쟁에서는 통속문학에 속하는가 하면, 순수・참여 논쟁에서는 순수문학에 속한다. 이처럼 정비석의 문단 내에서의 위치는 애매모호하다고 할 수 있는데, 사상적 색깔이 뚜렷하지 않았기 때문에 오히려 전집에서 끝까지 살아남았다고 볼 수 있다.[19]

일단 정비석의 전집에서의 권위는 그가 편집위원으로 참여했던 1958년 민중서관의 『한국문학전집』과 1993년 삼성당의 『한국문학전집』을 통해 상징적으로 살펴 볼 수 있다.

민중서관은 『한국문학전집』 발행 기념행사의 일환으로 〈문예강연회〉를 연다. 민중서관의 〈문예강연회〉는 외면적으로 대중교육의 형태를 띤 채 진행되고 있지만 『한국문학전집』의 적극적 홍보 행사였다[20]고 볼 수 있다. 이때 정비석은 적극적으로 이 〈문예강연회〉에 참여하여, 「신문소설의 진로」(1차, 서울), 「문학과 생활」(2차, 영남호남지방)로 강연했다. 1차에

---

19 해방정국의 문단에서는 염상섭, 백철, 정비석, 박영준, 주요섭, 계용묵 등이 중간파의 입장에 서 있었던 것으로 알려지고 있다(유종호, 「조남현 해방 50년, 한국소설」, 『한국현대문학 50년』, 민음사, 1995, 136쪽).

20 이종호, 「1950년대 남한 문학전집의 출현과 문학정전화의 욕망」, 『한국어문학연구』 55집, 2010.8, 354~356쪽 참조.

서 백철, 유치진, 김동리, 모윤숙, 박종화, 이헌구, 최정희 등의 당대 문단 내에서 영향력 있는 인사와 함께 했는가 하면, 2차에서는 유치진, 안수길, 조연현, 설창수, 최인욱, 김현승 등과 함께 참여했다.[21] 민중서관의 이 전집은 대중문학을 대거 포함하여 질타를 받았음에도 출판시장에서 다른 전집들과의 경합에서 살아남았다. 민중서관의 전집 판매 전략과 정비석의 대중적 인지도[22]는 맞아 떨어졌으며 상업적으로 결탁하기에 충분했다고 볼 수 있다. 이 때 편집위원은 박종화, 김광섭, 백철, 유치진, 정비석이었다. 이들 모두는 '자유문학자협회'에 소속되어 있었고 문제가 되는 대중문학도 자유문학자협회원의 작품인 경우가 대부분이었다(김내성, 정비석, 최인욱 등의 작품). 민중서관에서 정비석이 편집위원으로 채택된 것은 그의 대중적 인지도 때문이라는 이유가 더 컸을 것으로 사료된다. 민중서관의 편집위원의 구성, 작가와 작품 신징을 놓고 볼 때, 정비석이 편집위원으로 들어간 이유는 쉽게 이해가 된다. 그러나 삼성당의 『한국문학전집』은 정비석이 죽은 후에 발간되었음에도 그가 편집위원의 명단에 포함되어 있다. 이것은 어떻게 설명해야 하는가.

『한국문학전집』 전36권, 삼성당, 1993.

1 이광수 / 2 김동인 / 3 현진건 나도향 / 4 박종화 / 5 염상섭 이효석 / 6 채만식 / 7 이무영 / 8 박화성 / 9 최서해 계용묵 이상 김유정 / 10 최정희 / 11 장덕조 / 12 심훈 / 13 정비석 / 14 박영준 / 15 김동리 / 16 이주홍 김정한 / 17 황순원 / 18 안수길 / 19 이봉구 오영수 / 20 손소희 한무숙 / 21 유주현 정한숙 / 22 김성한 이범선 / 23 강신재 박경리 / 24 추식 박경수 / 25 선우휘 이호철 / 26 서기원 하근찬 / 27 오유권 이문희 / 28 남정현 박용숙 / 29 최인훈 이병주 / 30 홍성유

---

21 이종호의 위의 글에서 『동아일보』 9월 10일과 10월 2일에 이 강연회 내용이 실린 사실을 바탕으로 하여 찾아서 확인하였다.

22 이호철이 '정비석과 1950년대'로 기억할 정도로 정비석의 『자유부인』의 인지도는 대단했던 것으로 사료되며, 신문소설에서의 대중적 권위는 압도적이었다고 할 수 있다.

정을병 / 31 정연희 손장순 / 32 유현종 윤정규 / 33 홍성원 김용성 / 34 방영웅 신상웅 / 35 김승옥 최인호 / 36 강용준 송병수

정비석은 1991년에 사망하였다. 전집 편찬 기획에 들어갔다가 도중에 사망한 것으로 유추해 볼 수 있다. 편집위원은 김동리, 최인훈, 정비석, 정을병,[23] 강신재[24]였다. 민중서관에서 '자유문학자협회원'으로 백철, 유치진, 김광섭, 박종화 등과 함께 편집위원에 포함되었던 것과 대비해보면, 삼성당의 편집위원 구성은 자유문학자협회원과는 상당한 거리가 있으며, 김동리 중심으로 편성된 것으로 볼 수 있다. 최인훈만 김동리와 얽혀서가 아니라 당대의 대중적 인지도로 들어간 것으로 보인다. 이때 정비석이 뽑은 작품은 민중서관본에 그가 편집위원으로 들어갔을 때와 같다. 염상섭과 이효석이 한 권에 묶인 것과 대비해보면, 장덕조, 정비석 등의 작가가 각각 한 권으로 편성된 것도 흥미롭다. 정비석이 편집위원으로 들어갔을 때는 확실히 그가 권위가 있음을 시사한다. 김동리와 거의 같은 급으로 대우받았다고 짐작된다. 삼성당의 이 전집이 나올 무렵엔 최인훈이나 강신재 같은 중견들이 자리 잡기 시작하는 시기임에도 여전히 김동리나 정비석이 편집위원으로 들어갔다는 것은 그들의 문단 내에서의 권위가 그때까지도 지속되고 있었다는 말과도 같다. 삼성당 전집에서 정비석은 김동리와 인연이 깊은 것으로 보인다. 문단 내에서 김동리와 함께 문학단체를 결성하지는 않았어도 순수・참여 논쟁이 구세대와 신세대 논쟁으로 쟁점화될 때 정비석은 김동리 측의 기성세대였다.

정비석은 그가 편집위원으로 들어갔던 민중서관 전집과 삼성당 전집을 중심으로 살펴볼 때, 문단에서 기성세대의 양대 산맥인 백철과 김

---

23 정을병은 김동리와 친분이 두터웠던 것으로 알려져 있다. 정규웅의 『글속 풍경 풍경속 사람들－정규웅의 문단 뒤안길』(이가서, 2010, 253쪽)에서 김동리를 중심으로 한 반 조연현계 문인들이 머리를 짜내 만든 것이 소설가협회였는데, "공식 명칭 '한국소설가협회'의 산파역할은 오랫동안 김동리와 친분관계를 쌓아온 유주현, 이범선, 정을병이 맡았다"고 한다.

24 1949년 김동리의 추천으로 「얼굴」, 「정순이」를 『문예』에 발표한 후 문단에 등단했다.

동리 사이를 자유자재로 왔다 갔다 한 것으로 보인다. 이렇게 본다면, 정비석은 백철과도 친분이 두터웠으며, 김동리와도 남다른 인연이었던 것으로 보인다. 정비석은 평북 의주 출생으로 백철과 같은 고향 출신이다. 이호철이 1950년대 '명동의 다방문화'를 회상한 장면에는 같은 고향 출신들끼리 어울려 다녔던 이야기가 나온다. 가령, "'수선사'라는 출판사가 생겨 서북 출신들인 계용묵, 백철, 허윤석이 드나드는가 하면, 경향신문사 옆에 '플라워'라는 널찍한 레스토랑 같은 다방이 문을 열어, 김동리, 조연현 등 '청년문협' 사람들이 드나들기도 하였다"[25]라는 구절에서도 알 수 있듯, 서북 출신 문인들끼리의 결집력이 상당했었던 것을 유추해 볼 수 있다. 백철과 정비석은 같은 고향 출신으로 문학가동맹에도 함께 가입했다 탈퇴하고 자유문학자협회 활동도 같이 했으며, 국제팬클럽대회도 함께 나섰다.[26] 또한, 정비석은 김동리와도 인연이 깊은데, 서정주와 함께 『동아일보』 등단 동기이기도 했으며 어떤 문학단체에 소속되었는지에 관계없이 자주 어울렸던 것으로 보인다. 그러나 백철과 김동리가 해방 이후 기성문단을 대표하는 양대산맥이었듯이 두 사람의 관계가 불편했다면 정비석 역시 자유롭게 둘 사이를 왔다 갔다 하지 못했을 것이다. 백철과 김동리는 문단 내에서의 위치와 관계없이 자주 어울렸다. 최정희는 김동환이 납북된 후 혼자 두 딸을 키우며 자주 문인들을 초대해 술자리를 벌였는데, 이때 자주 어울렸던 문인들이 김동리・손소희 내외와 백철, 박연희, 정비석, 유주현, 장덕조 등이었다.[27] 이것이 최정

---

25 이호철, 「명동의 다방문화」, 『문단골 사람들』, 프리미엄북스, 1997, 188쪽.

26 백철과 정비석의 고향 선후배로서의 두터운 친분은 곳곳에서 확인할 수 있다. 백철은 실제로 정비석이 힘들 때마다 힘을 실어 주었다. "사교적이며 소탈한 성격 덕분에 백철은 문단에 두터운 친분을 쌓은 문인이 많았다. 고향 후배인 정비석을 비롯해 김동리, 최정희, 박화성 등과 한때 '카프' 활동을 함께 한 임화, 한설야 김남천 등 좌파 문인들이었다. 임화와의 우정은 유명해서 임화는 백철이 전향했음에도 '이념보다는 우정'이라며 백철을 감싸기도 했다."(정규웅, 「정규웅의 문단 뒤안길 1980년대 〈30〉 1세대 비평가 백철」, 『중앙선데이』 제238호, 2011.11.2 입력)

27 1950년대 최정희 역시 각종 심사위원과 편집위원으로 참여하는데, 이는 이렇게 형성한 그

희 나름의 생존 방식이었듯이, 정비석 역시 좌우익의 사상적 색깔이나 자유문협과 문협과의 대립이라든가 하는 한국 문단의 큰 흐름이나 문학사적 줄기보다 오히려 개인적인 자생력으로 이쪽과도 친분을 맺고 저쪽과도 친분을 맺어서 문단에서 권력을 형성하며 살아남은 작가이다.

전집편찬의 편집위원들을 두루 살펴보면, 주로 김동리나 백철이 포함되어 있었는데, 이들이 들어갔을 때 정비석은 반드시 들어가야 할 작가로 포함되었고, 반면 이들이 들어가지 않았을 때는 밀려나기도 했다. 그가 1970년대에 잠시 전집에서 선택되지 않고 단편선집으로 밀려났다고 하더라도 또 다른 전집편찬에서는 굳건히 건재할 수 있었던 것은 바로 한국문학의 정전화(기본적으로 문학사나 이데올로기)와는 다르게 개인적인 인맥이나 문단에서의 친분으로 권력을 형성한 작가이기 때문이다. 정비석이 관계하지 않았던 인물들은 1950년대 문단의 새로운 바람을 일으키며 형성된 신진세력인 『사상계』 쪽 문인들이다. 손창섭, 장용학, 김성한, 선우휘 등이 1950년대 전후문학파로 알려진 반면, 정비석은 문학사에서 1950년대 작가로 거론되지 않는다.

정비석은 백철이 문학사에서 김동리와 함께 토속적 경향의 작가로 자리매김한 대로, 2005년 창작과 비평사에서 간행된 전집에서 계용묵, 김동리, 황순원과 함께 나란히 묶이게 된다. 정비석이 문학사에서 1930년대 후반의 토속작가로 남은 것은 백철의 평가 때문이다. 김현 · 김윤식의

의 인맥 때문이었던 것으로 보인다. 최정희가 집에 문인들을 초대해 술자리를 마련하고 화투놀이 '섰다'판을 밤새도록 벌인 멤버들에도 역시 당대 기성세대의 거목인 백철과 김동리가 함께 자리하고 있는 것으로 보아, 최정희가 살아남은 것 역시 문단 내에서 그가 어디에 소속되어 있었느냐, 어느 편에 줄 섰느냐보다 그의 인맥 때문인 것으로 보인다(정규웅, 「최정희의 파란 많은 삶을 닮은 두 딸」, 『글속 풍경 풍경속 사람들』, 이가서, 2010, 88쪽). 백철과 김동리는 사석에서는 오히려 자주 어울리며 놀았다. 후에 가서 김동리는 조연현과의 대립관계가 더 깊어졌던 것으로 보인다. 삼성당의 『한국문학전집』에 장덕조가 한 권 분량을 차지하고 떡 하니 들어갈 수 있었던 것도 이때 같이 어울려 놀았던 김동리, 정비석이 편집위원으로 들어간 것 때문임이 분명하다. 1950년대는 이처럼 문단 내에서의 권력이나 지형도도 중요하지만 개인적인 친분이나 인맥도 전집편찬의 주요 변수로 작동했다.

『한국문학사』에서부터는 문학사에서 누락되는 작가였지만 전집에서는 지속적으로 선택되는 작가였다. 문학사에서는 사라졌음에도 여전히 전집에서는 포함되고 있는 모순된 상황이 벌어진다. 이것은 전집편찬의 논리와도 무관하지 않을 법하다. 문학사 기술보다 전집편찬은 일단 대중의 수요가 가장 우선시될 수밖에 없다. 작가와 작품의 권위가 대중적 인지도와 맞아 떨어지면서 전집은 정전화의 한 일환으로 자리 잡게 되는 것이다. 1950년대 정비석의 대중적 권위에 대해서는 말하지 않아도 짐작할 수 있다. 정비석의 대중적 권위는 주로 신문연재소설을 통해 확보되었는데, 당시 추천제를 통해 신인이 등단하는 제도로 문단권력이 확장되어 나갔지만, 『현대문학』을 통해 등단한 신인들에게도 발표 지면 확보가 어려웠다. 이들에게 가장 큰 지면은 신문이었으나 신문연재소설은 주로 기성세내의 문인들로 꽉 차 있있다. 염상섭, 박계주, 김광주, 김말봉 등을 비롯하여 정비석, 장덕조, 김내성, 최인욱, 박영준 등의 기성 작가들이 차지하고 있어 신인들은 엄두도 내지 못할 지경이었다.[28] 정비석의 대중적 권위는 신문연재소설에서 확보되었으며, 그로 인해 신문을 통해 등단하는 신춘문예 제도의 심사위원으로 참여했다. 추천제의 선자만큼 신춘문예의 심사위원들도 당시 권위 있는 사람들로 위촉되었는데, 그중에서 정비석은 『서울신문』의 심사위원으로 활동하였다.[29] 신문연재소설을 통해 대중적 권위를 쌓은 정비석이 민중서관의 편집위원으로 참여하고 민중서관에서 주최하는 문예강연회에 적극적으로 활동하였다는 것은 전집편찬에서 그의 대중적 권위를 확고하게 해 준다.

정비석은 전집편찬에서 한편으로는 대중적 권위로 명성을 쌓아 포함되었고 다른 한편으로는 문단에서 권력을 쌓아 편집위원으로도 들어가면서 끝까지 버틸 수 있었다. 그는 문학사나 전집에서 대중성을 확보한 작가가 아니라 토속적인 작품 경향을 지닌 순수문학의 작가로 기록된

28 이봉범, 「1950년대 등단제도 연구」, 『한국문학연구』 36집, 2009.6, 420쪽 참조.

29 위의 책, 425~431쪽, 각종 일간지 신춘문예 심사위원 표 참조.

다. 『자유부인』의 작가로 대중적 명성을 얻어 전집에 들어가야 할 작가로 분류되었고, 마침 순수문학 진영의 논리에 들어맞는 「성황당」이란 작품도 있었다. 정비석은 운이 좋은 작가이면서도 정치적 생명력이 뛰어난 작가이다.

결국, 문단에서 어느 정도 권력을 행사하는가 혹은 문단활동을 얼마나 했는가 친분관계가 얼마나 두터웠는가 등이 전집에서 선택되고 배제되는 논리로 작동한다. 문학적 가치 기준은 그때그때마다 달랐다. 좌익 논쟁, 순수·참여 논쟁에서 상대방 측의 작품은 문학적 가치가 떨어지는 작품으로 배제되었다. 순수문학을 지향하려는 움직임에서는 대중문학이 배제되었으며, 우익집단이 지배 이데올로기가 되면 좌익은 일단 배제되었다. 그런 면에서 본다면, 문단권력은 전집의 정전화 논리에서 가장 강력한 작동 원리가 되는 셈이다. 정비석은 백철, 김동리와의 친분으로 문단에서 권력을 얻으며 자생할 수 있었고, 기성세대와 함께 한 문단권력으로 인해 동세대 작가들이 전집편찬 과정에서 사라질 때에도 굳건히 건재할 수 있었다. 최인욱이나 최태응, 김이석 등은 문단에서 정비석만큼 입지를 다지지 못했던 것이다.[30]

5. 전집의 정전화 논리와 정비석의 문학사적 위치

전집에서 정비석은 『자유부인』의 작가가 아니라 「성황당」의 작가이

30 최인욱과 김이석은 일찍 사망했고, 최태응은 1979년 미국으로 이민 가서 샌프란시스코 변두리에서 살았다. 지인들에게 근황 정도만 알리고 지냈다. 문단의 핵심권력과 친분을 쌓으며 문단활동을 활발히 하였던 정비석과는 대조적이다. 그리고 이들은 전집에서도, 문학사나 정전에서도 잊힌 작가가 되어 갔다.

다. 정비석은 전집(기본적으로 전집이 갖고 있는 권위적 속성)을 통해 독자에게 대중문학가가 아니라, 순수문학가(토속성이 짙은 작품 경향), 1950년대 작가가 아니라 1930년대 작가로 기억된다. 1930년대 후반에 등단해서 가장 왕성하게 활동했던 시기가 1950년대 이후이면서도 문학사에서 1930년대 「성황당」의 작가로 기록되며, 김동리, 황순원과 함께 토속세계를 그리는 작가로 평가된다. 문학사에서 1930년대 후반의 문학세계는 토속성, 향토성으로, 1950년대 문학은 불안과 부조리, 실존주의 문학으로 규정짓고 있는데, 1950년대 문학가의 부류에 정비석은 포함되지 않는다. 그는 최인욱, 김정한, 최태응, 김이석, 김동리 등과 함께 1930년대 후반을 토속성의 문학으로 규정짓는 작가이다. 그러나 전집에서 1930년대 후반 문학의 토속성을 대표하는 작가로(김동리는 예외로 하고라도) 정비석이 선택되었다는 사실은 정전회 논리에서 문학사적 가치 기준보다 문단 권력의 작용이 컸음을 증명한다. 최인욱의 「월하취적도」는 김동리가 다른 이름으로 낸 것으로 오인할 만큼 김동리의 문학세계와 흡사하다고 평가받았으며, 그의 초기 작품들은 지방색이 짙은 토속세계를 그렸다고 평가받았음에도 불구하고 전집편찬에서 끝까지 살아남지 못했다. 그러나 최인욱(1972년 사망)은 정비석(1991년 사망)보다 훨씬 일찍 사망했다. 김이석 역시 마찬가지이다. 그렇게 본다면, 좀 더 오래 살아남은 작가가 전집에서도 오래 살아남았다는 논리가 된다.

순수문학 위주로 전집을 구성하려는 의도에서 보면, 정비석의 장편은 배제되어야 마땅하고 정비석 역시 배제되어야 할 작가로 분류되지만, 그러나 전집의 또 다른 구성 요소인 대중적 인지도나 출판사의 판매 욕구 등의 관점에서 보자면 정비석은 반드시 들어가야 할 작가로 분류된다. 전집편찬에서 「성황당」으로 살아남은 정비석을 1930년대 후반의 토속작가들의 반열에서 단연 돋보이는 존재로 부상시킨 것은 아이러니하게도 『자유부인』이라는 화제작이 몰고 온 인기였다. 전집에서 정비석은 『자유부인』의 작가이기 때문에 넣어야 한다. 당시 출판사들이 판매 경쟁이 과열되고 대중들의 수요를 충족시키는 방안을 혈안이 되어서 찾고 있을 때, 정비석이라는 작가가 지닌 대중적 권위는 출판사나 전집 편찬자들에게 벗어날 수 없는 마력이었을 것이다. 민중서관의 『한국문학전집』이 시장에서 우위를 점유한 것도 정비석에게는 호재로 작용했다. 그러나 대중문학을 배제하고 순수문학을 지향하려는 전집의 정전화 논리 때문에 『자유부인』을 넣을 수는 없다. 그래서 전집의 편집위원들이 택한 작품은 「성황당」이었다. 단편 위주의 한국문학사에서 「성황당」은 2005년 창비 전집에까지 살아남는 작품이 된다. 정비석이라는 작가를 전집편찬에서 포함시켜야 하는데 마침 「성황당」이라는 적절한 작품이 있었던 것이다.

정비석이 문단에서 백철, 김동리 등과 친분을 형성하여 권력을 쌓았다고 하더라도, 「성황당」이라는 순수문학의 진의와 맞아 떨어지면서도 문학적 가치를 내포한 작품이 없었다면 전집에서 선택되기란 불가능했을 것이다. 김병욱은 "예술성과 통속성 사이를 확연하게 구분지울 경계선이 없기는 하나 「성황당」은 그 경계선 위에 멋진 조화를 이룩한 작품이다. 물론 거기에는 자연의 질서가 긴 그림자 같이 길게 드리워졌다. 그 그림자가 주는 완성미가 단편으로서 더할 수 없는 성공인 것이다"(『월간문학』, 1971.8, 256쪽)라며 당시의 시대사조와 엮어 1930년대 후반의 인간본연의 생명력을 표방하는 신세대의 무언의 확증 같은 것이라며 「성황당」의 문학적, 문학사적 가치를 높이 평가한 바 있다. 정비석의 「성황당」은 단편으로서의 완성미, 김동리와 같은 토속적 소재를 다룬 순수문학, 1930년대 후반의 신세대문학(인간 본연의 원시적 생명력)의 선두로 평가되면서, 정비석은 문학사에서 단 한 편으로 살아남는 작가가 되었다. 그러면서 「성황당」은 정전화 논리에서 성이나 애욕의 세계를 그린 작품이 아니라 '순수문학의 전형'으로 각인되기에 이른다. 더불어 정비석은 문학사에서 『자유부인』의 작가가 아니라 「성황당」 작가로, 1950년대 작가가 아니라 1930년대 후반의 작가로 기억된다. 정비석의 「성황당」을 높이 평가한 백철이나 김병욱은 정비석이 본연의 예술성 세계에서 일탈하여 대중작가로 전락한 것에 대해 경계하고 안타까워하면서도, 바로 그런 의미에서 「성황당」이 더욱 가치 있는 작품이라 역설한다. 여기에서 문학사 기술이나 전집편찬에서 시대가 바뀌었음에도 여전히 완고하게 버티고 있는 대중문학 배제의 논리를 엿볼 수 있다. 정비석은 정전과 비정전, 순수문학과 대중문학이라는 이중적 위치에 서 있는 작가로 한국문학의 정전화 논리를 파악하는 지표가 될 수 있다는 판단 하에 그를 중심으로 전집편찬의 과정을 살펴보았다.

참고문헌

1. 단행본

권보드래 외, 『아프레걸 사상계를 읽다』, 동국대 출판부, 2009.
김병걸, 『친일문학작품선집』 2, 실천문학사, 1986.
김윤식 · 김우종 외, 『한국현대문학사』, 현대문학, 1989.
김윤식 · 김현, 『한국문학사』, 민음사, 1973.
박명진 외, 『문화, 일상, 대중』, 한나래, 1996.
박찬국, 『들길의 사상가 하이데거』, 동녘, 2004.
백　철, 『신문학사조사』, 신구문화사, 1983.
______, 『신문학사조사』, 신구문화사, 2003.
서광운, 『한국신문소설사』, 해돋이, 1993.
손석춘, 『한국 공론장의 구조변동』, 커뮤니케이션북스, 2005.
손세일 편, 『한국논쟁사』 2(문학 · 어학 편), 청람문화사, 1976.
오영숙, 『1950년대, 한국영화와 문화담론』, 소명출판, 2007.
요시미 순야 저, 안미라 역, 『미디어 문화론』, 커뮤니케이션북스, 2006.
우찬제 · 이광호 편, 『4 · 19와 모더니티』, 문학과지성사, 2010.
이영미 외, 『김내성 연구』, 소명출판, 2011.
이영일, 『한국영화전사』(개정증보판), 소도, 2004.
이임하, 『전쟁 미망인, 한국현대사의 침묵을 깨다』, 책과함께, 2010.

이호철, 『문단골 사람들』, 프리미엄북스, 1994.
임종국, 『친일문학론』, 평화출판사, 1979.
임　화, 『신문학사』, 한길사, 1993.
정규웅, 『글속 풍경 풍경속 사람들 — 정규웅의 문단 뒤안길』, 이가서, 2010.
정비석, 『소설작법』, 신대한도서주식회사, 1946.
______, 『소설작법』, 문성당, 1957.
정한숙, 『현대한국문학사』, 고려대 출판부, 1982.
조연현, 『한국현대문학사』, 성문각, 1978.
최장집, 『민주화 이후의 민주주의』, 후마니타스, 2002.
한국영상자료원 편, 『신문기사로 본 한국영화 1945~1957』, 공간과사람들, 2004.
____________ 편, 『신문기사로 본 한국영화 1958~1961』, 공간과사람들, 2005.

A. 기든스, 배은경 역, 『현대사회의 성, 사랑, 에로티시즘』, 새물결, 2001.
A. 스윈지우드, 정혜선 역, 『문학의 사회학』, 한길사, 1984.
G. W. F. 헤겔, 두행숙 역, 『헤겔미학』 1(미의 세계 속으로), 나남출판, 1996.
I. 벌린, 강유원 · 나현영 역, 『낭만주의의 뿌리』, 이제이북스, 2005.
J. 하버마스, 한승완 역, 『공론장의 구조변동』, 나남, 2001.
R. 펠스키, 김영찬 · 심진경 역, 『근대성의 젠더』, 자음과모음, 2010.
T. 메춰 · P. 스촌디, 여균동 · 윤미애 역, 『헤겔 미학입문』, 종로서적, 1983.
TH. W. 아도르노 · M. 호르크하이머, 김유동 외역, 『계몽의 변증법』, 문예출판사, 1995.
今村仁司, 이성혁 · 이혜진 역, 『화폐 인문학』, 자음과모음, 2010.

Lovejoy, A. O., "Chap X", *The Great Chain of Being*, Oxford Univ. Press, 1964.
大村益夫 · 布袋敏博 編(解說), 『近代朝鮮文學日本語作品集－1939~1945』 創作篇 5(小說), 綠蔭書房, 2001.

2. 논문, 평론, 기사 등

강진호, 「전후 세대소설의 존재방식」, 『현대소설사와 근대성의 아포리아』, 소명출판, 2004.

강찬모, 「정비석 소설 연구－부인명 소설에 나타난 여주인공의 성의 자각 과정 연구」, 『한국문학 이론과 비평』 35호, 한국문학이론과비평학회, 2007.

김건우, 「1964년의 담론지형」, 『대중서사연구』 22호, 대중서사학회, 2009.12.

김규대, 「발전의 소지 개척－영화 〈여성전선〉에서」, 『조선일보』 1957.3.9.

김병욱, 「정비석의 문학－「성황당」을 중심으로」, 『월간문학』 1971.8.

김복순, 「반공주의의 젠더 전유양상과 '젠더화된 읽기'－『자유부인』을 중심으로」, 『문학과 영상』 5권 1호, 2004.

김은하, 「전후 국가근대화와 위험한 미망인의 문화정치학－정비석의 『유혹의 강』을 중심으로」, 『한국문학이론과 비평』 49집, 2010.12.

김일영, 「정비석의 신문소설 「자유부인」에 나타난 풍속의 양상」, 『인문과학연구』 4호, 대구가톨릭대 인문과학연구소, 2003.

김지연, 「정비석 소설 『자유부인』의 인물 연구」, 동아대 석사논문, 2001.

김지영, 「정비석 초기 연애소설 연구」, 부산대 석사논문, 2000.

김초문, 「기자논단－〈자유부인〉, 〈피아골〉, 〈유전의 애수〉의 한국영화사적 위치」, 『한국일보』, 1956.9.9.

김현주, 「식민지에서 '사회'와 '사회적' 공공성의 궤적」, 『한국문학연구』 38집, 2010.

박성희, 「정비석의 작품세계」, 『한국경제신문』, 1989.7.25.

백　철, 「한국단편문학의 40년(三)」, 『한국단편문학전집』 3, 백수사, 1958.

서영채, 「1930년대 통속소설의 존재방식－김말봉의 『찔레꽃』 읽기」, 『소설의 운명』, 문학동네, 1995.

안미영, 「정비석 대중소설에 나타난 '윤리' 고찰－『청춘의 윤리』, 『애정무한』, 『민주어족』, 『에덴은 아직 멀다』를 중심으로」, 『개신어문연구』 21호, 개신어문학회, 2004.

여건종, 「공공영역의 수사학」, 『안과 밖』 2호, 1997.
유두연, 「상반기 영화작품의 단평-한국영화의 위기(2)」, 『경향신문』, 1956.7.19.
윤상길, 「'식민지 공공영역'으로서의 1910년대 『매일신보』」, 『한국언론학보』 55권 2호, 2011.4
이봉래, 「근래의 쾌작-영화 〈자유부인〉」, 『한국일보』, 1956.6.7.
이봉범, 「전쟁의 폐허 위에 다시 세워진 '정조관념'」, 『20세기 여성사건사』, 여성신문사, 2001.
______, 「잡지 『문예』의 성격과 위상」, 『상허학보』 17집, 2006.6.
______, 「전후 문학 장의 재편과 잡지 『문학예술』」, 『상허학보』 20집, 2007.6.
______, 「1950년대 등단제도 연구」, 『한국문학연구』 36집, 2009.6.
______, 「1950년대 신문저널리즘과 문학」, 『반교어문연구』 29집, 2010.
______, 「한국전쟁 후 풍속과 자유민주주의의 동태」, 『한국어문학연구』 56집, 2011.2.
이상록, 「경제제일주의의 사회적 구성과 '생산적 주체' 만들기」, 『역사문제연구』 25호, 2011.4
이선미, 「연애소설과 젠더 질서 재구축의 논리」, 『대중서사연구』 22호, 대중서사학회, 2009.12.
______, 「미국적 가치의 대중적 수용과 통제의 메카니즘」, 『민족문화연구』 54호, 2011.6.
이시은, 「전후 국가재건 윤리와 자유의 문제-정비석의 「자유부인」을 중심으로」, 『현대문학의 연구』 26호, 한국문학연구학회, 2005.
이원경, 「1930년대 중·후반 소설의 가족과 섹슈얼리티 형상화에 관한 연구」, 국민대 석사논문, 2008.
이종호, 「1950년대 남한 문학전집의 출현과 문학정전화의 욕망」, 『한국어문학연구』 56집, 2010.8.
______, 「1960년대 한국문학전집의 발간과 문학 정전의 실험 혹은 출판이라는 투기」, 『상허학보』 32집, 2011.
이혜령, 「'해방기' 식민기억의 한 양상과 젠더」, 『여성문학연구』 19호, 한국여성문학회, 2008.
임헌영, 「정비석의 『자유부인』을 둘러싼 공방」, 『논쟁으로 본 한국사회 100년』, 역사비평사, 2000.
장욱진, 「1960년대 한국영화의 서술하는 목소리 보이스오버」, 한양대 박사논문, 2011.
정비석, 「원작과 영화-〈자유부인〉에 대체로 만족」, 『한국일보』, 1956.6.14.
주유신, 「한국영화와 근대성-〈자유부인〉에서 〈안개〉까지」, 주유신 외, 『한국영화와 근대성』, 소도, 2001.
진선영, 「대중소설의 이데올로기와 미학-정비석의 『자유부인』을 중심으로」, 『구보학보』 4호, 구보학회, 2008.
천정환, 「한국문학전집과 정전화-한국문학전집사(초)」, 『현대소설연구』 37호, 2008.4.
최미진, 「한국전쟁기 정비석의 『여성전선』 연구-소설창작방법론을 중심으로」, 『현대문학이론연구』 32집, 2007.12.
최상규, 「낭만주의의 충만의 원리」, 『낭만주의 문학의 재조명』, 예림기획, 1998.
허백년, 「한국영화사 10년사 다이제스트」, 『영화세계』, 1960.10.
홍상훈, 「양건식의 『삼국연의』 번역에 대하여」, 『한국학연구』 14집, 인하대 한국학연구소, 2005.
황산덕, 「〈자유부인〉 작가에게 드리는 말」, 『대학신문』, 1954.3.1.
황영빈, 「"에누리 없다"는 평을 평함-이씨가 본 〈자유부인〉에 대하여」, 『한국일보』, 1956.6.15.

「스크린-현대여성의 생태, 〈여성전선〉」, 『경향신문』, 1957.3.6.
「과도기적 미비-작년도 우수 국산영화 심사 소감」, 『조선일보』, 1957.10.17.
「신영화 소개-〈여성의 적〉」, 『경향신문』, 1956.10.1.
「키스 장면의 시비-영화 〈자유부인〉을 계기로 / 찬성론이 지배적」, 『동아일보』, 1956.6.10.

필자 소개

이영미 성공회대 초빙교수. 고려대 국어국문학과 대학원 졸업(문학석사). 한국예술종합학교 한국예술연구소 책임연구원 역임. 한국대중예술과 연극을 주 연구 분야로 삼고 있으며, 저서로 『한국대중가요사』, 『노래 이야기 주머니』, 『홍남부두의 금순이는 어디로 갔을까』, 『한국인의 자화상, 드라마』, 『세시봉, 서태지와 트로트를 부르다』, 『광화문 연가』, 『재미있는 연극 길라잡이』, 『마당극 양식의 원리와 특성』, 『마당극 리얼리즘 민족극』, 『이강백 희곡의 세계』, 『대학로 시대의 극작가들』, 『구술로 만나는 마당극』(전5권) 등이 있다.

김현주 한양대 조교수. 연세대 국어국문학과 대학원 졸업(문학박사). 한국 현대소설과 대중문화가 주 연구 분야이며, 이를 대중 미학과 문화 정치학이란 관점에서 연구하고 있다. 저서로 『대중소설의 문화론적 접근』, 『역사소설이란 무엇인가』(공저), 『페미니즘은 휴머니즘이다』(공저), 『1970년대 문학 연구』(공저), 『여원 연구』(공저) 등이 있으며, 편저로는 『정비석 문학 선집』 1/3권, 『마인』 등이 있다. 그 외 논문으로는 「아프레걸의 주체화방식과 멜로드라마적 상상력의 구조」, 「구활자본 소설에 나타난 '가정담론'의 대중미학적 원리」, 「『제국신문』에 나타난 혼인제도와 근대적 파트너십」, 「1950년대 잡지 『아리랑』과 명랑소설의 '명랑성' 연구」 등이 있다.

이선미 경남대 조교수. 연세대 국어국문학과 대학원 졸업(문학박사). 한국 현대소설의 성립과 성격, 장르 인식에 관심을 기울이면서 한국 현대소설의 소통방식을 중심으로 '소설'을 연구하고 있다. 저서로 『박완서 소설 연구』(2004), 논문으로는 「'청년' 연애학 개론의 정치성과 최인호 소설」, 「공론장과 '마이너리티 리포트'」, 「박완서 소설과 '비평'—공감과 해석의 논리」, 「명랑소설의 장르인식, '오락'과 (미국)문명'의 접점」 등이 있다.

김병길 숙명여대 조교수. 연세대 국어국문학과 대학원 졸업(문학박사). 한국 근현대 역사문학 및 의사소통교육이 주요한 연구 관심사임. 저서로 『역사소설, 자미(滋味)에 빠지다』, 『한국 근대문학과 신문』(공저), 『작가연구 김동리』(공저), 『대학 글쓰기』(공저), 『글쓰기와 읽기』(공저), 『발표와 토론』(공저) 등이 있다.

이길성 중앙대 강사. 중앙대 첨단영상대학원 졸업(영화학박사). 한국영화사가 주 전공이며 특히 해방 이후부터 1960년대까지의 시기에 관심이 많다. 논문으로 「1950년대 외국 스릴러장르의 한국적 수용양상」, 「1950년대 후반기 신문소설의 각색과 멜로드라마의 분화」 등이 있으며 저서로 『한국영화와 민주주의』(공저), 『김승호, 아버지의 얼굴, 한국영화의 초상』(공저) 등이 있다.

최애순 고려대 한국어문교육연구소 연구교수. 고려대 국어국문학과 대학원 졸업(문학박사). 한국 현대소설 분야를 공부하고 있으며, 최근에 탐정소설이나 SF와 같은 대중서사에 관한 연구를 하고 있다. 저서로 『조선의 탐정을 탐정하다—식민지 조선의 탐정소설사』가 있으며, 논문으로 「1950년대 서울 종로 중산층 풍경 속 염상섭의 위치」와 「1960~1970년대 세계아동문학전집과 정전의 논리」, 「1950년대 활자매체 『명랑』 '스토리'의 공유성과 명랑공동체」 등이 있다.